Storia Del Cardinale Giacomo Pecoraria: Vescovo Di Preneste, 1170-1244

Don Gaetano Tononi

STORIA

DEL CARDINALE

GIACOMO PECORARIA

VESCOVO DI PRENESTE

1170-1244

PER

DON GAETANO TONONI

SOCIO DELLA R. DEPUTAZIONE DI STORIA PATRIA DI PARMA E PIACENZA

PARMA

TIPOGRAFIA FIACCADORI

1877

IL CARDINALE
GIACOMO PECORARIA
1170-1244

con permissione Ecclesiastica.

DEDICA

A MONSIGNORE GIAMBATTISTA SCALABRINI

VESCOVO DI PIACENZA

Eccellenza Reverendissima

La prima volta che venni alla Vostra presenza per compiere un dovere di rispetto e di sudditanza al nuovo Pastore concesso alla mia Patria, ebbi dalla Vostra singolare bontà il più grande incoraggiamento ad occupa-

re le ore libere, dopo gli ufficii del sacro ministero, nello studio della storia a me assai
caro e prediletto. Col far economia appunto
di quel tempo io ho scritto la storia del cardinale Giacomo Pecoraria; ora pubblicando-
la non avrei saputo a chi presentarla con
maggiore affetto che al mio Vescovo, il quale
mostrò piacere delle mie ricerche intorno
al passato. Eccellenza, quest' è il motivo per
cui a Lei dedico le pagine seguenti. Furono dettate coll' amore più sincero della verità, ispiratomi particolarmente da miei
Educatori del Collegio Alberoni, i Preti
della Missione; ai quali sarò sempre grato
e riconoscente. Nel mio libro, ne son certo,
non mancheranno mende e difetti, ma spe-

ro egualmente che esso non sarà disaggrade-
vole a Vostra Eccellenza, almeno pel soggetto a cui riguarda. Il Pecoraria fu uno tra i
più celebri personaggi della Chiesa Piacentina: ora per grazia speciale del cielo affidata
alle Vostre paterne cure. Sa perchè abbia
scelto quest' argomento a miei studi? Me lo
suggerirono memorie che dell' uomo molto
rinomato tuttora esistono nella mia Chiesa
parrocchiale di S. Donnino, dove quegli
s' iniziava al chericato, per divenire poscia
principe nella sacra gerarchia e di grande
aiuto ai Romani Pontefici in tempi assai
calamitosi.

Accolga pertanto il tenue lavoro con a-
nimo indulgente, come pegno che vorrebbe

pure offrire qualche cosa di meglio al suo Superiore,

All' Eccellenza Vostra Rma

Piacenza 8 dicembre, giorno dell' Immacolata Concezione
1876.

L' obbmo suddito
GAETANO TONONI
Arciprete dei Parrochi Urbani.

INTRODUZIONE

Ora che tutte le città italiane hanno uomini deputati ad illustrare le patrie grandezze delle età passate e che tanti lavori parziali di storia veggono la luce, parve anche a noi cosa ben fatta cercare quali uomini insigni abbia avuto Piacenza, e a mano a mano scrivere delle loro azioni, le quali possano esserci d'esempio e farci conoscere nel tempo trascorso meglio le condizioni e i doveri della vita presente. Abbiamo già tentato di raggiungere così nobile intento, prima scrivendo intorno le condizioni della Chiesa ne' Ducati Parmensi, 1731-1859, e dopo facendo memoria di tre illustri Piacentini, la cui vita e le opere non istettero racchiuse nella stretta cerchia della loro terra natale, dell'erudito Casto Innocenzo Ansaldi domenicano, del giureconsulto Giandomenico Romagnosi, e di Robario Ottobono patriarca d'Aquileia. Nel vasto campo della Storia essendoci ristretti a lavori di tal'sorta, è già qualche anno studiavamo la vita e le opere di un altro Piacentino, il cardinale Giacomo Pecoraria vescovo di Preneste, e avevamo compo-

TONONI. 1

sto sull' argomento prescelto un piccolo lavoro, destinato ad uscire in qualche Periodico, quando ci venne alle mani la *Storia di Gregorio IX e de' suoi tempi* del professore Pietro Balan in tre volumi, stampata a Modena 1872-1873; storia di quel papa sotto cui il Pecoraria aveva maggiormente operato a bene della Chiesa e della Lega Lombarda. Siffatti libri, abbondantissimi di citazioni delle fonti, e il consiglio di alcuni amici furono causa d'intraprendere a studiare di bel nuovo lo stesso soggetto ma più estesamente, col ricorrere a quasi tutti gli scritti, di cui si servì quell'illustre storico, e anche ad altre fonti, o pubblicate posteriormente o non note e a noi di grande importanza. Così quello che era un breve studio od una semplice memoria ci crebbe in maniera da farne un libro, che abbiamo creduto di poter chiamare non senza ragione, Storia del cardinale Giacomo Pecoraria.

Sentivasi il bisogno di un lavoro di questo genere, dopo che vennero alla luce tante storie e studii veramente accurati e profondi sull'imperatore Federico II di Svevia e sopra il confidente di lui Pier della Vigna, e dopo l'opera sullodata intorno a papa Gregorio IX, perchè il vescovo di Preneste fu uno de' dignitarii ecclesiastici nella grande lotta tra lo Svevo e i Papi più impegnato e intraprendente. Gli storici dell'Impero, parimenti che quelli della Chiesa par-

lano a lungo di lui; ma ne riferiscono soltanto
ciò che ha attenenza al loro argomento, e ne
taciono molti fatti. Noi quindi ci siamo studiati
di riunire tutto che lo riguarda. Le particolarità
di un uomo che ebbe tanta parte negli avvenimenti del suo tempo nella stessa guisa che
servono ad illustrarne la vita e le opere, valgono
a meglio comprendere la Storia generale e a
dilucidarne punti oscuri. E questo si verificherà
assai bene, perocchè il Piacentino, di cui scriviamo, allontanatosi dal proprio paese fece dimora anche fuori d'Italia e fu scelto a sostenere
molte legazioni in diversi luoghi ed entrò ne' pubblici negoziati più scabrosi. Questa storia è d'un
uomo solo, ma per le incombenze dal medesimo
avute la si rannoda con quella di tutta Italia e
segnatamente delle città della Lega Lombarda,
con quella dell'Ungheria, della Francia e della
Chiesa universale durante la prima metà del secolo
decimoterzo; e si può dire quasi con tutti gli
uomini più celebri e più famosi allora viventi.
Da quella poi di Federico II e dei papi Onorio III, Gregorio IX e Innocenzo IV ne è inse-
parabile, avendo dovuto il vescovo Prenestino
combattere spesse volte i disegni di quell'imperatore e sostenere que' tre Papi cotanto an-
gustiati dalle forze Ghibelline, e aiutarli nelle
innumerevoli occorrenze del loro spirituale e
temporale governo.

4

È una storia assai utile perchè può servire
a distruggere molti falsi giudizii proferiti eziandio da rinomati scrittori sugli avvenimenti di
quella età. Dalla serie de' fatti qui raccolti si
conosce se avevano ragione i popoli di tante Repubbliche Italiane a resistere ad un sovrano, per
quanto vogliasi potente illuminato e colto ma
dissoluto empio e feroce, e se la Chiesa con
diritto faceva altrettanto per la propria conservazione e per quella degli altri. S'impara se i
nostri maggiori, tenaci delle loro libertà, procurassero il vero bene della patria, cui molti scrittori contemporanei e posteriori avrebbero riposto
nel darsi in braccio totalmente al padrone d'Alemagna. Ci sembra che da questo lavoro si
possa ritrarre qualche ammaestramento per intendere le vicende de' tempi nostri, ne' quali in
altri modi sorse e si mantiene la guerra fra la
Chiesa e l'Impero, e qualche motivo di conforto
dacchè si scorge avere la verità e la giustizia
dopo i più accaniti contrasti e le più lunghe
battaglie in fine il trionfo. È vero che nella
storia dei popoli non si ripetono mai gli stessi
fatti e che quindi non ritorna mai il passato;
ma sotto le diverse forme di governo e di civiltà cui fanno nascere e svolgere i secoli, e cui
sceglie l'attività umana, dotata di libero arbitrio
e condotta dalla Provvidenza, dominano de' punti
di somiglianza e di contatto, pe' quali le cose

avvenute sono di esperienza intorno alle presenti
ed alle avvenire; si riscontra che dopo i periodi
di prevalenza della forza materiale vengono quelli
della ragione illuminata dalla fede. E per lasciare considerazioni che qualcuno potrebbe ritener
per troppo generali ed astratte, diciamo che il
racconto delle azioni di Giacomo Pecoraria ad-
dita come gli animi grandi non si abbattono in
mezzo ai pericoli e alle persecuzioni, non si
piegano innanzi ai fortunati del secolo, e molto
meno sotto il peso delle sventure si danno ad
un inutile ed ozioso lamento, ma cercano e
studiano i mezzi di sostenere la causa che credono giusta, il che è sempre nobile esempio ed
eccitamento a ben fare.

La Storia che pubblichiamo, ancorchè di poca
mole, abbraccia in modo succinto il periodo di
oltre un secolo per aver noi voluto accennare
i fatti principali antecedenti a quelli che formavano lo speciale nostro argomento, e che de' sus-
seguenti sono come le cause, e per avere voluto
notare gli effetti posteriori di quanto erasi operato all' età del Pecoraria: essa incomincia dopo
la prima metà del secolo XII e termina al
declinare del XIII. La parte però speciale è
sotto gli anni 1170 circa sino 1244. Tutto il
lavoro si divide in sette libri con una lunga
conclusione che ne è la conseguenza storica:
divisione che viene quasi naturalmente dalla ma-

teria di cui si tratta, cioè dai punti più notevoli
della vita dello stesso cardinale. L'ordine da
noi tenuto nella narrazione è di tempo, credendolo il più adatto e il più conforme alle storie,
sebbene a taluni potesse sembrare non tanto
piacevole; ma a noi importa che apparisca chiara
la verità.

Dalle tante fonti a cui abbiamo attinto per
comporre questo scritto è dovere il dire quelle
che maggiormente ci hanno giovato. Oltre le
due grandi collezioni di Lodovico Muratori *Rerum italicarum Scriptores* e *Antiquitates Italicae
medii aevi*, gli *Annales Ecclesiastici* del Bzovio,
del Rainaldi e dello Spondano, gli *Annales* parziali del Manriques e del Wadding, la *Gallia
Christiana* e l'*Historia Major Anglorum* di Matteo
Paris e diverse Cronache forestiere che citeremo
nel corso dell'opera; fonte nuova e abbondan-
tissima per noi è stata l'*Historia diplomatica
Friderici secundi* di I. L. A. Huillard-Bréholles
in sei tomi che formano coll'*Introduction* dodici
grossi volumi in quarto, editi a Parigi negli
anni 1851-1861 sotto gli auspici e a spese del
tanto benemerito per gli studii storici del medio
evo Onorato d'Albert duca di Luynes. In questa
grand'opera, insieme a tutto il materiale necessario per ben comprendere il tempo di Federico II abbiamo trovato moltissimi documenti,
dove si tratta a lungo del vescovo Prenestino,

e de' quali nessuno storico sinora ha fatto uno
spoglio completo per metterli in correlazione alla
vita del soggetto a cui si riferiscono. Dello stesso
autore ci ha servito l'opera sopra Pier della
Vigna: *Vie et Correspondance de Pierre de la
Vigne*, stampàta nel 1864, e un' altra pubblicazione di documenti nel tomo XXI delle *Notices
et Extraits des Manuscrits de la Bibliothéque impériale deuxième partie*, dove sono anche lettere
di Gregorio IX pubblicate dall'Haurreau, utili
a questa storia. Dalla Francia ci venne in tempo
un' altra raccolta importante. *Layettes du Trésor
des Chartes par M. Alexandre Teulet Archiviste
aux Archives de l'Empire, et par. Joseph de La-
borde, tom. III. Paris; Heury Plon Imprimeur-
éditeur* 1863-1875; da cui abbiamo estratto due
documenti di Gregorio IX, risguardanti il nostro
soggetto, l'uno per la prima volta messo in
luce interamente e l'altro che non era mai stato
pubblicato, ed altre notizie. Intorno alla legazione che l'eletto Prenestino sostenne in Ungheria abbiamo potuto fare il racconto più esatto
e determinato coi *Vetera Monumenta historica
Hungariam sacram illustrantia* che Agostino Theiner estraeva dagli Archivii Vaticani e pubblicava
a Roma l'anno 1859. Anche la raccolta volu-
minosa e accuratissima per ogni rispetto critico
del Pertz, il Muratori della Germania: *Monumenta Germaniae historica* ci ha somministrato

notizie da chiarire alcuni punti assai dubbii. Usciva alla luce in tempo pel nostro lavoro un' altra opera nell'Alemagna *Regesta Pontificum Romanorum inde ab a. post Christum natum* MCXCVIII. *ad a.* MCCCIV. *edidit A. Potthast Huxariensis Wesfalus, Berolini* 1874-1876; e a noi, sebbene vi trovassimo che manca di qualche atto pontificio attinente al Prenestino, ne indicò molti di Gregorio IX e di Innocenzo IV che difficilmente avremmo potuto trovare, e assai importanti, da cui abbiamo potuto ritrarre diverse storiche cognizioni. Per riferire interamente e colla più scrupolosa esattezza fatti, in cui entra il Pecoraria, avvenuti in diverse città, o legati alle vicende delle medesime, siam sempre ricorsi alle storie particolari e le più estese, alle monografie e alle collezioni di documenti di quei luoghi. Intorno all'eminente ecclesiastico di cui ci occupiamo, chi aveva fatto pazienti e lunghe ricerche fu il Piacentino Pier Maria Campi verso la prima metà del secolo XVII; e nella sua *Historia Ecclesiastica di Piacenza* e in altri suoi scritti editi e tuttora inediti sono raccolte molte notizie, che disposte sotto il proprio tempo, sul qual punto il Campi era incorso in alcuni errori, e verificate a fonti più abbondanti che lo stesso non poteva avere alle mani, diedero molta materia al nostro lavoro. Il Campi è uno storico assai bistrattato da un altro suo concittadino

venuto un secolo dopo e critico all'estremo, dal
Poggiali, ma il Muratori nel secolo scorso e ai
nostri giorni il Bonaini gli diedero la meritata
lode pel servizio reso agli studii storici colle sue
indagini e colla pubblicazione di tanti documenti,
che senza di lui sarebbero nell'oblio o periti per
sempre. Ci agevolava di molto lo studio del tempo
in cui visse il Pecoraria i *Monumenta historica ad
provincias Parmensem et Placentinam pertinentia*,
edìti in Parma, e propriamente i tomi delle
Croniche, di cui alcune d'origine Guelfa altre
Ghibellina, scritte da contemporanei, onde avevamo innanzi agli occhi si può dire le due parti
contendenti colle loro passioni e colle loro virtù.
In fine le fonti inedite a cui abbiamo attinte
sono molti rogiti trovati negli Archivii di Piacenza ed altri presso l'Archivio di Stato della
città di Siena, ed un Codice antico della Biblioteca dell'Ateneo di Torino, contenente molte
lettere di Federico II e di Pier della Vigna,
delle quali un nostro amico ci procurò una copia
estratta dal cavaliere Bernardino Peyron.

Di tanti libri scritture e monumenti, per a-
more della verità, giudicammo utile inserire ben
di sovente lunghi tratti e interi documenti in
questa storia; e de' più importanti in appendice
abbiamo portato il testo quale è ne' luoghi donde
li abbiamo estratti. E diremo senza tema d'essere smentiti che unicamente sopra le testimo-

nianze di quelle molteplici e varie fonti è tessuto il nostro lavoro, non avendo aggiunto che alcune considerazioni, le quali spontanee venivano dalla natura delle cose; e per farlo nel miglior modo che da noi si poteva non guardammo a fatiche e a ricerche. Ma ora il giudizio spetta al lettore de' nostri libri, e al medesimo ci rimettiamo.

LIBRO PRIMO

1160-1231

Nel contado montuoso di Piacenza, tra mezzodì e ponente, sopra il borgo di Pianello, evvi
una valle solcata dal torrente Tidoncello, chiamata Pecorara. Da que' luoghi alpestri prese il

12

nome la famiglia Pecoraria, che vi teneva possedimenti e dominii: famiglia celebre e feconda
d' uomini ragguardevoli in affari pubblici e privati nel medio evo. Monumenti vetusti di Piacenza
ricordano dei Pecoraria, Marco e figli di lui Guilengo, Albrigono e Vitone, i quali nell'anno di
grazia 1160 riconoscono di tenere col titolo di
feudo la metà del castello di Montalbo, dal comune di Piacenza, obbligandosi ad un annuo ca-
none di danaro assai notevole e a miglioramenti
e a fabbriche (1). Guilengo nel 1166 era uno
della credenza Piacentina, e in compagnia d' altri
suoi colleghi d' uffcio si fa mallevadore del pa-
gamento di un prestito contratto dal Comune con
alcuni Pavesi (2). Nominano Fulco fra i consoli
della città nel 1172 (3); tempo in cui i Piacentini,
accampati coi Milanesi, Alessandrini, Astigiani,
Vercellesi e Novaresi presso Montebello, misero
in fuga il marchese di Monferrato, quel solo che
poteva dare qualche forza al partito imperiale (4);
pubblicarono un bando che niuno potesse condurre grani nè altre vettovaglie in Genova, la
quale mostravasi servile all' arcivescovo Cristiano
di Magonza mandato da Federico Barbarossa in

(1) *Registrum Magnum della Comunità di Piacenza*, fol. 39;
e *Registrum Parvum* fol. 25 presso l'Archivio Municipale di
Piacenza.
(2) V. Boselli, *Storie Piacentine*, vol. I. p. 317.
(3) Muratori, *Rer. ital. Scriptores*, t. XVI. *Chronica Rectorum Placentiae*, p. 613.
(4) Giulini, *Memorie della Città e Campagna di Milano*,
lib. XLV. all' ann. 1172.

Italia per curarvi gli interessi dell'Impero; e
accolsero nella propria città i due legati di papa
Alessandro III, Odone di Cabuano e Manfredo di
S. Giorgio, cardinali mandati in Lombardia a
sostenere le ragioni della Chiesa e dei popoli (1).
Fatti eran questi che se ci perdeva assai l'Impero, guadagnava tanto più la Lega delle città
Italiane che maggiormente andava rinforzandosi.
Il su lodato Fulco nell'anno 1180 era pure fra
i nobili moderatori del suo Comune, e prese parte
ad una concessione di alcuni diritti d'acqua fatta
al monastero di S. Savino (2). Gualdo della medesima famiglia aveva il dominio del castello di
Pecoraria nel 1182; e fra lui e Gariverto arciprete di Stadera si rogò un'investitura di beni (3).
Le cronache dei rettori Piacentini sotto l'anno
1186 segnano fra i consoli Rufino dei Pecoraria (4). Nel 1187 sono ricordati Rainerio. Guglielmo e Isembardo Pecoraria pari della Curia,
presenti al pubblico atto, con cui i consoli di
Piacenza investono del feudo di Campremoldo come
aggiunta al feudo di Montalbo altri dei Pecoraria.
Cioè Rebuffo che riceve in suo nome e in nome
di Rolandino figlio del fu Guittone, e Anselmo

(1) *Monumenta historica ad Provincias Parmensem et Placentinam*, Codagnellus *Chronicon Placentinum*, p. 8; Campi *Historia Ecclesiastica di Piacenza*, par. II. p. 32; e Poggiali, *Memorie Storiche di Piacenza*, t. IV. p. 299-300.
(2) Campi, *Historia*, cit. par. II. *Registro dei Privilegi*, XXIX. p. 364-366.
(3) Ivi, p. 59.
(4) Muratori, *Rer. ital. Script.* t. XVI. *Chronica Rectorum Placentiae*, p. 614.

14

del fu Albrigone ohe riceve.in suo nome di Corradino e Enrichetto e Fulcherio fratelli suoi, e
Marchetto del fu Gualengo, e Bulgarino del fu
Falcone, e Albrigeto del fu Torniello, il quale
riceve in suo nome e in nome di Abertino fratel
suo (1). Sul prineipio del secolo XIII e propriamente ai 14 luglio 1217 i Pecoraria Fulco della
parrocchia di Sant'Eufemia canonico, Alberico di
lui nepote e Rebuffo convengono col vescovo di
Bobbio di non cercargli quanto ad essi apparteneva
pel feudo di Zavatarello, e il vescovo per siffatta
rinunzia paga loro ventiquattro lire Pavesi: e
nell'anno 1229 a dì 15 aprile Bulgarino cedeva
a quel vescovo eguali ragioni (2).

Dai beni, dalle giurisdizioni, dalle cariche e

(1) *Registrum Magnum* fol. 73, e *Registrum Parvum*,
fol. 45, già citati. Indicavami queste notizie, come le altre
sopra riferite, e tratte tutte dai due principali monumenti
della Storia Piacentina l'Archivista A. Bonora. Ricorda l'U-
ghelli (*Italia Sacra*, t. I. p. 207, Edit. Coleti. Venetiis 1717),
sotto l'impero del Barbarossa, un Rodolfo Pecoraria console
nella Repubblica Piacentina, ma dalle Croniche più antiche
de' Rettori e Consoli di Piacenza rimasteci del Mori, Muzzo
e Casati, nè dalle storie patrie non ci fu dato di potere
accertare la cosa. Lo nomina però il Locati (*De Placentiae
urbis Origine* ad ann. 1287) dicendo che meritò d'avere
dai consoli l'investitura di Campremoldo e della metà del
castello di Montalbo, ma crediamo avere quel cronista confuso
Rebuffo con Rodolfo, leggendo male quel nome nelle carte
della Comunità per la quale egli scriveva il suo libro storico
intorno a Piacenza.

(2) Rogito Rachetta 14 luglio 1217; e rogito Alcherio 13
agosto 1229; presso l'Archivio Notarile di Piacenza. Notizie
comunicatemi da A. Bonora.

dagli onori che ebbero i Pecoraria s'inferisce con
certezza che questa famiglia primeggiava per fedeltà e divozione al proprio Comune e alla Chiesa
nella seconda metà del secolo XII. La vita pubblica di Piacenza, durante gli anni 1152-1190,
sotto l'impero di Federico Barbarossa, versandosi
principalmente nel sostenere le comunali franchigie
contro la prepotenza imperiale e nel mantenere
l'accordo coi papi che ne erano attenti e coraggiosi difensori, i potenti e i rettori Piacentini
non avrebbero mai distinto dagli altri cittadini
con feudi e dignità persone che operassero diversamente. Si vedrà più innanzi che così la pensava
della famiglia Pecoraria anche il nipote del Barbarossa, Federico II figlio di Enrico VI e di Costanza. Il Corio racconta che nel 1186 Piacenza
era divisa in due fazioni Guelfa l'una e Ghibellina l'altra, e che di quest'ultima faceva parte
altresì la famiglia Pecoraria (1), ma il dotto Poggiali gli risponde che i Cronisti e le Scritture
antiche non hanno alcun vestigio di cotali fazioni
e che le medesime sono di data posteriore (2).

Sul declinare del secolo XII, tra il 1170 e il 1180,

(1) *Storia di Milano*, par. I. cap. IX.
(2) *Memorie Storiche di Piacenza*, t. IV. p. 365-366. Sbaglia però il sullodato storico nel portare quelle due fazioni
sino dopo l'anno 1250. Il Biondo e il Messia, e quasi tutti
gli storici le ammettono col nome di Guelfi e Ghibellini ai
tempi di Federico II; e perciò adopriamo ancor noi siffatta
denominazione nel seguito di questa Storia: e, se il nome non
esisteva in tutti gli anni che abbraccia il tempo da noi studiato,
esisteva certo la realtà espressa da quei nomi, cioè chi par-
teggiava per la Chiesa e la propria città e chi per l'Impero.

16

o in quel turno dall' illustre casato dei Pecoraria,
e propriamente da Torniello nacque in Piacenza (1) un figlio che ebbe il nome di Giacomo (2).
Vedeva costui la luce in quell' ultima metà di
secolo, la quale racchiude grandi avvenimenti della
Storia Italiana nel medio evo; la famosa lega di
Pontida (1167), la fondazione della città di Ales-

. (1) Lo si induce da una lapida dell' anno 1236 posta in San
Donnino di Piacenza, la cui iscrizione sarà riferita in appresso
interamente, e dice di esso: *Placentia gaude Tali Progenito.*

(2) Ai lettori delle Storie Piacentine deve sembrare cosa
nuova che noi diamo il nome del padre di Giacomo Pecoraria cardinale e vescovo Prenestino, nome che nessuno
degli storici Piacentini e di quanti scrissero del medesimo
aveva indicato. Diremo come ci fu dato trovarlo. Sapevasi
certo che Isembardo Pecoraria protonotario apostolico sotto
Innocenzo IV e Gregorio X, era nipote per padre del cardinale Giacomo, perchè in un Rogito *Joannis quondam Donati, anno 1276 quarta nonis maii* è scritto: *Isembardus
Pape notarius pro anniversario faciendo in Ecclesia Placentinae pro bone memorie domino Jacobo Penestrino patruo
suo;* ed egualmente da Isembardo nel proprio testamento
fatto a Roma ai 23 marzo 1279 è nominato *patruus suus*
il cardinale Giacomo: documenti l' uno e l' altro presso
l'Archivio della Cattedrale Piacentina. Sapevasi pure che
Beatrice fu madre di Isembardo, la quale alla sua morte
lasciava erede il figlio; come sta scritto nel Rogito de Varsio
10 marzo 1268 conservato nel suddetto Archivio, e che la
medesima era moglie di Gerardo Pecoraria, come dice l' ultimo atto citato e un altro di Moneta Misino 16 febbraio
1252 presso la Cattedrale. In altri rogiti di Antonino Algarde
27 marzo 1216, e di Giovanni Fusi e Gerardo Ottuscuano
23 luglio 1217 presso lo stesso luogo si trova che Guglielmo,
Gerardo e Obertino di Pecoraria erano fratelli. Il *Registrum
Magnum* f. 73 e il *Registrum Parvum* f. 45, Rogito Ugone
da Castellarquato 24 aprile 1187, della Comunità Piacentina,

sandria contro il Barbarossa e in onore di papà Alessandro III, posta in bella e fertile pianura bagnata dai fiumi Tanaro e Bormida (1168); la battaglia di Legnano, dove i Lombardi sbaragliarono i Tedeschi nemici delle nostre antiche Repubbliche; e la tregua di sei anni fra Cesare e la Lega Lombarda stipulata in Venezia (1177). Avvenimenti furono questi ai quali molto cooperarono i Piacentini (1). Crebbe il fanciullo Pecoraria Giacomo, imperando Federico I ed Enrico VI padre e figlio, l'uno peggior dell'altro per la Chiesa e per l'Italia. Forse giovanetto vide co'suoi occhi

già citati ci danno la notizia che Obertino de Pecoraria, l'uno de' tre sunnominati, è fratello di Albrigeto, il quale è figlio di Torniello. Abbiamo dunque Obertino, Guglielmo, Albrigeto e Gerardo figli di Torniello, e così anche il cardinale Giacomo è figlio dello stesso padre perchè zio di Isembardo e fratello del padre di costui, cioè fratello di Gerardo. E Torniello dovea discendere da Marco, perchè i figli di lui Albrigeto e Obertino con altri discendenti di Marco ricevano l'investitura di Campremoldo come aggiunta al feudo di Montalbo, il quale ultimo feudo a loro due e agli altri non poteva essere toccato che come eredità venuta dall'avo Marco. Onde si può formare il seguente albero genealogico:

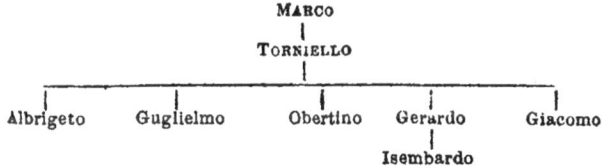

(1) *I Piacentini nella lotta tra gli Italiani e Federico Barbarossa*. Piacenza 1876.

TONONI.   2

in patria il primo Congresso tenuto nella chiesa
di Sant'Antonino protettore de' suoi concittadini,
iniziativo della pace di Costanza (20 aprile 1185)
destinata a stabilire i diritti della Lega Lombarda
Marchegiana e Romagnola, diritti che egli avrebbe
poi con tante fatiche e con tanto coraggio soste-
nuti a fronte di Federico II, rampollo del primo
e non meno cattivo e più ingrato verso la Chiesa.
In quella età che l'uomo apre il cuore alla speranza e sente il dovere di rendersi migliore colle
proprie azioni e di giovare ai suoi simili, era
testimonio di grandi fatti che avrebbergli tracciata
la via da seguire, una volta che dovesse entrare
nella vita pubblica. A dì 21 gennaio 1285 nella
sua città riunivansi a solenne colloquio i Rettori
della celebre Lega, e confermavano con giuramento
i patti, già da due anni e mesi cinque stabiliti
in Costanza coll'imperatore Federico I, che dovean durare pel corso di trent'anni (1). Ed erano
i seguenti: conservare la libertà, le regalie e consuetudini entro le mura e distretto delle città,
avute da lungo tempo; far cessare ogni cosa in
pregiudizio delle chiese e delle città o persone
della Lega, che avesse ordinata l'imperatore e i
suoi rappresentanti in tempo della guerra; riconoscere nell'imperatore e di lui successori l'alto
dominio; e quando il medesimo veniva in Italia
accordargli il fodero o viatico; eleggere consoli
senza conferma imperiale ma colla sola investitura; lasciare all'imperatore i giudizii in appello

(1) B. Pallastrelli, *Atti della Pace di Costanza*, p. 72 e 74.

ma senza ricorrere ad esso in Alemagna col rimettere la causa ad un suo nunzio stabile, eletto
dal voto de' consoli; potersi fortificare ciascuna
città anche contro l'imperatore, quando vi fosse
motivo; e infine poter rinnovare la Lega (1). Contro tali fatti di energica resistenza alla tirannia
imperiale, di unione e di pace fra le repubbliche
non tardavano a sorgere ambizioni, discordie e
guerre da far comprendere quanto siano divorati
dalla sete di dominio e popoli e principi, e quanto
i medesimi siano instabili nelle prese risoluzioni.
I Piacentini (1186) aiutati da grosso numero di
soldati milanesi scorsero la Valle del Taro e vi
seminarono la rovina per nuocere al marchese
Obizzo Malaspina, con cui stavano in discordia.
Gli stessi coi Cremonesi e Parmigiani adunati dal
re Enrico figlio dell'imperatore in Borgo S. Donnino vennero alle mani; e la ragione fu che i
Piacentini contendevano ai Cremonesi il dominio
di Castelnuovo Bocca d'Adda e ai Parmigiani il
territorio di Borgo S. Donnino. Federico I, seguito
da Milanesi, Alessandrini, Lodigiani e Cremaschi
e ducento Piacentini e da alcuni pochi di Bologna,
Modena, Reggio, Parma, Vercelli e Tortona, entrò
nel contado Cremonese e lo devastò quanto potè;
per cui i Cremonesi furono costretti a far un
accordo col nemico. L'imperatore aveva raggiunto
un altro intento; era riescito a dare in isposa ad
Enrico suo primogenito Costanza figlia del re
Ruggieri e zia di Guglielmo sovrano di Sicilia e

(1) Muratori, *Antiquitates Italicae*, t. X. Diss. LXVIII. p. 254,
254. Aretii 1777.

Napoli, la quale avrebbe portato nella casa di
Svevia la corona di Sicilia, mancando il re Guglielmo di successori al trono. Siffatto negozio
turbava assai lo stato futuro d'Italia, e metteva
in una condizione infelice la Chiesa; perocchè una
volta che l'imperatore d'Alemagna avesse anche
il reame di Napoli diveniva l'arbitro della penisola, e i Papi non avevano più i re di Sicilia da
opporgli e contrabbilanciarne la potenza (1).

Giacomo Pecoraria non desiderava affatto mettersi in vista di un mondo così agitato e scolvolto;
e lasciando la carriera degli onori e del dominio
che il grado di sua famiglia, i talenti e le condizioni di quella età agevolavangli, quasi dall'in-
fanzia si ascrisse al chericato e fu addetto alla
chiesa parrocchiale di S. Donnino in Piacenza;
perocchè, secondo i sacri canoni allora in vigore,
chi abbracciava lo stato ecclesiastico dovea sce-
gliersi una chiesa determinata. Dall'avere appar-
tenuto a questa chiesa, il Campi induce che probabilmente in vicinanza di essa fosse l'abitazione
dei Pecoraria. Risulta per altro da parecchi rogiti
della prima metà del secolo XIII che eglino pos-
sedevano alcune case in vicinanza di S. Giacomo. Il figlio di Turniello stette in S. Donnino
alcuni anni per ricevere gli ordini sacri e ve li
esercitò; così che si può dire che quivi ebbe la
sua prima educazione ecclesiastica, convivendo
insieme a due sacerdoti, di cui egli era il chierico;

(1, *Monumenta historica ad provincias Parmensèm et Placentinam pertinentia*, Codagnellus, *Chronicon*, p. 15-15; e
Muratori, *Annali*, anno 1186,

e dando prova della maggiore assiduità e divo·
zione nel servire la casa del Signore (1). In
patria ricevette altresì l' insegnamento letterario
e scientifico. Ed infatti, allorchè egli era giovane
da frequentare le scuole, Piacenza aveva uno studio molto in fiore; nel 1186 i canonici della Cattedrale facevano uno statuto, confermato poscia
da papa Urbano III, che i loro colleghi, nel tempo
che con saviezza e profitto stavano alle scuole,
percepissero pel loro sostentamento una terza parte
dei proventi che ad essi sarebbero toccati, se a-
vessero assistito al divino servizio; e la stessa
città nel 1199 mandava sino lettori alla dotta
Bologna, cioè Guglielmo e Ruffino della Porta valenti maestri in diritto civile e canonico (2). I
posti ben presto affidati a Giacomo e la dottrina
singolare che mostrò fanno credere che fosse stato
ammaestrato assai per tempo e negli anni più
verdi, quando dimorava nella sua terra natale. Gregorio IX, come racconteremo più avanti, riconosceva in lui già adulto non solo grandi virtù
morali e religiose ma ancora speciale merito per
coltura letteraria; il che fa supporre con ragione
aver avuto il Pecoraria chierico di S. Donnino
un buon insegnamento. Le qualità che più adornano

(1) Campi, *Historia cit*. par. II. *Registro LXX, In qua*
(Ecclesia S. Domnini) *fere ab infantia nutriti fuimus in*
ordine et officio clericali. Sono parole cavate da un atto dello
stesso Giacomo Pecoraria, atto che in appresso allegheremo.
L'iscrizione della lapida di S. Donnino già ricordata porta queste parole: *Qui fuit hac primo condam titulatus in ede.*
(2) Campi, Op. cit. par. II, p. 66, e Reg. XXXVII, e p. 188.

l' animo nell'età virile sono universalmente quelle, alle quali l'uomo s'avvezza negli anni giovanili.

Da Piacenza dopo avere ricevuto il sacerdozio passò a Ravenna e colà fu innalzato all'onorevole carica di arcidiacono (1). Non era cosa insolita in quella età ai Piacentini portarsi fuori della loro terra; perciocchè col commercio in cui mostravansi valenti e con conoscenze ed amicizie, e forniti di mente e di virtù s'aprivano la via degli onori e nella Repubblica e nella Chiesa. Eravi pure questa ragione che ogni città costumava per lo più scegliere alle alte cariche non individui fra il proprio seno ma forestieri. E le molte unioni tenute per gli affari della Lega in diversi luoghi aveano fatto sì che i migliori d'ogni paese fossero noti, e all'uopo chiamati chi da una parte e chi dall'altra della Penisola superiore e centrale. Non devesi credere che l'Italia a principio del secolo XIII, quantunque divisa in piccole Repubbliche e da molte discordie, mancasse di alcuni legami fra una città e l'altra; ne possedeva moltissimi. Tutta aveva la stessa fede ed operosa la voce dei Papi era universalmente ascoltata; in molte occasioni un paese dava le milizie all'altro. Tra Piacenza poi e Ravenna esistevano speciali rapporti; quest'ultima non ostante il malcontento de' Piacentini, era stata metropolitana di Piacenza; nel tempo che esercitava i sacri ordini il giovane Pecoraria non doveano essere cessati tutti i legami tra il clero dell'una e dell'altra città; e quindi non difficile che un sacerdote Piacentino

(1) Ciaconius, *Vitae et Res gestae Pontificum et Cardinalium cum notis ab Oldoino recognitae*, t. II. p. 86. Romae 1677.

di merito a Ravenna salisse in alto. Forse anche
i contrasti cittadini fra il clero e buona parte
di laici, nati per gravami dall'autorità secolare
imposti agli ecclesiastici, contrasti giunti a tal
segno che la maggioranza de' sacerdoti col vescovo Grimerio partirono di Piacenza e ne stet-
tero per oltre tre anni (1204-1208) lontani a Cremona e a Castellarquato, influirono sull'animo
del sacerdote novello, e determinavanlo a cercare
rifugio fuori di diocesi per non vedere i mali
della patria, a cui non poteva rimediare. Ed ei
lasciato il luogo nativo, trovava segnalati onori.
La dignità toccatagli di arcidiacono facevalo come
l'occhio e la mano del vescovo, mettevalo pres-
s'a poco in quel grado che ora si trova il vicario generale d'una chiesa, e davagli principale
giurisdizione contro i pubblici delitti commessi
in danno della fede e dei costumi.

Come abbiamo accennato alcune cose buone
e cattive in quell'età non dobbiamo tacere di altre
che si connettono necessariamente a questa storia.
I Comuni egualmente che la Chiesa in Lombardia
e nei paesi posti al termine dell'Emilia, tanto nelle
pianure come sui monti, dopo la morte di Federico I
(1190) e del figlio Enrico VI (1197) chiamato dagli
Italiani il tiranno, sino al 1215 presentavano uno
spettacolo assai più deplorevole che quello degli
anni antecedenti. Imperocchè, come prima i popoli,
pel timore d'essere oppressi dal comune nemico
l'imperatore, tenevansi fra di loro meno in discordia e all'occorrenza erano strettamente collegati; così dopo che fu vacante l'Impero e che

ne sorsero i pretendenti divenne maggiore la
discordia; ognuno attendeva a particolari interessi e ambizioni, e gli Italiani dilaceravansi fra
di loro in guerre continue. Quasi ogni città,
anzi ogni piccolo paese guerreggiava il suo
vicino e voleva renderselo dipendente, e non
avevasi ritegno alcuno nel distruggere e nel
saccheggiare; e poi nella stessa città e nello stesso
paese i popolari si guardavano di mal occhio coi
nobili, e bene spesso venivano alle mani; e una
parte cacciava l'altra. Chi voleva imperatore Ottone duca di Sassonia e Baviera e chi Federico II,
mentre nella Germania gli elettori dell'Impero
rifiutavano il figlio di Enrico perchè ancor fanciullo, e stavano divisi fra Ottone e Filippo duca
di Svevia fratello del morto imperatore, e i pretendenti alla corona o i loro rappresentanti non
mancavano di fare viaggi e scorrerie per raccogliere uomini e danari dai popoli, che tante altre
cause rendevano infelici e miserabili. I potestà e
i consoli, a quella guisa che erano riusciti ad
abbassare la potenza de' nobili e de' signori, ora
sforzavansi abbassare quella del Papa, de' vescovi
e de' chierici; e a quella violenza i Papi e gli or-
dinarii rispondevano colle scomuniche e cogli
interdetti, ed essendo principi, molte fiate usavano
anch'essi dell'armi per sostenere i loro diritti.
Nascevano spesso contese per elezioni di vescovi;
fra i potenti nudrivansi forti e duraturi gli odii
più accaniti e compivansi di frequente vendette le
più atroci (1). La serie de' sociali disordini sarebbe

(1) Muratori *Annali d'Italia*, ann. 1197-1215; e Boselli

stata ancor maggiore e permanente, se in mezzo
a quel tempo non avesse regolato per oltre di-
ciott'anni, dal gennaio 1198 sino al giugno 1216,
i destini della Chiesa e dell'Italia la vasta mente
e la ferma volontà d'Innocenzo III, uno fra i più
celebri Papi che ebbe la Sede Romana. Costui,
salito sopra la cattedra di Pietro in giovane età,
compreso dei grandi doveri che seco adduceva
il sublime posto da lui occupato, e fidente nella
grazia di chi rappresentava in terra, lavorò indefessamente a cessare i mali della Cristianità, a rendere Roma e poi l'Italia unite e forti alla libertà
e difesa propria e del pontificato, a restringere e
a vegliare l'Impero dei Hohenstaufen invasore
dell'Italia di Roma e del papato e minacciante
la penisola dalla Sicilia e dalla Germania, a pu-
rificare i troni promotori di scandali ne' divorzi
e ne' concubinati, a congiungere la Chiesa orien-
tale che lo scisma trascinava alla barbarie, e a
preservare nell'occidente la fede e la civiltà contro la scimitarra (1).

La vista dolorosa di tanti pubblici contrasti
amareggiava grandemente l'animo del Pecoraria che forte sentiva pietà di patria e a-
more alla religione e persuadevalo a cercare
fuori del secolo quella pace, che nè Piacenza,
nè Ravenna, città neppur questa in istato migliore delle Lombarde, potevagli arrecare. Anzi

Storie Piacentine, t. I, sotto gli anni suddetti. Copia con aggiunte e correzioni inedite dello stesso autore presso l'Archivio della Cattedrale di Piacenza.

(1) G. Audisio, *Storia religiosa e civile dei Papi*, vol. III.
p. 305.

26

il vivere in Ravenna negli anni 1213-1215 era
forse peggiore che in qualsiasi altro luogo, a
cagione delle discordie fra Pietro Traversari e
Ubertino Carrara, i quali tenevano la città divisa
come due repubbliche. S'aggiunga che lo stare
colà tornava ancor più di peso al sacerdote il
cui ufficio è di pace e di carità. Lo stesso arcivescovo di quella metropolitana Ubaldo, dopo molte
cure e ripetuti sforzi, vedendo di non potere
ripristinare la quiete in mezzo al suo gregge, rinunciò la sua Sede arcivescovile e si ritirò in un
cenobio di Canonici Lateranensi a Porto (1). L'arcidiacono di Ravenna Pecoraria più volentieri, ei
che progrediva in virtù, mosso altresì da speciale
istinto abbracciava la risoluzione di abbandonare
il secolo per essere meglio distaccato dalla carne
dalle ricchezze e per servire meglio a Dio (2).

Nell'anno 1215 passava nelle Gallie, ed entrava
nel monastero de' Cistercensi in Chiaravalle, dove
si può dire parlavano ancora gli esempi di San
Bernardo, morto da poco più di mezzo secolo;
e vi professava quell'ordine di specchiato rigore e
d'integrità di vita (3), allora tanto in fiore e rinomato. A scegliere lo stato monastico piuttosto che
a rendersi celebre e temuto nella propria famiglia
potente e numerosa (4), il Pecoraria era pure inco-

(1) Rubeus, *Historiae Ravennates*, ann. 1213-1215.
(2) *Epistola Gregorii IX.* riferita dal Rainaldi negli *Annales Ecclesiastici Continuati* sotto l'anno 1236, n. VI.
VIII e IX.
(3) Ughelli, *Italia Sacra*, t. I. p. 237.
(4) Le Carte degli Archivii Piacentini che riguardano interessi e ragioni dei Pecoraria, e ne abbiamo avuto fra le

raggiato dall'esempio di tante anime grandi educate
ne' chiostri massime in quel turno, e segnatamente
dalla fama di Francesco d'Assisi e di Domenico
di Gusman, allora viventi e divenuti poi santi.
Scrisse ottimamente Cesare Cantù degli Italiani
del secolo XII e XIII: « Le anime non volgari
« trovavansi obbligate a scegliere fra due strade;
« o nel mondo procelloso farsi largo colla fie-
« rezza e la perfidia; o voltargli le spalle, rinne-
« gandone la vanità e le opinioni » (1). Di preferire l'Ordine de' Cistercensi a qualsiasi altra
religione trovava particolari ragioni in sua patria,
dove ne erano stati aperti due monasteri, l'uno,
a Chiaravalle della Colomba nella terra di Base-
lica in poca distanza da Fiorenzuola nell'anno
1135 con speciali auspici del cielo, e l'altro di
Quartazzola vicino alla Trebbia nel 1143; monasteri i quali da più di cinquant'anni spargevano
il buon odore della perfezione cristiana, e acco-
glievano personaggi molti insigni per santità e
dottrina. Nella chiesa Piacentina sui primordii
del decimo terzo secolo era tanta la stima e venerazione per l'Ordine di Cistello che dello stesso
istituto si aprirono eziandio monasteri di sacre
Vergini in diversi luoghi, prima sul Montelana
poi a Valeria e per ultimo nel villaggio di Pit-
tolo, dove visse la celebre Franca Vitalta divenuta poi santa (2). In oltre, lo stesso Ordine con-

muni diverse, mostrano che era una famiglia composta di
molte persone.

(1) *Storia degli Italiani*, vol. III, p. 524.
(2) Campi, *Vita di S. Franca*, p. 52 e 37-42.

tava già più d' un secolo di esistenza, ed aveva
dato belle prove di una istituzione nata in tempo
opportuno per rialzare lo spirito monastico, rilassa-
to e decaduto alquanto in Occidente; e quelle anime
elette che sentivansi chiamate a seguire una vita
segregata dal mondo, in esso trovavano un rifugio
sicuro alle loro nobili brame. Quindi all' ombra
amica dell' albero Cistercense andava a riposarsi
anche il Pecoraria.

In Chiaravalle si riconosceva Dio in ogni an-
golo; la muta vallata colla semplicità e umiltà
delle cose annunziava l' umiltà e la semplicità
di coloro che vi abitavano. In quella dimora
popolata da tante persone, e dove nessuno stava
in ozio e tutti lavoravano, regnava in pieno
giorno un silenzio eguale a quello di tarda notte,
solamente interrotto dai lavori di mano e dalle
voci che cantavano le lodi del Signore. L' armonia di questo silenzio e l' ordine che conservavalo
offriva uno spettacolo il più incantevole anche ai
mondani da costringerli a sentirne rispetto e riverenza. Il deserto che serviva a dimora de' monaci
era circondato da una foresta cupa e spessa, serrato
così fra due montagne da sembrare una grotta
profonda. Gli abitatori ancorchè in molti erano
perfettamente solitari, e passavano il loro tempo
nella recita del divino ufficio a lunghe pause,
nella meditazione de' libri santi, nella coltura dei
campi e nelle altre opere necessarie al sostentamento della vita. Vi accorrevano uomini da
tutti i paesi, e molti che il mondo aveva veduto
in alte dignità, ed ammirato per talenti e poten-

za; ma quivi nessuna distinzione per loro, pari
al monaco più semplice, e tutti uniti nei dolci
legami della pace e carità fraterna. Iddio compiva cose grandi e sovrumane in questa sua casa; gli stolti imparavano la sapienza; si rigene-
rava l'uomo interiore nello stesso tempo che
distruggevasi l'esteriore; i superbi divenivano
umili; i ricchi facevansi poveri; gli ignoranti
acquistavano la scienza, e le tenebre del peccato
si dileguavano innanzi alla luce celeste: si me-
nava una vita col Signore nascosta in Gesù Cristo.
Così S. Bernardo aveva ridotto Chiaravalle (1);
e questo stato più di paradiso che terreno non
erasi cangiato quando v'entrava l'arcidiacone
di Ravenna; perchè colà tuttora vigeva in osservanza la perfetta regola e lo spirito del santo
riformatore.

In luogo tanto privilegiato dalla grazia del Signore il Pecoraria vestiva la bianca tonaca, che
era l'abito de' Cistercensi, detti per questo anche
monaci bianchi. Reggeva allora Chiaravalle l'abbate Corrado I (2), e sotto la· saggia direzione di
questo come del successore Guglielmo, il novello
monaco divenne uno de' più esemplari; così che i
suoi confratelli non tardarono molto a riconoscerne
la virtù e a contraddistinguerlo dagli altri. Dimorò nelle Gallie circa quattro anni, che non
passarono per lui senza fatti degni di memoria;
ma l'umiltà in cui esercitavansi que'servi di Dio

---

(1) Ratisbonne, *Histoire de Saint-Bernard*, Deuxiéme epo-
que, Chap. II.

(2) *Gallia Christiana*, t. IV, p. 804.

impedì che fosse tramandato alle età posteriori
in quali azioni segnatamente risplendessero i
meriti del monaco Giacomo. Sotto il pontificato
di Onorio III verso il 1219 pertanto, i suoi confratelli eleggevanlo abbate del monastero de' santi Vincenzo e Anastasio alle Tre Fontane (1) fuori
di Roma, o ad *Aquas Salvias* o *Salsas*. Questo
cenobio tenevasi in gran conto dall'Ordine Cistercense, perchè n' era stato primo abbate Bernardo
da Pisa divenuto poi Papa sotto il nome di Eu-
genio III (1145), perchè vicino alla prima sede
della Chiesa , e perchè serbava ricordi della
santità di Bernardo, ed altresì perchè aveva giu·
risdizione assai estesa.

Monaco ritornava nell'Italia in un tempo che
le pubbliche cose sembravano prendere buona
piega a favore della Chiesa; i cristiani in Oriente
avevano espugnato la forte città di Damiata; era
morto (19 maggio 1218) l' imperatore Ottone IV
nel castello di Hartzburg pentito e riconciliato
colla Chiesa; e Federico II rimasto senza compe-
titore diveniva il solo padrone dell' Impero e
sovrano del regno di Sicilia, e mostravasi tutto
ossequioso e devoto ad Onorio III. In Roma (22
novembre 1220) l'abbate vedeva coronare imperatore dal Papa colla maggiore solennità questo discendente della Casa di Svevia; ed era si può dire testimonio delle promesse e dei giuramenti che faceva,
Federico II: di non violare la libertà della Chiesa,
di sostenerne i diritti, di volerla difendere contro
gli usurpatori e di passare in Terra Santa e to-

(1) Ciaconius, *Vitae Pontificum et Cardinalium*, t. II, p. 86.

gliere que' luoghi dalla profanazione degli infedeli (1). La cognizione di quanto prometteva il
coronato sovrano gioverà al monaco quand' egli dovrà trattare con Federico che mancava alla data
parola, e quando dovrà pubblicare la scomunica
contro lo stesso principe e riunire forze ed alleati
per combatterlo. Circa l'impegno della Crociata il
novello imperatore, in parte adempiva la promessa,
spedendo all'aprirsi della primavera in Asia quaranta galee sotto il comando di Arrigo conte di
Malta, capitano di mare valoroso ed esperimentato (2). Prima di vedere il Cistercense occupato nelle pubbliche faccende, importa raccogliere quel
che ei si facesse, governando il monastero vicino
alla Città Eterna.

Ancorchè la storia, a motivo del tempo che di-
strugge ben spesso memorie importantissime, non
ci abbia lasciato molti fatti per ritrarre la condotta usata dal nuovo abbate nel guidare i suoi
monaci alla perfezione cristiana; tuttavia rovistan-
do in varie parti, si trovano segni indubitati della sua singolare pietà e del suo zelo per la propria religione. Lo storico Campi nell'anno 1630
in aprile vide ancora nella abbazia presso le Tre
Fontane, cioè nella camera sopra l'antiporto antico, un devotissimo Crocifisso dipinto, a pie' del
quale era figurato il padre Giacomo in atto di

(1) Struvius, *Syntagma Historiae Germanicae*, t. I. Diss. XX.
§. IV. et notae. Jenae 1717. È questa un'opera abbondan-
tissima di citazioni di documenti e scritti coevi della parte
imperiale.

(2) Muratori, *Annali d'Italia*, all'ann. 1221.

orare colla seguente inscrizione: *F. Iacobus ab-*
bas fecit fieri anno MCCXX. tempore Honorij
Papae. L' abbate attentamente curava il decoro
dell' Ordine, e a lui devesi la fabbrica nuova di una
parte del monastero a cui presiedeva, conforme
attesta altra iscrizione veduta parimenti dal Campi. È questa: *F. Iacobus D. Honorij Papae III.*
Penitentiarius et Capellanus hanc domum fecit
fieri pro anima sua et Iacobi nepotis (1). Da
tale monumento scorgesi chiaramente che i meriti del monaco Piacentino non erano apprezzati
soltanto dai Cistercensi, ma eziandio dal capo della chiesa, il pontefice Onorio che se lo era eletto
sacerdote pel suo sacello e uditore di Rota; uffici
a cui secondo il Moroni corrisponde appunto la
carica di Cappellano e Penitenziere pontificio (2).
Il Ciaconio, raccontando questa promozione, pre-
mette che Onorio se lo teneva carissimo (3), e
l' Ughelli, che l' onorava di speciale affetto (4). Chi
fosse il nipote dell' abbate, nominato nell' allegata
iscrizione non si conosce con certezza; il su lodato
Campi lo crede Giacomo da Castellarquato, prima
canonico della Cattedrale Piacentina e poi Vescovo
di Mantova e infine cardinale e vescovo di Porto (5).
Nel tempo del suo abbaziale governo insorse lite

(1) *Historia Ecclesiastica di Piacenza*, par. II. p. 147; e
Giornale in Roma dello stesso, Ms. presso il conte B. Pallastrelli, p. 114.
(2) *Dizionario di erudizione Ecclesiastica*, V. Pecorara.
(3) *Vitae Pontificum et Cardinalium*, t. II. p. 86.
(4) *Italia Sacra*, t. I, p. 207.
(5) *Historia cit.*, par. II, p. 147.

tra il monastero Cistersense e il vescovo di Soana
Gulcherino, che voleva esercitare giurisdizione sopra santa Maria di Orbitello e altre chiese spettanti
all'abbazia di S. Anastasio e s'era assunto di punire
i preti cattivi di quelle chiese. L'abbate attese a
conservare i diritti del proprio monastero, e colpì
con sentenza di scomunica il priore di S. Maria
di Orbitello e di sospensione i chierici e d'interdetto la chiesa. La quale contesa fatta esaminare
per ordine dal Papa dal vescovo di Sutri e poi dal
cardinale Bartolomeo di santa Pudenziana, nel 1230
fu dato ragione all'abbate e al monastero (1). Intorno alle nobili qualità monastiche delle quali era
dotato vi sarà argomento di parlare più innanzi
sulla testimonianza di Gregorio IX; ora fa mestieri avvertire che mentre egli aveva cercato di
togliersi dal mondo, i bisogni della Chiesa e il
volere del Pontefice lo trassero fuori dalla sua di-
letta vita ritirata; al che volentieri si sottomise
per far meglio la volontà del Signore.

Trascorsi i primi anni di sua dimora ai santi
Vincenzo ed Anastasio, i pubblici affari non ispi-
ravano più quelle speranze di prima, cioè di trionfo
per la religione in mezzo agli infedeli, e di concordia e di pace fra la Chiesa e l'Impero, e fra
questo e i Comuni Italiani. La città di Damiata,
acquistata con tanto sangue dai cristiani, rica-
deva dopo due anni nelle mani dei Saraceni.
Onorio III, travagliato in Roma per i tumulti e

(1) Ughelli, *Italia sacra*, t. III. p. 737-738; Manriques,
Annales Cistercenses, ad ann. 1230, cap. VI. n. 12.

rivolture che vi cagionava Parenzo Senatore,
usciva di quella città e si recava a Tivoli (1). Federico ora per un pretesto ora per l'altro di anno
in anno protraeva il suo passaggio in Oriente,
tante volte promesso coi più solenni giuramenti,
non voleva ammettere alle loro chiese cinque vescovi eletti senza sua saputa e consentimento della
Santa Sede nel Napoletano, e invadeva il Patrimonio di S. Pietro; e il Papa ne lo rampognava
fortemente (2). I Lombardi diffidavano di Cesare;
che nel regno di Sicilia apparecchiava forze ed ogni
altro mezzo per opprimerli, e che sul principio del
1226 pubblicava essere da lungo tempo calpestati
i diritti dell'Impero e a ristabilirli in vigore voler tenere in Cremona per la festa di Risurrezione
una grande assemblea, a cui di Germania chiamava
il figlio Enrico e i principi con esercito e invitava
gli alleati con armi e cavalli (3). Per questo le
città di Milano, Piacenza, Verona, Bologna, Brescia,
Faenza, Mantova, Vercelli, Lodi, Bergamo, Torino,
Alessandria, Vicenza, Padova, il marchese di Monferrato, Crema, Ferrara, il Conte di Biandrate ed
altri luoghi e signori, come accordava loro la
pace di Costanza fatta col primo Federico, stabilirono di rinnovare la Lega Lombarda Romagnola
e Trevigiana, e mandarono tutti nel Mantovano legati alla Rocca di Mosio; i quali nella chiesa di

(1) F. Capecelatro, *Istoria della città e Regno di Napoli*,
vol. I. p. 478. Napoli, 1834.
(2) Huillard-Bréholles, *Historia diplomatica Friderici secundi*, t. II. p. 552-556.
(3) Huillard-Bréholles, op. cit. t. II. p. 548, 549.

S. Zenone raunati ai **2 di** marzo stipularono alleanza e giurarono mantenerla per venticinque anni. E in Mantova nell' aprile stabilirono: Nessuna
città si serva della Corte dell' imperatore Federico
o d'alcuno dei suoi cortigiani nè a loro scriva
senza comando dei reggitori; non si scelga dai
federati il pretore che tra le città della Lega,
oppure tra i Romani ed i Veneti; nessuno riceva
cosa alcuna dall' imperatore o dai suoi; se alcuno
de' federati offenderà un altro, sia condannato
all' esilio perpetuo, nè possa tornare senza che
acconsenta la maggioranza dei reggitori, e sopra
colui che diversamente operi, cada lo sdegno
de' federati; non sia lecito ad alcuno far pace
con un altro in danno della Lega; sia tenuto
nemico pubblico chi si toglierà dall' alleanza;
se alcuna città sarà oppressa da guerra ester-
na, le altre l' aiutino; se verranno tolti i feudi,
o i possedimenti, secondo il volere de' reggitori
vi sia obbligo di andarli a ricuperare; nessuno
vadi fra l' anno pretore a Cremona, a Parma, a Modena; siano tolti i beni a chi farà diversamente (1).
E di più confermarono subito coi fatti le loro risoluzioni, perocchè i Bolognesi impedirono a Federico II
che si accostasse alle loro mura, e Verona, preso
ed armato il passo della Chiusa nella valle dell' A-
dige, tenne indietro Enrico che da Trento venisse in Lombardia (2). Que' di Modena però,
di Reggio, di Parma, di Cremona, d' Asti e di

(1) Balan, *Storia di Gregorio IX.* vol. I. p. 108-109.
(2) Muratori, *Annali d' Italia*, ann. 1226.

Pavia mandarono ambasciatori a Federico e si offrirono pronti a servirlo. La grande dieta quindi non si tenne a Cremona, dove si recò l'imperatore, e presto se ne dipartì, non essendovi convenuta la moltitudine che vi aveva chiamato. Falliti i suoi disegni, ne fu grandemente sdegnato l'Augusto, tolse lo studio a Bologna, e forse egli stesso sollecitò Corrado vescovo di Hildesheim predicatore della Crociata a scomunicare i Lombardi, ma di poi, adoprando più accortezza o meglio astuzia, si rivolse al Pontefice, e, fingendo di avere in mira singolarmente la Crociata, gli rimise le sue questioni coi Lombardi: ed Onorio III, che, desideroso della concordia in Occidente, cercava con ogni sforzo di tenere riuniti i potenti dell'Europa, acciocchè si potesse spedire una forte armata nell'Asia in soccorso de' Cristiani, non guardò a fatiche e sacrifizii per comporre la pace; ed essendosi anche i Lombardi affidati al suo arbitrato, vi riuscì. Ma l'imperatore, quegli che prima doveva mostrare col fatto di accettare il componimento è decidersi a passare in Terra Santa, invece spogliava il suo suocero Giovanni di Brienne di quella parte del regno di Gerusalemme rimasta ancor libera dal giogo de'Saraceni; e intanto Onorio III moriva nel giorno 19 marzo 1227 senza veder progredire quell'impresa per cui aveva tanto travagliato (1). Al Pecoraria, mentre accadevano tutti questi fatti, non era concesso di viversela solo nel ritiro e nella pace del chiostro; egli fu sempre adoprato

(1) Balan, *Storia* cit. vol. I. p. 110-118.

in affari di massima importanza (1) e infine provò
il dolore di vedere la morte del capo della Chiesa,
da cui era tanto amato.

Al defunto Pontefice i cardinali, radunati nel
Septizonio fra il Clivo Scauro e il Palatino, nella
chiesa di S. Lucia, elessero immediatamente il
successore, Ugolino de' Conti di Segna ed Anagni,
cardinale e vescovo d' Ostia (2). Il nuovo Papa,
che, sebben vecchio, d' anni ottantacinque, era
tanto più giovane di mente e di forze per reggere e governare e difendere la società cristiana
a fronte della tirannia de' principi, e specialmente
di Federico II, in mezzo alle discordie de' popoli,
e alla peste delle eresie e contro la potenza degli infedeli, scelse tra suoi cooperatori al bene
della Cristianità l' abbate delle Tre Fontane, divenuto poscia il più forte campione della Chiesa
dopo il Papa nella lotta coll' Impero. Gregorio IX
s' associava nel difficile governo tanto più volentieri questo monaco, perocchè anche prima di
divenire Papa ne godeva l' amicizia, e l' aveva
contratta mosso dalla singolare bontà de' costumi
e delle virtù del medesimo, e la mantenne sinchè
visse (3). Non tardò inoltre a far palese la stima che aveva del suo amico coll' innalzarlo al
cardinalato; e così eziandio cogli onori esterni e
coll' autorità del grado rendevaselo uno de' soggetti più capaci a trattare delle grandi questioni

(1) Ciaconius, *Vitae*, t. II. p. 86.
(2) Balan, luog. cit.
(3) Jongelinus, *In Purpura divi Bernardi*, p. 31. Coloniae
Agrippinae 1644.

che agitavano il mondo cristiano. L' Eggs assegna il primo anno di pontificato di Gregorio IX, in cui il Pecoraria fu eletto cardinale (1), e il Rusca il 1229 (2). Forse confermerebbe questo un documento dell'anno circa 1230 rimasto sino a noi mancante in alcune parti ma del quale si può leggere che la Comunità e il Capitolo di Ravenna fanno un compromesso delle loro liti con quei di Cervia nei due cardinali Giacomo Prenestino e Ottone (3). La comune però degli storici ritiene che la sua promozione sia avvenuta nel 1231, quando Gregorio IX trovavasi a Rieti; e il Ciaconio assegna sino il mese, cioè in settembre (4), tempo in cui

(1) *Purpura Docta,* p. 157. Monachi 1714.

(2) Campi, *Historia cit.* par. II. p. 143.

(3) Fantuzzi, *Monumenti Ravennati,* t. V. p. 328-328. Abbiam detto forse, perchè, sebbene il Fantuzzi soraponga la data circa l' anno 1230 al suallegato documento, ci pare che quell' atto riguardi a cose dell' anno 1232, che racconteremo, sul finire del libro seguente.

(4) Albericus Monachus *Chronicon,* ad ann. 1231. Hannoverae 1692; Manriques *Annales Cistercenses,* ad ann. 1231, cap. II. n. 4-5; Raynaldus, *Annales Ecclesiastici,* ad ann. 1231, n. XXXII. Lucae 1747. Il Corio, Ciaconio, Wadding, Manriques, Capecelatro, i Bollandisti e qualche altro nel raccontare questa elezione del Pecoraria, e nel parlare di lui lo dicono di patria Pavese: la storia che noi pubblichiamo in mille luoghi arreca prove ed argomenti indubitati che egli appartiene a Piacenza. Cercando come fosse nato questo errore ci parve d'averne trovato la causa occasionale. La famiglia Pecoraria aveva possedimenti nella diocesi e distretto di Pavia; e la valle di Pecoraria nel Piacentino in antico confinava con terre appartenenti a Pavia; inoltre alcuni dei Pecoraria forse per la divisione de'beni, si stabilirono nel Pavese. Da tutto questo credo nascesse l'errore suddetto.

fu eletto anche vescovo di Preneste o Palestrina, successore a Guido Pierleoni. Nella vita di Gregorio IX, scritta dal cardinale d'Aragona così si parla di tale elezione: « Il Pontefice nel quinto anno del suo Pontificato si recò alla città di Rieti, ove dimorò lungo tempo, avendovi spediti molti e varii affari della Chiesa. Ove ancora innalzò all'episcopato di Preneste il frate Giacomo dell'Ordine Cistercense, uomo pieno di religione e di modestia, allora abbate delle Tre Fontane » (1). Mirabile anche all'occhio umano, non offuscato da false ombre, è la condotta della Chiesa, e massime nel centro di sua azione, dove ne risiede il capo supremo. Essa sa raccogliere d'intorno a sè senza predilezione di luoghi gli uomini per virtù e sapere migliori ed occuparli adattamente; tutto questo si riscontrerà benissimo nella storia del nuovo cardinale che stiamo per raccontare.

Il vescovo d'Ostia divenuto Papa seguì la via del suo antecessore Onorio III, laonde caldeggiò grandemente la Crociata ed esortò con tutte le ragioni possibili e colle preghiere più vive Federico ad adempiere le promesse fatte con giuramento di passare in Palestina. I popoli d'Inghil-

_____

(1) Maratori, *Rer. ital. Scriptores*, t. III. *Vita Gregorii IX.* p. 578. Pontifex... quinto sui Pontificatus anno ad civitatem se contulit Reatinam, ubi... longi temporis spatium percurrit, ibidem multis et variis Ecclesiae negotiis expeditis. Ubi etiam fratrem Jacobum Cistercensis Ordinis, totius Religionis et modestiae virum, Trium Fontium tunc Abbatem, assumpsit in Episcopum Praenestinum.

terra, di Germania, d' Ungheria, di Francia e d' Italia corrispondevano volonterosi all' invito del Pontefice; e nell' agosto 1227 a Brindisi erasi riunita una grossa armata d' uomini di tutte quelle diverse nazioni per recarsi tosto in Terra Santa. Anche l' imperatore, sebbene indugiasse alquanto, pareva disposto ad accompagnarli, ed entrato in nave a dì 8 settembre anch' egli come gli altri s' allontanava dal lido; ma dopo tre giorni faceva voltare la prora e discendeva a terra nel porto di Otranto, adducendo per iscusa d' essere ammalato (1). Il Papa che tanto aveva caldeggiato quella cristiana spedizione non tenne buono quel pretesto; e per non avere Federico continuato il viaggio e per altre ragioni lo scomunicò; e quindi s' inasprirono maggiormente gli animi da una parte e dall' altra, e la guerra divenne più aperta fra la Chiesa e l' Impero. Quanto male il figlio di Enrico VI e di Costanza corrispondeva alle speranze di Innocenzo III suo tutore! Fra Salimbene colla usata sua semplicità e schiettezza scrive: « Federico pupillo restò nelle mani della Chiesa, che lo nutri e l' innalzò, sperando che fosse migliore del padre, ma quale il padre tale il figlio ed anche fu esperimentato di gran lunga peggiore » (2).

Nell' anno seguente l' imperatore continuava

(1) Balan, *Storia di Gregorio IX.* vol. I. p. 235-246.

(2) *Monumenta historica ad Provincias ecc.* Fr. Salimbene *Chronica*, p. 175. Remansit Fridericus pupillus ejus (Ilnrici) in manu Ecclesiae, quem nutrivit et exaltavit, sperans quod melior patre foret, sed qualis pater, talis filius et etiam longe deterior fuit inventus.

a disprezzare le censure in cui era incorso, e verso la fine di giugno, più per sdegno e dispetto e per fine di suo interesse che per amore di liberare i Luoghi Santi dagli infedeli, colla croce sul petto e coll'anatema sul capo, s'imbarcò per l'Oriente contro la volontà del Papa che voleva prima si meritasse l'assoluzione e vi andasse con un'armata poderosa, e imprese l'opera che in que'tempi dai cristiani era reputata santissima (1). Intanto che egli stava nelle parti oltremarine, i vicarii che aveva lasciati nel Regno invadevano sempre più i diritti e i possedimenti della Chiesa Romana; e a carico di lui erano portati all'orecchio del Papa fatti sceleratissimi, indecenti e i più turpi: essere cioè Federico solito commettere peccati contro l'uso e la natura, avere lo stesso proposto la distruzione della Chiesa Romana e la desolazione di tutta l'Italia. Per questo Gregorio IX sparse nunzii in tutto l'Impero, affinchè indicassero ai popoli come scomunicato ed eretico l'Hohenstaufen, chiese aiuto di soldati dai rettori della Lega Lombarda (2), e riuscì a mettere in piedi un esercito, capitanato da Giovanni di Brienne. Queste milizie vennero alla prova coll'inimico e vinsero in molti luoghi ne'primi mesi dell'anno 1229, ed avrebbero fatto ancor di più se

---

(1) Tosti, *Storia dell'abadia di Monte Cassino*, t. II. p. 256. Napoli 1842.

(2) *Monumenta historica ad Provincias* ecc. Codagnellus *Chronicon* p. 80-82; e Huillard-Bréholles, *Historia Diplomatica Friderici secundi, Introduction*, p. CCCXXII-CCCLXII. e t. III. p. 140 in nota.

42

non sopraggiungeva la notizia del presto ritorno
da oltre mare di Federico. Lontano l'imperatore
non aveva recato grandi vantaggi alla causa
de' fedeli, presso i veri cristiani trovò colà la
diffidenza che nutrivano di lui in Italia perchè scomunicato; s'era studiato di compiere qualche cosa clamorosa per distruggere se avesse potuto
le accuse mossegli dal Papa e note pel mondo;
ma senza concordia cogli altri e molto meno
senza fede non potè aiutare efficacemente e
durevolmente la grande impresa della Crociata.
Se la intese ben presto col Sultano d'Egitto e
stipulò patti che non piacquero nè ai Cristiani
nè ai Saraceni, ma che servissero a' suoi interessi
politici e commerciali; e da sovrano e da privato
diede a divedere di non professare religione alcuna. Nel trattato per l'occupazione di Gerusalemme Betlemme e Nazaret, aveva convenuto di
moltissimi riguardi verso i Saraceni; e in fatti
accordava loro più libertà che ai fedeli, onde si
diceva di lui essere più credente alla legge del
Corano che al Vangelo (1). Fra Salimbene anno-
vera tra le superstizioni di Federico anche questa
che « quando vide la Terra Santa, la quale fu
chiamata terra promessa, commendata da Dio
tante volte, col dirla terra dove scorreva latte e
miele e di tutte le altre terre migliore, gli dispiacque, e disse che se il Dio degli Ebrei avesse
veduto la sua terra, cioè la Terra di Lavoro, la
Calabria e la Sicilia e la Puglia, non avrebbe le

(1) Balan, *Storia*, cit. vol. I. p. 399-401.

tante volte commendato quella terra che promise e diede agli Ebrei » (1). Federico acquistata Gerusalemme in virtù de' patti col Sultano, e coronatosi da se stesso re di questa città e saputo della guerra nel Reame di Sicilia ritornò tosto in Italia ai 10 di giugno dell' anno 1229.

Continuavasi frattanto la guerra de' Pontificii contro gli Imperiali; ma ora che stava nel Regno Federico, la fortuna dell' armi rivolgeva le spalle ai chiavesignati difensori della Chiesa, così chiamati dal portar eglino sul petto le chiavi di S. Pietro, e l' Impero riacquistava l' un dopo l' altro i dominii del Regno innanzi perduti. I Lombardi, forse temendo che l' augusto vincitore de' soldati papali si rivolgesse contro le loro terre, rannodavansi sempre più strettamente fra di loro; e le città confederate correvano in aiuto di Bologna in guerra con i Modenesi, Parmigiani e Cremonesi di fazione imperiale, e in Milano rinnovavano i loro trattati di alleanza (2). Per questo crediamo che Federico, sebbene in mezzo alle vit-

---

(1) *Monumenta historica ad Provincias* ecc. Fr. Salimbene *Chronica*, p. 168. Ejus superstitio fuit, quia, cum vidit terram ultramarinam, quae fuit terrae promissionis, quam Deus totiens commendaverat appellando eam terram lacte et melle manantem, et egregiam terrarum omnium, displicuit sibi, et dixit quod Deus judeorum non viderat terram suam, scilicet Terram Laboris, Calabriam et Siciliam et Apuliam, quia non totiens commendasset terram quam promisit et dedit judeis.

(2) *Monumenta historica ad Provincias* etc. F. Salimbene *Chronica* p. 24, e Codagnellus *Chronicon Placentinum*, p. 87, 91: e Muratori *Annali d' Italia*, all' ann. 1229 in fine.

torie, sentisse bisogno di riconciliarsi con Gregorio IX e facesse pace in luglio 1250; e dopo veniva assolto dalle censure e s'abboccava collo stesso Pontefice, e prometteva di dare alla Chiesa in compenso dei danni recati mille e cento venti oncie di oro, che però non diede mai. Cooperarono assai a questa concordia Leopoldo duca d'Austria, Ermanno di Saltz maestro dell' Ordine Teutonico, Bertoldo Patriarca d'Aquileia, Eberardo arcivescovo di Salzburg, il vescovo di Ratisbona ed altri principi della Germania (1). Fosse stata pace sincera e durevole! ma s'intorbidava assai presto nell'anno seguente a motivo delle Costituzioni pel Regno, colle quali l'imperatore non riconosceva d'aver avuto quel dominio dai Pontefici, e ledeva molti altri diritti della Chiesa Romana. Di questi fatti principali, successi ne' primi anni del pontificato di Gregorio IX, era necessario l'accenno datone per capire meglio quanto ci resta a narrare, dove figura maggiormente Giacomo Pecoraria. Egli anche in questo tempo, fosse soltanto abbate alle Tre Fontane o già cardinale, è certo che prestava l'opera sua al Pontefice ne' grandi bisogni della Chiesa.

(1) Struvius, *Syntagma historiae Germanicae*, t. I. p. 639, e 641.

LIBRO SECONDO

1231-1232

SOMMARIO

Federico ordina una grande dieta a Ravenna. — Le città della Lega Lombarda Marchigiana e Romagnola ne tengono prima una a Bologna. — Non accettano di mandare a Ravenna i loro ambasciatori. — Cresce la discordia fra l'imperatore e i Lombardi. — Alcune leggi di Federico contro gli eretici e giudizio del Tosti. — Il Papa manda i cardinali Giacomo e Ottone per mettere pace. — Li deputa a togliere altre discordie. — Federico cerca la pace. — È fatto un compromesso ai Legati pontificii. — Colloquio di Lodi e sue conseguenze. — Gregorio IX pronuncia sentenza sulla causa tra Federico e le città collegate. — Il Pecoraria promuove la canonizzazione di Antonio di Padova. — Si trova a Villanova del Veronese. — Deve comporre gli animi fra i Ravennati e quei di Cervia. — Considerazioni sopra le paci e concordie di poca durata in quell'età.

Federico dopo aver date nuove leggi al Regno non dimenticava di volere esercitare senza limiti il comando altresì nell'Italia superiore, e con siffatto intento bandiva una grande dieta da aprirsi in Ravenna per la solennità di Ognissantí, dell'anno 1231. Doveano concorrervi il suo figlio Enrico, i principi di Alemagna, gli ambasciatori della Lega Lombarda, arcivescovi, vescovi, abbati e nobili; e diceva averla ordinata col consiglio del Pontefice per rassodare la pace fra i Lombardi e l'Impero, rimettere l'Italia in istato prospero e tranquillo, togliere le divisioni cittadine e le inimicizie fra vicini, e sostenere la fede cattolica contro le eresie dei Patareni e Catari (1), allora molto sparse e venute in Italia dalla Francia e dalla Germania: eresie che erano una specie di Manicheismo trasformato. E in verità anche il Papa mostravasi favorevole al colloquio voluto da Cesare, scrivendo ai vescovi di Vercelli, di Brescia, di Reggio, di Modena e di Mantova di persuadere i Lombardi a non impedire che vi concorressero i principi Tedeschi; ma nello stesso tempo pigliava tutte le precauzioni affinchè non ne venisse danno alla Chiesa, e per tenersi in buon accordo colle città formanti la Lega; dalle quali poteva riprommettersi fedeltà e aiuto più che dal discendente del Barbarossa. Molti popoli della penisola e segnatamente i Lombardi, gelosi di loro franchigie e avvezzi a vederle dagli imperatori di Alemagna violate, dubitavano d'ogni cosa che da questi si proponesse. E di Federico II poi non fidavansi affatto, sì per l'indole che in lui aveano conosciuta, sì pe' tumulti e per le guerre cittadine a lui impu-

(1) Huillard-Bréholles, *Historia*, cit. t. IV. p. 266-267, e 955-956.

tate, sì per la baldanza delle città ghibelline che, forti
dell' aiuto imperiale, sfogavano odii e vendette contro i Guelfi, e sì per l' amicizia che lo stesso manteneva con tutti i loro nemici (1).

Il timore del comune nemico e la necessità
della difesa facendosi maggiormente sentire, mos-
sero le città della Lega Lombarda Marchigiana e
Romana. a rinnovare i loro patti di alleanza, nei
quali entrarono anche Ferrara e Mantova; e in
questo negozio trattarono per la Lega i due an-
ziani de' rettori delle città Opizo Selvatico Piacentino e Guido di Bilieno Bolognese (2). Le stesse città, rappresentate dai più saggi loro capi,
nell' ottobre 1231 tennero assemblea in Bologna
e s' accordarono con giuramento per la difesa
vicendevole, e in particolare di Bologna e Faenza
minacciate dal nemico; ricorsero al Pontefice,
inviandogli legati a pregarlo che s' intromettesse
per vietare all' imperatore l' entrata con eserciti
in Lombardia, entrata di danno altresì alla Chiesa Romana; e deliberarono di opporsi che il re
Enrico passasse l' Alpi con soldati Tedeschi (3).
Risposero alla chiamata di Federico in Ravenna,
Parma che vi mandò Guglielmo degli Amati podestà, Bernardo e Rolando Rossi, Gherardo Val-
dora, Rolando Rangone; Cremona col suo podestà

(1) *Monumenta historica ad Provincias* etc. Codagnellus
Chronicon, p. 102; e Balan *Storia* cit. vol. II. p. 123-125.
(2) Muratori, *Antiquitates Italiae*, t. X. diss. 48, p. 286,
290.
(3) *Monumenta historica ad Provincias* etc. Codagnellus
Chronicon, p. 101-102.

Ferrario Cane e sedici ambasciatori; Pavia inviando il pretore Cavazzano con sei oratori; Modena
col suo pretore Gerardo Albino e otto legati;
Tortona spedendo quattro rappresentanti; e Genova, Bergamo e Trento; e i due famosi capi della
fazione imperiale Ezelino da Romano e Salinguerra di Ferrara; e il marchese di Monferrato e il
Conte di Savoia; e in fine alcuni principi, vescovi
e baroni di Germania che vennero celatamente.
Il re Enrico fu peritoso a cimentarsi colle milizie
Lombarde postesegli contro nell'Adige, e se ne stette
oltre monte. L'imperatore, non vedendo a comparire
tutti coloro che vi dovevan essere, prorogò la dieta
sino alla metà del marzo venturo; e di poi, prevedendo di non poter far nulla a suo vantaggio e di
non avere consenzienti ai suoi ordini le città della
Lega, sul finire di dicembre e sul principio di gennaio deliberò di molte cose con coloro che avevangli obbedito. La risoluzione di maggiore momento, destinata ad accrescere i contrasti già
gravi fra l' Impero e la Lega, presa in quel congresso, fu di stabilire sotto pena di fellonìa che
le città e terre fedeli a Federico non dovessero
eleggere nè tenere podestà alcuno che fosse dei
paesi Lombardi contrarii all' imperatore; alla quale risoluzione però non aderirono gli ambasciatori Genovesi, perchè la loro Repubblica, avendo
eletto podestà Pagano di Pietrasanta, Milanese
non voleva mancare alla parola data e al proprio
onore. Nell'unione di Ravenna, conformemente
alla volontà del pontefice tante volte espresso, si
pubblicarono varie leggi penali e severe contro

gli eretici (1). Per giudicare nel suo giusto senso
ordinamenti siffatti, in cui entra il Papa e
l'imperatore, pei delitti contro la religione viene
a proposito ciò che ne scrisse Luigi Tosti: « E-
ran tempi in cui le umane generazioni guardavano
al cielo, come a finale riposo dopo il terreno pelle-
grinaggio, cui era ordinata tutta l'economia legisla-
tiva di stati e di nazioni. Chiunque con la eresia e
lo scisma sbarrava la via del cielo al cittadino
cristiano, era un pubblico nemico. Il suo delitto
non era solo una trasgressione della civile legge,
ma una negazione del principio che alimentava
la vita dell'umana compagnia. Perciò la pena che
doveva colpire l'eretico delinquente doveva essere
la massima. Ma poichè il giudizio doveva venire
dalla Chiesa, questa per necessità si trovò colle-
gata con la laicale potestà nell'esercizio del diritto
penale contro gli eretici. Questi è eretico, diceva
la Chiesa alla potestà laicale; e questa sentenza
implicava l'altra della pena da infliggersi pel
laicale ministro. Non fu certamente la Chiesa che
scrisse nel codice penale del medio evo la morte
degli eretici; essa fu scritta dalla civile comunanza,
che come metteva sotto la salvaguardia delle leggi
la roba, l'onore, la vita, volle anche a queste

(1) Rubeus, *Historiae Ravennates*, ad ann. 1231, p. 463-466;
Muratori *Rer. ital. Script.* t. VI. *Annales Genoenses* Bartolomeo
Scriba, lib. VI. p. 464-465, e *Annali d' Italia* all' ann. 1231;
F. Capecelatro, *Storia della città e regno di Napoli*, vol. I.
Napoli 1854, p. 544-545; Affò, *Storia della città di Parma*,
t. II. p. 149; Huillard-Bréholles, *Historia* cit. t. IV. p. 298,
303; Balan, *Storia* cit. vol. II, p. 126-150.

TONONI. 4

commettere quello che si aveva di più prezioso,
la fede » (1).

Negli affari così intricati e nelle·questioni così
ardenti fra imperatore e Lombardi toccava al cardinale Giacomo Pecoraria il difficile incarico prima
di paciere é poi di arbitro. Il Papa, al vedere
quelle discordie che non potevano arrecare che
funeste conseguenze e danni alla Chiesa e alla
società, e ad ambe le parti, e chiesto altresì,
come sopra si disse dai Lombardi ad intromet-
tervisi colla sua autorità, spedì a principio del-
l'anno 1232 nell'Italia superiore l'eletto vescovo
di Preneste in compagnia del cardinale diacono Ottone del titolo di S. Nicolò in carcere Tulliano, affinchè s'adoprassero a comporre le faccende (2). I due
legati pontificii fissarono pel primo giorno di marzo
un colloquio a Bologna, ordinando alle città della
Lega che ciascuna vi mandasse uomini assennati e

(1) *Prolegomeni alla Storia Universale della Chiesa,* vol.
II. p. 568.
(2) Huilard-Bréholles, *Historia* cit. t. IV. p. 431-442.
Gregorio IX nel Lodo dell'anno 1233 dato sopra lo stesso
soggetto adduce i motivi d'aver mandati i due cardinali.
Nos attendentes animarum pericula, strages corporum, damna
rerum, et Ecclesiarum ac religiosorum locorum exitia, que
possent ex huiusmodi discordia obvenire, et quod res, nisi
obsisteretur principiis, multum esset allatura discriminis et
in malum alterius progressura, cepimus inter vos et eumdem
Imperatorem pacis consilia cogitare. Qua propter futuris ob-
viare periculis cupientes, dilectos filios nostros, Jacobum
Penestrinum Electum, et Ottonem Sancti Nicolai in carcere
Tulliano Diaconum Cardinalem, ad partes Lombardie, commisso eis plene Legationis officio, propter hoc providimus desti-
nandos.

prudenti. Congregatisi prestamente i rappresentanti delle diverse città Guelfe, a loro non fu difficile col consiglio de' due cardinali stabilire i modi e le condizioni della pace da presentare all' imperatore. E al Pecoraria e ad Ottone gli ambasciatori radunati diedero il mandato di partire immantinente per Ravenna ed esporre a Federico i patti delle città Lombarde; il che era stato altresì prescritto dalle istruzioni di Gregorio IX consegnate ai due suoi cardinali. Ma lo Svevo informato del prossimo arrivo di costoro, mancando alla fede data, senza riguardi al proprio onore, si partì da quella città in giorno di domenica ai 7 di marzo prima del tempo prefisso, e andò a Venezia. Giunti anche colà i nunzii pontificii non vi trovarono più l' Augusto, che era andato ad Aquileia, dove s' abboccò col figlio Enrico. Eglino attristati e grandemente turbati di una condotta così indegna contro il rispetto e l' eccellenza del Sommo Pontefice e vedendosi come derisi ritornarono a Bologna; e ordinarono ai rettori delle città collegate di andarsene alle loro case; chè nulla erasi potuto convenire coll' imperatore: il quale a principio diceva di voler tenere il congresso di Ravenna pei bisogni dell' Impero; ed ora che gli era andato male il congresso, per l'impresa di Terra Santa; e così mirava a denigrare in faccia al mondo le precauzioni prese dai Lombardi e a riversare sopra di essi tutta la colpa perchè non si aiutavano i Cristiani dell' Oriente (1). Il vescovo di Preneste col suo

(1) *Monumenta historica ad Provincias* etc. Codagnellus *Chronicon;* p. 102-103, Anonymus *Chronicon,* p. 139; Sigonius,

compagno ritornò da Gregorio per informarlo co·
m'era andata male l'ambasciata. Il mancato effetto
pertanto di simile legazione non devesi attribuire ad
incapacità di chi la tenne, sibbene a Federico che
voleva a suo modo regolare la cosa pubblica in
Lombardia contrariamente ai pubblici trattati: pre·
potenze, alle quali nè i nunzii pontificii, nè le
città Italiane più desiderose della propria indipen·
denza sapevano giustamente rassegnarsi; sebbene
alcune partigiane dell'Impero vi si acconciassero.

Al ·Pontefice in que'giorni importava grande·
mente anche la pace e la buona armonia fra le
città e i vescovi, e fra i cittadini d'una stessa
repubblica; pace ed armonia che di frequente per
diverse cagioni veniva a rompersi; anche per questo
intento Gregorio servivasi dell'opera di Giacomo
Pecoraria. In Bologna eravi discordia fra il Comu·
ne e il vescovo Enrico, nata dall'arresto fatto
dai soldati del Comune di un colpevole, apparte·
nente al castello di Persiceto sotto la giurisdizione
del vescovo. Enrico voleva il reo, e il podestà La·
vellolongo rifiutavasi a darglielo, onde il vescovo

Opera, t. II. *De regno Italiae,* p. 945: Muratori, *Rer. ital.
Scrip.* t. VII. Richardus de S. Germano *Chronicon,* p. 1028,
t. IX; Flamma, *Manipulus Florum seu Chronicon Mediolani,*
p. 671; t. XVI. *Annales Mediolanenses,* p. 642-643; *Annali,*
all'anno 1231-1232: Balan. *Storia* cit. vol. II. p. 130-131.
Il Rossi storico di Ravenna, Sigonio e Muratori assegnano la
destinazione del Pecoraria a legato nell'alta Italia sotto l'an·
no 1231; ma se ciò avvenne in quel tempo non fu che sul
finire dello stesso anno, data che di poco si discosta dalla
assegnata in questa storia, data che è presa dalla Cronaca
di Riccardo da S. Germano, e seguita altresì dall'Huillard-
Brèholles.

ricorse a papa Gregorio, che citò il Comune a giustificarsi. Quest'ordine invece di appianare la cosa resela più aspra; e il nuovo rettore di Bologna Rainiero Zeno impose i podestà alle terre del vescovo, che godevano il diritto di eleggerlo da sè stesse, e fece pubblicare leggi contrarie all'immunità ecclesiastica. Enrico scagliò le censure contro gli oppressori; ma gli fu suscitato contro un tumulto e dovette ritirarsi a Reggio d'Emilia. Gregorio IX ai 9 gennajo 1232 comandò ai due legati il Prenestino e Ottone di far cessare la contesa; ed essi studiaronsi con paterni consigli e con fermezza di persuadere il podestà, i suoi giudici e i soldati a dare soddisfazione del mal operato, il che fu premesso, comunque poi non si adempisse (1). Tornava utile ai Bolognesi farsi vedere pronti a far pace col loro vescovo secondo gli ordini del Pontefice, in quel momento che la Lega, in cui entrava pure Bologna, affidava ai legati della Sede Apostolica negozii del maggiore interesse.

La discordia dominava eziando in Verona, dove il Conte Ricciardo o Rizzardo Sanbonifazio e i suoi partigiani, attenti ad impèdire l'assoluto dominio di Ezelino da Romano e dell'imperatore su quella marca, erano di continuo oppressi dai Ghibellini, che prima avevano tenuti prigionieri il Conte e parecchi de' suoi, e poscia liberati per l'intromis-

(1) Sigonius, *Opera,* t. II. *de regno Italiae,* ad ann. 1231, 1232, p 942-943; e Savioli, *Annali Bolognesi,* vol. III. Par. I. all'ann. 1232, n. III, e *Appendice* doc. CXC. Ep. 263, Gregorii IX, 2 jun. 1232.

sione di Guifredo da Lucino podestà Padovano (1),
avevanli costretti ad esulare dalla patria (2). Gregorio aveva dato l'incombenza all'eletto Prenestino di adoprarsi in questo luogo per istabilire la
pace, usando se era d'uopo delle censure contro de' colpevoli. Il Verci, storico degli Ecelini
od Ezelini racconta la parte che vi ebbe Giacomo
cardinale nel seguente modo, premettendo che
era uomo fornito di grande prudenza e autorità:
« Giunto a Verona (il legato Pecoraria) comin-
ciò primieramente a tentare con destro modo gli
animi de' governatori e de' 420 della città e dei
capi della parte Monticola per indurli a rimettere
le ingiurie al Conte Rizzardo e alla sua fazione,
con restituirli alla patria e render loro tutti i beni
ed onori. Ma vedendo egli che con le sole paterne
esortazioni altro non otteneva che parole, deposta
la piacevolezza comandò loro, che dovevano obbedire a quanto il Santo Pontefice imponeva. Fecero queste minaccie l'effetto desiderato negli
animi di que' cittadini, della quale promessa, così
volendo il cardinale fu fatto pubblico istrumento.
Andò poscia a Ronco, dove era il Conte Rizzardo

---

(1) Il Poggiali (*Memorie Storiche di Piacenza,* t. VI pag.
166) lo fa di patria Piacentino; ma documenti contemporanei, uno edito dal Muratori (*Antiq. ital.* t. X. diss. 48, pag.
292) e l'altro inedito (Arch. civ. di Padova, Dip. Doc. 19,
lug. 1231, n. 1443) lo diceva *Cumanus civis, de Cumis,* cioè
Comasco, di Como. Forse si può ammettere le due cittadi-
nanze col dire che quella di Como l'avesse per merito e
quella di Piacenza per nascita.

(2) Muratori, *Rer. ital. Script.* t. VIII. *Vita Comitis Ric-
ciardi Sambonifacii,* p. 126-127.

e i principali della sua fazione, e li trovò disposti
a condiscendere in tutto alla volontà del Papa.
Così il Conte con tutti i suoi per pubblico decreto
fu richiamato alla patria e ad ognuno furono restituiti i beni, gli onori e le giurisdizioni » (1).
Ottenne quello che con reiterate preghiere non
potè ottenere l' anno innanzi il taumaturgo e grande apostolo Portoghese, Antonio frate cordigliere,
chiamato di poi il Santo di Padova (2). Fosse stata
duratura quella pace! ma alla partenza del cardinale subito cessò per causa di Ezelino; ed allora
i due legati fulminarono la scomunica contro quel
famoso tiranno e contro que' Veronesi che ebbe
partigiani (3). Nel tempo che era mestieri della
maggiore concordia i popoli italiani si dilaceravano;
e non si può indovinare a quale rovina sarebbero
giunti, se la Chiesa quale madre pietosa e sollecita per mezzo del Pontefice e de' cardinali e di
religiosi insigni per eloquenza e pietà, non fosse
stata di continuo attenta a versare balsamo sopra
una piaga così profonda ed estesa. Comunque essa
momentaneamente riconciliasse gli animi, otteneva
un intento, educava le genti alla pace.

Era trascorso poco più d' un mese, dacchè Federico erasi allontanato da Ravenna e non aveva
voluto neppur ricevere i legati, trattenendosi ora
in un luogo ora in un altro del Friuli; quando
pel proprio onore e vantaggio, o per simulazione

____

(1) *Storia degli Ezelini*, vol. II, p. 66-68.
(2) Missaglia, *Vita di S. Antonio*, p. 161-162. È un' opera
poco nota, ma fatta con sana critica, edita a Parma e dedi-
cata al duca Don Ferdinando.
(3) Huillard-Bréholles, *Historia* cit. t. IV, p. 447.

o per timore si decise a negoziare con essi, e
fece pubblico atto di questa sua deliberazione. Nel
giorno 10 maggio a Pordenone nomiaò Ermanno
gran maestro de' Teutonici, e diede a costui piena
e libera potestà di trattare delle molte discordie
e questioni fra l'Impero e le città di Milano,
Piacenza, Brescia, Mantova, Ferrara, Faenza e altre loro alleate, e di rimettersi per quelle cause
all' arbitrato dei due cardinali Giacomo eletto vescovo di Preneste e Ottone del titolo di S. Nicolò (1). Tre giorni dopo, l'atto fu letto a Padova,
dove trovavansi riuniti i due legati, il messo del-
l' imperatore e i rappresentanti delle suddette città; fra quali il Pecoraria riconosceva il suo concittadino Lanfranco di Lando, mandato da Piacenza. Incominciaronsi le trattative di pace; e dalle
due parti di comune accordo si lasciò ai legati
del Papa di fissarne le condizioni; perocchè la
Lega s'era già prima affidata alla saggezza dei
due cardinali, e l'Augusto aveva dato pieno potere al suo procuratore di fare egualmente; e gli
stessi legati in nome della Chiesa Romana cercavano di richiamare a sè in tale maniera la causa
per comporre finalmente la pace. Si stese il compromesso alla presenza di cospicui personaggi, dei
vescovi di Padova e di Reggio, del maestro Rainerio, cappellano del cardinale Giacomo, e di
Oddone Fontana, ambidue Piacentini, e di altri.
Dall' elenco di que' testimonii rileviamo che il
Pecoraria teneva seco come confidente, o come
si direbbe oggidì segretario di legazione il Rai-

(1) Huillard-Bréholles, op. cit. t. IV. p. 544 546.

nerio; e che in Padova, fra gli assistenti al podestà nel fare giudizio, incontrava il Fontana.
S'aggiunga che, secondo alcuni, anche Giuffredo da
Lucino, podestà di Padova in quell' anno, apparte-
rebbe a Piacenza; per cui il cardinale Giacomo
aveva parecchi de' suoi compatrioti da agevolargli
la legazione. I Piacentini in così importanti affari
figuravano tra i principali negoziatori.

Il tenore del compromesso era il seguente:

Ammesso che Federico si crede offeso gravemente dalla Società Lombarda Marchegiana e Romagnola, e perchè gli fu impedita la dieta di Ravenna, ordinata per soccorrere i Luoghi Santi, pel
riordinamento dell' Impero e per altre cose one-
ste e lecite, col non permettere che venissero nè
che vengano il suo figlio e i principi di Germania:
ammesso parimente che i Lombardi dicono di temere l' imperatore voglia recar loro danno e gra-
vame, e perciò colle precauzioni prese di non aver
fatto altro che difendersi: ammesso che il Papa,
vedendo una grande discordia già imminente, la
quale poteva arrecare danni assai gravi a tutta
la Cristianità, e volendo provvedere a tanti pericoli, aveva mandati i suoi nunzii Giacomo e Ottone con pieni poteri: i legati comandano che a
loro dalle parti sia accordato di pronunciare giudizio circa le cose suddette, cioè della conveniente
te soddisfazione da darsi all' imperatore e della
sicurezza necessaria ai Lombardi, se Federico volesse libero il passaggio in Italia al figlio Enrico
e ai principi di Alemagna. I legati tratteranno
primieramente coll'imperatore e colla Lega; e, se

non si potesse convenire avranno facoltà di esporre ogni cosa al Pontefice, e secondo il consiglio
e comando di lui potranno stabilire quanto può
condurre alla pace. E si fissò la pena di venti mila
marche d' argento alla parte che avrebbe mancato.
E a tuttociò sottoscrissero gli ambasciatori della
Società e Ermanno per l' imperatore (1).

A meglio intendersi su tante cose e a portarne
definitiva risoluzione, i legati pontificii, gli ambasciatori delle città Italiane e il procuratore imperiale
avevano convenuto di adunarsi prima di luglio in
Lodi; ma giunto il tempo prefisso e venuti sul luogo
il Pecoraria e Ottone e quei della Lega, mancò
Gebardo vicario imperiale in Toscana, il quale
dovea rappresentare Federico. Tennero lo stesso
il colloquio i presenti; e se non ci fosse stata
tutta la fermezza e il valore dei cardinali, i rettori Lombardi sdegnati del contegno di Cesare
cessavano da ogni trattativa; e così invece se ne
prolungò il tempo sino a S. Michele, termine che
Gregorio IX portò ancora più innanzi, cioè fino
agli Ognissanti. Dell' assenza del procuratore imperiale muoveva lamento il Papa scrivendo all' Augusto a dì 12 luglio, richiamava al suo giudizio
l' affare, ordinando alle parti di spedire nel tempo
indicato procuratori idonei ed istrutti (2), e dopo
circa un anno pronunziava la sua sentenza. In
quell' atto solenne il capo della Chiesa a lode dei

(1) Huillard Bréholles *Op. cit.* t IV. p. 346-353.
(2) *Op. cit.* t. IV. p. 366-367; e Balun, *Storia* cit. vol.
II, p. 159.

due legati attestava pubblicamente: « Pel bene della pace Giacomo eletto Prenestino e Ottone interponendo i loro officii dopo molte e molte fatiche l' una e l' altra parte si rimise solennemente agli stessi cardinali per riguardo alla Chiesa Romana » (1). Si induce da questa testimonianza la singolare capacità del Pecoraria nel trattare i più ardui negozii, e quali buoni effetti avrebbe avuta la sua legazione, se invece d' incontrare un principe malizioso e fedifrago, com' era Federico, avesse trovato un'o saggio e leale. Importa ancora avvertire che, sebbene fossero in due destinati al suddetto ufficio di pace, il cardinale Giacomo vi figura sempre il primo.

La sentenza pontificia del giorno 5 e 7 giugno 1233 per stabilire buona armonia fra Federico e i Lombardi comanda, che l' imperatore deponga ogni rancore contro le città collegate, revochi ogni ordine in loro danno, restituisca quanto aveva usurpato, e lasci le libertà costituite; e che le città della Lega diano cinquecento militi, spesati per due anni, all' imperatore per Terra Santa, accordino pace e sicurezza alle città e persone della parte imperiale, e tolgano ogni ordine contro le medesime (2). Federico era sempre lo stesso, finto ed ambizioso; con uomo di tali pessime qualità non valeva ben spesso nè perizia di legati

---

(1) Muratori, *Antiq. Ital.* t. X. diss 48, 290. Quibus ad bonum pacis interponentibus suas partes post labores multiplices, utraque pars in cardinales eosdem Ecclesiae Romanae nomine solemniter compromisit.

(2) Huillard-Bréholles, *L'istoria* cit. t. IV. p. 431-433.

nè la suprema autorità della Chiesa. Le città unite
accolsero subito il lodo del Pontefice, e l' imperatore invece per fare altrettanto indugiò due mesi,
ora con incertezze ora con dubbii e lamenti. Scrisse
finalmente a Gregorio a dì 18 agosto che ratifi-
cava la convenzione già conchiusa fra le due parti
e dava generale perdono delle offese ricevute; e
nomina con venerazione i due legati Giacomo ed
Ottone (1); ma poscia sotto varii pretesti - disdi-
ceva ai patti pubblicamente accettati.

Trovavasi a Padova l' eletto di Preneste, quando gli abitanti di quella città stavano per mandare alla Sede Apostolica con nuove preghiere
alcuni uomini cospicui per dignità e dottrina,
scelti fra il capitolo della Cattedrale, fra i rettori
del Comune e fra i professori dell' Università, affinchè fosse posto nel catalogo de' Santi il minorita frate Antonio, che in mezzo ai Padovani aveva
dato prova di tante virtù e fatto moltissimi miracoli e strepitosi, che era morto ai 13 giugno
1231, e del quale subito gli ammiratori e i devoti, ed erano innumerevoli, avevano chiesto la
santificazione. Egli col suo compagno di legazione Ottone, veduti ed esaminati i prodigi che ogni
giorno succedevano vicino al corpo del buon servo
di Dio, consegnò agli oratori Padovani lettere al
Pontefice di testimonianza alla verità su quanto
essi avrebbero narrato, e di raccomandazione per
la loro giusta domanda. Laonde se Papa Gregorio

(1) *Notices des munuscrits de la Bibliothéque impériale,*
t. XXI. p. 357-360, Paris, 1865.

fuori delle norme comuni sollecitò la canonizzazione di Antonio, fattasi neppur passato un anno
dacchè lo stesso frate areva cessato di vivere, lo
si deve in parte al Pecoraria. E questo merito
gli danno pure gli storici dell'Ordine Francescano
e i biografi del Santo di Padova (1). L'eccezione
in quel procedimento, si può dire, fu confermata
dal cielo, perocchè, dopo i miracoli operati per in-
tercessione del santo, tutt'altro che diminuire, ac-
crebbero. Non è lontano dal vero il credere che
l'impegnato cardinale si trovasse a Spoleto negli
ultimi giorni di maggio e ne' primi di giugno
1232 (2), quando il Papa colla maggiore solennità decise di accordare l'onore degli altari al
celebre Francescano, e manifestò al mondo cristiano questa gloria della Chiesa. Infatti gli
scrittori intorno a quel tempo dicono avere assistito alla canonizzazione di Antonio tutti i cardinali che stavano presso il Papa; e l'eletto Prenestino di que' giorni dovea essere da Padova ritornato a Spoleto per informare la Sede Apostolica delle convenzioni fatte con Federico e colle
città collegate, e per andare poscia a Lodi, come
fu già narrato. Fra gli odii di tanti contrasti e
di tante fazioni, in quell'età la glorificazione di un
mortale, d'un umilissimo frate che aveva date prove così luminose di eroica virtù, secondo il sistema
cristiano era un esempio ai fedeli; e presa la cosa

---

(1) Wadding, *Annales Minorum*, ad ann. 1232; e *Acta
Sanctorum* Junii., t. II. *Vita S. Antonii*, n. 42.
(2) Manriques, *Annales Cistercenses*, ann. 1234, cap. I.
num. 6-8.

umanamente una tregua fra gli animi cotanti tra-
vagliati e un centro di unione, perchè tutti s'accor-
davano nell' ammirare le gesta di uno simile a loro
tutto privilegiato da Dio. Laonde, chi cooperava e
compiva atti di tal sorta, sebbene puramente religiosi, giovava assai alla civile società del suo tempo.

Sul finire dell' agosto 1232 il Pecoraria era a
Villanova del Veronese, e certamente a motivo di
far cessare la guerra che durava ancora e in modo crudele fra Ezelino e il Conte Ricciardo di Sanbonifazio. Da quel luogo col cardinale Ottone a
dì 29 scrisse lettere commendatizie pei frati di
S. Giovanni di Piacenza che erano dell' ordine dei
Predicatori, dirette ai fedeli di Cristo abitanti negli stati de' nobili marchesi zio e nipote Corrado
ed Opizzo Malaspina, con esortarli ad usare libe-
ralità verso que' religiosi. Con tali lettere accordava quaranta giorni d' indulgenza e la facoltà
di farsi commutare alcuni voti a chi contrito e
confessato desse qualche elemosina per la fabbrica non ancora terminata della chiesa e convento
de' frati suddetti in Piacenza (1). Ancorchè lontano non iscordavasi del lustro di sua patria e di
aiutarne le religiose imprese.

Nel tempo che egli tenne la legazione nell' alta Italia presso i Lombardi, Gregorio IX gli affidò
altri negozii, oltre i molti già accennati. Quei di
Ravenna essendo venuti a Cervia, irruppero nella
chiesa del vescovo, e ne sottrassero tutti i docu-

(1) Campi, *Historia Ecclesiastica*, part. II. p. 248; e Poggiali, *Memorie* ecc. t. V. p. 170; e in margine segnano ambidue di aver attinta questa notizia dall'Archivio de' frati Predicatori di S. Giovanni di Piacenza.

menti di prova a sostenere i diritti e privilegi
che godeva, e portarono via tutto che di buono
vi trovarono, e ne tolsero la fonte onde la medesima chiesa ritraeva il più di sue rendite, cioè
dal sale; vietandone essi il trasporto nel loro
distretto e facendo statuti e bandi affinchè niuno
fuori della città di Cervia ne potesse prendere senza
loro licenza e consenso. Il vescovo Ursarola per sostenere le sue ragioni ricorse al Papa, ed ebbe facoltà
di fulminare la scomunica contro il podestà e il Comune di Ravenna e di punire d'interdetto la stessa
città. E siccome stando lontano dal luogo dei contrasti era assai difficile sentenziare definitivamen-
te, il Papa mandò auditori della causa presentata
dall'Ursarola i cardinali Giacomo e Ottone; i quali
giunsero a Ravenna appunto dopo che il vescovo
di Cervia aveva usato di tutte le suddette censure. Ben presto il Pecoraria in compagnia di Ottone con vive esortazioni persuasero le due parti a
rimettere pienamente nelle loro mani il litigio e
ad accogliere la sentenza che eglino stessi avrebbero pronunziata. Avendo fatto perciò l'esame,
sentito le ragioni degli uni e degli altri, riconosciuto che la violenza non era venuta dal Comune, e ricevuto dai Ravennati pegno e cauzione di
soddisfare ai danni arrecati a Cervia, liberarono
Ravenna dalle pene ecclesiastiche e fecero dare
cinquecento lire al vescovo di Cervia come parte
di compenso del male toccatogli. La questione intanto si appianava, ma era mestieri del tempo
necessario a finirla del tutto; perocchè non sì tosto volevan cedere il podestà e il Comune di Ra-

venna a quei di Cervia sopra la fabbricazione, il
deposito, il transito e la vendita del sale. Quando le cose erano condotte a questo punto, il Pecoraria fu destinato ad andare altrove per trattare negozii più grandi; ed allora la causa fra Ravenna e Cervia restò nelle mani del solo Ottone,
che tenendosi sempre a quanto aveva fatto il suo
collega continuò nell' esame, e informatone il Papa, questi diede infine ragione a quei di Cervia (1).

Dando uno sguardo indietro sopra le molte e
varie contese, nelle quali per mandato del Pontefice entrò paciere l' eletto di Preneste, scorgesi
che tutto quello che, per mezzo eziandio d' uomini i più saggi e autorevoli a conciliare le parti,
ottenevasi dai popoli e dai potenti non era che
una tregua delle loro discordie. A taluno sembrerà cosa da poco siffatto effetto; ma invece in quei
tempi, come già sopra si accennò, aveva i suoi vantaggi: valeva moltissimo perchè serviva ad amman-
sare quegli animi rozzi e indomiti, e non di rado bar-
bari, a farli riflettere alquanto sopra le conseguenze
dei loro atti, e così a prendere risoluzioni meno disa-
strose. Abbandonate a se stesse quelle genti, senza la guida del clero, si sarebbero affidate unicamente alla forza brutale, i deboli avrebbero mancato di ogni difesa, e l' ingiustizia di chi dominava sarebbesi assai più agevolmente ammantata
dell' apparenza del diritto. Succedeva, è vero, che
molte volte non bene distinguevasi la politica dalla
religione, e che le armi proprie dell' una adopra-

(1) Ughelli, *Italia Sacra*, t. II. *Diploma Gregorii IX.* 19
maii 1233, p. 469-471.

vansi a servizio dell' altra; ma la religione cristiana, colla sua forza morale e colla stabilità e chia-
rezza de' suoi principii, eguali per tutti, prevalen-
do a poco a poco in quell'età, rendeva i popoli
migliori. Considerazioni di tale sorta valgono similmente per altre paci e concordie, di che dovremo
discorrere in seguito.

LIBRO TERZO

1232-1235

I bisogni della Chiesa e la necessità della pace non erano grandi unicamente nell'Italia, anche nelle altre parti del mondo cristiano forte si fa-

cevano sentire; ed il Papa altresì in que'luoghi
aveva ragioni da sostenere, deboli da difendere,
oppressi da sollevare, infedeli ed eretici da separare dai credenti, illusi e ingannati da illuminare:
e tanto più che allora presso il successore di Pietro con piena fiducia universalmente si ricorreva
dai popoli non solo per le faccende religiose ma
eziandio per le sociali e civili. Il papato con sollecitudine e sapienza prestavasi ad aiutare quanti
venivano innanzi alla sua cattedra per cercare
norme sicure di operare nella vita privata e pubblica. Premevagli tenere uniti i popoli nell' unità
della fede e nel vincolo della carità, essendo questo il fine speciale di sua istituzione, e perchè le
nazioni, concordi in se stesse e le une fra le altre, potessero meglio resistere alle armi degli infedeli, i quali da varie parti volevano irrompere
sopra i Cristiani. Chi sa quale rovina sarebbesi di-
stesa sopra la faccia dell' Europa, se non vi fossero stati i Papi ad impedire che si dividessero
le forze, che ciascun popolo mirasse soltanto al
proprio interesse e alla propria gloria, e dimenti-
casse il bene generale di tutte le genti; il trionfo
degli infedeli era indubitato, e rincacciavasi indietro di molti secoli la civiltà d' Europa. La Sede
Apostolica col lavoro perseverante de' suoi Papi,
del collegio cardinalizio e de' suoi legati, spediti
in ogni parte della terra, fece col tempo prevalere
l' idea cristiana; la quale, ancorchè nel fatto alcune volte non fosse dominante, la era sempre in
diritto, ed appariva ognora più chiara alla vista
degli uomini. Capisco che alcuni a queste nostre

generali considerazioni soggiungeranno che se non
fosse prevalsa l'idea cristiana, avrebbe avuto libero svolgimento l'idea civile ossia quella dell'Impero; e che la cristiana fu di ostacolo alla civile.
I fatti però sono tuttavia in nostro favore e dimostrano che l'Impero in tutta la sua forza da
solo non valse a dirigere bene i popoli e a guidarli
al loro perfezionamento. A mezzo l'anno 1232, richie-
deva l'opera benefica del capo della Chiesa segnatamente il regno d'Ungheria. In quella regione
era sorto il contrasto più aperto fra il re Andrea,
sovrano debole e fiacco che lasciava comandare E-
brei e Saraceni o loro partigiani a danno dei Cristiani, e Roberto arcivescovo di Grau, risoluto ad usare
anche le armi spirituali per togliere il potere agli
avversarii della fede. Il re aveva dato alcuni ordinamenti per restringere alquanto il male, ma non si
osservavano affatto; e lo stato infelice dei Cristiani
era arrivato a tale estremo che molti di loro, per
evitare angherie e altri mali temporali e ritrarre
vantaggi, abbandonavano la propria religione. Parecchie pubbliche ingiustizie ed usurpazioni eransi
commesse, e fattine i giusti lamenti dagli oppressi a
chi governava, non avevano avuto alcuna riparazione. Perciò Roberto, prelato d'animo forte, aveva
inflitta la pena dell'interdetto contro il re e i figli
e famigliari di esso e contro tutto il regno. Andrea ne scrisse subito al Papa, lagnandosi di così
estreme misure, e a sostenere le proprie ragioni
mandò Dionigi conte Palatino, Simone conte di
Zara e Rembaldo maestro degli Ospitalieri. Nel
regno Ungarico l'eresia si diffondeva ed aveva

sedotto per sino alcuno dignitario della Chiesa; e parecchie liti fra prelati e monasteri toglievano la pace eziandio a quelle persone, di cui era principale dovere il conservarla, e cagionavano nei fedeli scandali gravissimi (1).

Studiava attentamente di riparare nel modo migliore a tanti disordini la Sede Apostolica, e a dì 22 luglio 1232 Gregorio IX spedì lettere all'arcivescovo Roberto di soprassedere intorno a quelle faccende, perchè col consiglio de' cardinali aveva provveduto, destinando di mandare in Ungheria Giacomo Pecoraria, eletto Prenestino, che come legato apostolico esaminerebbe in persona le cose e terminerebbe le insorte contese (2). E al re Andrea, compatendone la debolezza, accordò il privilegio di non poter essere scomunicato fuorchè per ordine speciale della Santa Sede. Al cardinale Giacomo toccava quindi la legazione in Ungheria; e a sì grave ufficio fu aggiunto l'incarico di pacificare il duca di Merania, preso da odio mortale contro il conte Stefano Cabilonese (3). Lasciando egli l'Italia recavasi al luogo di sua destinazione sul principio dell'autunno. Gregorio da Anagni il giorno 31 agosto davagli nuove incombenze, e gli scriveva di adoprarsi affin-

(1) Raynaldus, *Annales Ecclesiastici*, ad ann. 1232, n. XII-XVIII, e *Notae* Mansi ad n. XX. Balan, *Storia* cit. vol. II. p. 189-193; e Theiner, *Monumenta historica Hungariam sacram illustrantia*, t. I. p. 104.

(2) Theiner, *Monumenta* etc, t. I. p. 105.

(3) Ciaconius, *Vita Pontificum et Cardinalium*, t. II. pag. 86; e Eggs, *Purpura Docta*, p. 158.

chè fosse restituita la terra di Bocze ai frati O-
spitalieri di S. Maria de' Teutonici; luogo che e-
glino avevano avuto in dono, e poscia fortificaro-
no e difesero sino col sangue per impedire le e-
scursioni de' Cumani, ed ora era loro stato tolto
dal re Andrea e dai suoi figli, sebbene i suddetti
religiosi ne avessero anche il dominio per conferi-
ma della Sede Apostolica (1). A dì 23 ottobre
scrivevagli di bel nuovo, ordinando di condannare
l'abbate e il convento di Clus alle spese della
causa che essi ebbero col vescovo di Transilvania
Rainaldo, perchè non mandarono alcun procuratore a rispondere davanti alla Chiesa Romana, a cui
di comune consenso dalle due parti era stato rimesso il litigio; mentre il vescovo Transilvano a-
veva inviato il suo rappresentante, e quello del
monastero si era aspettato indarno per lungo tempo. L'affare versava sopra due questioni, l'una
intorno a certe decime, e l'altra intorno alla sudditanza dello stesso monastero, all'obbedienza e
al rispetto e intorno altri diritti episcopali che
il vescovo diceva avere e che quelli gli negavano (2). Ai 23 dicembre dalla Sede Romana lo si
incaricava di altro negozio, che correggesse l'errore incorso nell'elezione del vescovo di Varadi-

(1) Theiner, *Monumenta* etc. t. I. p 106-107. Il prof. Balan
(*Storia* cit. vol. II, p. 193) dal documento su nominato induce che il legato ai 31 agosto 1252 fosse già in Ungheria;
noi avendone prima allegato un altro colla data 29 dello
stesso mese, sottoscritto dal Pecoraria in Villanova del Veronese, riteniamo che il cardinale arrivasse colà soltanto
verso la metà di settembre.

(2) Theiner, *Monumenta* etc. t. I. p. 107, e 141.

72

no (1). Ma l'affare di maggior importanza del quale deveva occuparsi il legato era l'interdetto fulminato contro il regno dall'arcivescovo di Strigonia.

Dello scabroso argomento il Pecoraria fatte gli studi e gli esami più coscienziosi ed accurati, e riconosciuto il diritto del prelato di aver proceduto in quel modo e la giustizia degli atti dal medesimo compiti, trovandosi nella città di Buda, confermò l'interdetto e lo fece noto a tutti gli Ungheresi nel dicembre, in accordo coll'arcivescovo di Colocza Ugerino, e coi vescovi Stefano di Zagarbia, Basilio Csanaud, Benedetto di Varadino, Innocenzo di Sirmio, Bartolomeo di Fünfkirken, Brizio di Watzen, Gregorio di Raub, Cleto di Erlaw, Bartolomeo de Veszprim, Giacomo di Nitracht e Teodorico dei Cumani. Frattanto in Ungheria non celebravansi solennemente le cose sacre; appena potevasi dire la messa senza il suono delle campane a porte chiuse e a bassa voce da alcuni sacerdoti privilegiati e dal parroco nella propria chiesa una volta al mese; ed era vietato l'amministrare i sacramenti fuori del battesimo ai fanciulli, e della confessione, del viatico e dell'estrema unzione ai moribondi; nè davasi la sepoltura ecclesiastica. Segnatamente erano scomunicati i consiglieri del re, che avevangli suggerito d'innalzare ai pubblici affari i Saraceni; e nominatamente fu scomunicato Dionigi conte Palatino, che aveva spogliato moltissimi ecclesiastici delle cose

(1) A. Potthast, *Regesta Pontificum Romanorum*, p. 776.

loro dei benefizii e delle chiese, e che di più
aveva fatto percuotere e maltrattare alcuni del
clero e usare violenza e ingiurie al preposto e
ai parrocchiani di Scepus e schiaffeggiare e vitu-
perosamente trattare il maestro Giovanni preposto di Posonia. Di tanto male quel conte non a-
veva fatto alcuna riparazione, e ancora protegge-
va e difendeva i Saraceni e i falsi cristiani nella
loro malizia e dava loro ricetto nelle sue terre.
Eguale censura toccava a Samuele conte di Camera, perchè infamato e convinto di eresia; nè
s' era emendato, nè aveva eseguita la penitenza
impostagli. Con quella ecclesiastica pena veniva
proibito a ciascun cristiano qualunque commercio,
contratto e comunione coi Saraceni, finchè questi
non lasciassero liberi i Saraceni battezzati o desiderosi di essere battezzati, o i figli dei battezzati,
fossero Ungari o Bulgari o Cumani o di altra gente, sia che dimorassero presso di loro in servitù
o in libertà. In quanto al re aspettavasi che si
emendasse (1). Grave gastigo era questo che in-
cuteva giusto timore e metteva nella desolazione
le anime, ma esistendo tuttora la colpa, il legato
era costretto a riconoscerne la necessità e ad
approvarlo.

(1) Theiner, *Monumenta* etc. t. I. p. 107-111; e Balan,
Storia cit. vol. II. p. 193-194. L'eruditissimo Mansi, annotan-
do gli *Annales* del Rainaldi, da una lettera pubblicata dal
Dacher ritrae che non sia esatta la data dicembre 1252 del-
l'interdetto sopra l'Ungheria, e che invece quell'atto va portato al principio dell'anno. Nel nostro racconto sono vere
tutte e due le date, perchè la più lontana segna l'interdetto fulminato dal solo arcivescovo Roberto, e la più vicina
ne segna la conferma del cardinale legato.

Di varie altre faccende dovea trattare il legato, e all'opera sua senza dubbio va attribuita la
lettera 22 gennaio 1233 di Gregorio IX, diretta
al re Andrea, angustiato per avere dato due giuramenti in diversi tempi: il primo di conservare
illesi i regii diritti, e il secondo di non rivocare
la parte de' medesimi ceduta anche illecitamente
ai grandi del regno. Il Papa con quella scioglie
il re dal secondo giuramento e lo avvisa di attenersi all'osservanza del primo come unicamente
giusto; davagli quindi libertà di ricuperare i diritti illecitamente alienati, salvo però quelli che
per sola regia munificenza erano stati conferiti a
monasteri, a chiese e ad altri luoghi religiosi (1).
Gregorio, assecondando le preghiere dello stesso
sovrano, ai 17 febbraio 1233 ordinava al suo legato di fare accurate indagini sulla vita e sui miracoli del venerabile Luca de Hedervàra arcivescovo di Gran. Uomo singolare che vivente aveva
illustrato l'Ungheria con eroiche virtù e colla
santità dei costumi, e morto, coll'ottenere la salute ad ammalati e la liberazione da molte calamità a persone che a lui ricorrevano; e in quel
tempo che Elisabetta di Turingia faceva altrettanto. Il suscitare la memoria e gli esempi degli uomini santi e il promuoverne la glorificazione in
mezzo ad un popolo, dove la religione soffriva
tanti mali era maniera opportuna di disporre gli a-
nimi al pentimento e alla riparazione. La cosa perciò
non era meno a cuore del re Andrea che del

(1) Theiner, op. cit. p. 111.

Pontefice Romano che in questi termini ne incaricava il Pecoraria: « Da colui che è la via, la
verità e la vita chiederai e implorerai che per
sua misericordia e favore ti apra la strada, dove
possi camminare sicuro e sopra di ciò conoscere
pienamente la verità; e che quindi non solo per
mezzo di testimonianze ma per mezzo di testimonii e anche della fama e di scritture autentiche,
ricercando diligentemente la certezza intorno ai
costumi alla virtù e alla verità dei segni, cioè
intorno alle opere e ai miracoli, ti adoperi a riferire a noi sotto il tuo sigillo per nunzii di provata fede quello che avrai trovato » (1). Nè male
si apponeva il capo della Chiesa, affidando così
delicati incarichi all' eletto Prenestino che era
soggetto capace ad esattamente disimpegnarli.
Nello stesso tempo il legato col re e coll' arcivescovo di Colocza regolava il modo di procedere
ne' giudizii contro i chierici, cioè che questi non
fossero costretti a presentarsi nel foro secolare e
godessero dell' immunità stabilita dai sacri canoni.
E in questo senso ottenne che il re pubblicasse di
nuovo il decreto dell'anno 1222, nel qual atto è accordato quel privilegio; e dove si stabilisce che se
alcuno de' laici osasse trarre un ecclesiastico innanzi ai tribunali secolari, quel laico pregiudiche-
rebbe la sua causa, e che i chierici sarebbero esenti
da imposizioni fiscali. E il decreto fu pubblicato
e autenticato dal nunzio con una lettera pontificia che lo conferma, diretta all' arcivescovo di
Colocza (2).

(1) Theiner, *Monumenta* etc. t. I. p. 111.
(2) Theiner, Op. cit. t. I. p. 111-113.

Il cardinale Giacomo aveva esaminato per comando della Sede Romana le opere del vescovo di Bosnia, sospetto di cattive dottrine; e aveva informato Gregorio che sventuratamente quel prelato s'era allontanato dalla legge di Cristo per correre dietro ad errori insensati e che faceva molto male nel suo gregge. E il Papa ai 30 di maggio rispondevagli di togliere a quel vescovo la giurisdizione, di dividere in tre o quattro parti la vastissima diocesi che teneva e di nominare a reggerla uomini pii e dotti della legge di Dio, conservando però illesi i diritti del metropolitano, e ordinando ai nuovi vescovi di predicare colla parola e coll'esempio e di abbassarsi anche alle persone più abbiette per rigenerarle.(1). Rimuoveva infatti quel vescovo che avea gettato, secondo le energiche espressioni del Papa, nel lutto, nel languore, nelle tenebre e nell'ombra della morte il proprio gregge; e vi pose in sua vece Giovanni Wildeskusen, detto il Tedesco, dell'Ordine dei predicatori, uno de'penitenzieri del Papa; e del modo di eseguire i comandi ricevuti riportava da Roma piena approvazione (2). Effetto delle sue

(1) Theiner, *Monumenta* etc. t. I. p. 113.

(2) Albericus Monachus, *Chronicon*, ad ann. 1234, p. 550; Quetif et Echard, *Scriptores Ordinis Praedicatorum*, t. I. pag. 111 e 112; e *Bullarium Ordinis FF. Praedicatorum*, t. I. pl 70, *Epist. Gregorii* IX xvi *Kal. novembris, Pont. ann. octavo.* Exultamus in Domino, et ei gratiarum exolvimus actiones, quod dilectus Filius noster Jacobus Praenestinus electus, tunc Apostolicae sedis Legatus, ad purgandam terram Bosnae, quae velut terra deserta et invia diu luxit, et languit, spinis eam replentibus, et urticis, factaque cubile draconum,

pratiche fu certo che la Sede Apostolica accogliesse sotto la sua protezione, salvi sempre i diritti del re d'Ungheria, il duca Ninosclawo, il quale, abiurata l'eresia, era entrato nella Chiesa; e che ordinasse al re Colomanno di mantenere nel ducato di Bosnia gli antichi diritti e le antiche consuetudini dei predecessori di Ninosclawo. Accomodò una lite intorno ad alcune ragioni di patronato, la quale durava da alquanto tempo fra il vescovo di Csnand e l'abbate del monastero di Bristien; e da questo monastero espulse un monaco di nome Cornelio, perchè tristo soggetto (1). Il Papa ordinava pure al suo legato che col consiglio de' prelati provvedesse ai sacerdoti, affinchè avessero mezzi da vivere onoratamente, e non toccassero quasi tutte le decime e oblazioni agli arcidiaconi, ai vescovi e loro dipendenti, ma ne percepissero anche i sacerdoti una porzione sufficiente al loro stato (2).

In mezzo a tanti affari il cardinale conduceva tutt'altro che vita quieta e tranquilla; e a turbargliela maggiormente s'aggiunse che molti di

et pascua struthionum in tenebris et umbra mortis versabatur fere totaliter, prudenter intendens, quondam Episcopo Bosnensi, exinde culpis suis exigentibus de mandato nostro amoto, te, de quo sinceram in Domino conscientiam obtenemus, genti ejusdem terrae, autoritate nostra praefecit in episcopatu tuo, quam locis adjacentibus haeretica pravitas extirpetur.

(1) Raynaldus, *Annales Ecclesiastici*, ad ann. 1233, n. LVI; e Balan, *Storia* cit. vol. II. p. 268-269, e vol. III. p. 84-85; e Theiner, *Monumenta* etc. t. I. p. 144.

(2) Theiner, *Monumenta* etc. t. I. p. 114.

quelli che erano tenuti a provvedere alle spese
di sua legazione si rifiutavano di concorrervi. Della
qual cosa fatto consapevole il santo Padre subito
rispondeva che il legato assegnasse ai sacerdoti
quella parte che avrebbe creduta giusta, e che
il capo de' fedeli sentiva con dolore essersi rifiu-
tati a tale carico gli ecclesiastici privilegiati, i
quali essendo stati maggiormente favoriti dalla
Chiesa avevano maggior dovere di aiutarla nel
bisogno; e che lo stesso legato costringesse a pagare la loro quota i Templarii, gli Ospitalieri e
gli altri religiosi che avevano ricusato (1). Per
informare più esattamente la Sede Apostolica di
quanto faceva e delle difficoltà che incontrava nei
suoi negoziati, il Pecoraria spedì al Papa il proprio Cappellano Rogerio (2), che fu ben accolto da
Gregorio; e si tenne conto di quanto riferiva
in persona questo confidente del cardinale. E
di fatto non tardò il Pontefice di venire in aiuto
al suo nunzio posto in così gravi occorrenze,
scrisse ai 12 agosto a re Andrea, lagnandosi
perchè non ascoltava il legato « amico di Dio,
personaggio secondo il nostro cuore, chiaro per
onestà di costumi, dotto in lettere e accorto nel
provvedere; » il quale con salutari avvertimenti e
molte esortazioni erasi adoperato per indurlo a
riparare tanti disordini. E prega il re ingiun-
gendogli di seguire gli ammaestramenti e i con-

(1) Theiner, *Monumenta* etc. t. I. p. 113-114.
(2) È probabile che questo Rogerio sia lo stesso che Rainerio Piacentino, il quale trovavasi nella qualità di cappellano
presso il cardinale anche a Padova nell' anno 1252, e sia avvenuta quella mutazione di nome per errore de' copisti.

sigli dell'eletto Prenestino col togliere i disordini
del regno per evitare l'offesa di Dio, del che
avrebbe lode dagli uomini e premio dal Signore.
E, rimproverandolo d'aver deluso con frivoli pretesti le promesse fatte al legato, l'avverte che
approverà quelle sentenze che il medesimo legato
pronunzierà contro i ribelli e che egli stesso le
farà inviolabilmente osservare (1). Nel medesimo
tempo confortò il cardinale, mandandogli una lettera, dove gli dice: « Tu ti conduci virilmente
e con prudenza, e la tua retta circospezione offre a
noi e ai nostri fratelli materia di spirituali alle-
grezze; laonde commendiamo moltissimo nel Si-

(1) Theiner, *Monumenta* etc. t. I. p. 111-115... Cumque
postmodum, te per letteras et sollempnes nuntios instanter
petente, propter hec et alia, que in eodem Regno limam
correctionis apostolice requirebant, legatum in Ungariam de
nostro latere destinari, Dilectum filium nostrum J. Penestrinum Electum, amicum Dei, virum utique secundum cor nostrum, morum honestate cospicuum, preditum scientia litterarum et providentia circumspectum ad partes Ungarie, commisso sibi plene legationis officio, providerimus destinandum:
et ipse secundum datam sibi a Deo prudentiam te ad emen-
danda predicta, postquam ei non tam manifesta quam notoria extiterunt, salubribus monitis et crebris exhortationibus
inducere studuisset, apud Regiam celsitudinem, de quo mi-
ramur non modicum et turbamur, iuxta suum et nostrum
desiderium non profecit, prout tam ipsius legati litteris quam
alias nostro fuit nuper apostolatui reseratum... hortamar in
Domino, ac in remissionem tibi iniungimus peccatorum, quatenus eiusdem Legati in hiis et aliis, que salutem tuam re-
spiciunt, consiliis et monitionibus humiliter acquiesceus, predicta omnia sine difficultate qualibet facias taliter emendari,
quod divinam offensam evites; quin potius laudem ab hominibus et premium a Domino assequaris.

gnore la sollecita diligenza e la diligente sollecitudine che abbiamo sentito essere usata da te
nell' ufficio che ti fu affidato della Legazione ».
E l' incoraggia a proseguire coll' aiuto del Signore come aveva incominciato, e gli ingiunge che
se il re non emendasi e non ripara ai disordini,
sia pure messo il regno all' interdetto, e la scomunica colpisca i cattivi consiglieri; vuole tuttavia che non proceda a scomunicare il re e i figli
di esso per le difficoltà, che da cotali atti sogliono frequentemente insorgere (1).

Dalla lettera suddetta si deduce che in questo
tempo erano sospesi gli effetti dell' interdetto,
confermato nel dicembre dell' anno antecedente.
Prese forse questa misura d' indulgenza il legato
per riuscire meglio nel suo giusto intento della
pace religiosa e civile di quel popolo. Le sue
fatiche il suo valore alla fine produssero buoni
effetti; per l' opera sua, in settembre nella città
di Strigonia, presso l' ospedale dei Crociferi, si
stese l' istrumento di concordia fra il re e il clero, pubblico atto del tenore seguente: Il re Andrea
scrisse all' eletto Prenestino, nominandolo padre
venerando in Cristo e amico carissimo. Confessa

(1) Theiner, *Monumenta Hungariam* etc. t. I. p. 115-116.
Gaudemus in Domino et tibi etiam congaudemus, quod talia
nobis de tuis actibus referuntur, et sic te geris viriliter,
quod tue circumspectionis honestas nobis et fratribus nostris
spiritualium prestat materiam gaudiorum: propter quod sol-
licitam diligentiam et diligentem sollecitudinem, quam te in
commisso tibi legationis officio adhibere didicimus plurimum
in Domino commendamus...

che il re Stefano, oltre ricevere la corona del regno d'Ungheria dal Romano Pontefice, che quel santo principe cercò mai sempre di favorire e proteggere la religione cristiana, che egli brama di seguirne le vestigia, e che perciò nel tempo dell'interdetto fulminato per zelo della libertà ecclesiastica contro il suo regno dall'arcivescovo di Gran ha cercato dal Papa provvedimenti per togliere gli scandali insorti, e che essendogli mandato l'eletto di Preneste, col consiglio dei grandi, ha giurato innanzi al rappresentante della Chiesa Romana gli infrascritti capitoli da osservarsi in perpetuo da lui, da' suoi figli, dai suoi successori e dai suoi sudditi. Giudei e Saraceni non presiederanno alla Camera della moneta, ai sali, alle collette; nè saranno associati ai prefetti; nè si farà cosa alcuna per cui dagli stessi si potessero angariare i Cristiani. Parimente non si permetterà in tutto il regno che gli Ebrei e i Saraceni presiedano ad alcun pubblico ufficio. Si farà in modo, che i Giudei e Saraceni d'ora innanzi portino alcuni segni per distinguerli dai Cristiani. Sarà vietato agli Ebrei e Saraceni di comperare servi Cristiani o di tenerli in qualunque altro modo. Si promette dal re e da suoi successori di costituire ogni anno un magistrato di Palazzo, o dei Jobagioni, zelante della fede cristiana; il quale giuri di adempiere fedelmente questi ordini; il quale alla domanda del vescovo, nella cui diocesi siano Giudei od infedeli, tolga i Cristiani dal dominio e dalla coabitazione dei Saraceni e punisca colla multa i Saraceni congiunti in qualunque modo con don-

TONONI.   6

ne appartenenti ai Cristiani, e così i Cristiani
uniti con Giudei o pagani e viceversa sotto l'apparenza di matrimonio o sotto altri vincoli d'interessi, e comandi agli infedeli di rimanere in
servitù de' Cristiani. Si accorda alle chiese il libero trasporto del sale e altri diritti intorno a
questa materia. E pei redditi del sale, che erano
stati in addietro tolti alle medesime, il re promette di pagare in cinque anni di seguito dieci
mila marche. È proibito che d'ora innanzi siano
trattate dal re o da altri giudici secolari le cause
di doti o matrimoniali, perchè il re di queste
non vuole nè deve intromettersi, ma le hanno
a trattare e a finire i giudici ecclesiastici. Si accorda che i chierici e le altre persone ecclesiastiche rispondino e siano citati innanzi al giudice ecclesiastico per ogni giudizio, eccettuati quelli
intorno a terre. Della qual cosa tanto dal legato
come dal re devesi consultare il Papa, con esprimere al medesimo le circostanze del fatto, e segnatamente d'avere inteso il legato dai prelati d'Ungheria che se i giudizii di terre ecclesiastiche
fossero sottratti dalla regia autorità ne verrebbe
danno e pericolo assai alle chiese che ne hanno
la giurisdizione. Non s'imporranno collette od altro
tributo ai chierici, nè si farà cosa alcuna contro
i loro privilegi. Intorno alle collette da imporsi
agli altri sudditi del regno dal re e dal legato si
consulterà il Papa (1).

Promise e giurò re Colamano duca di Slavonia

(1) Theiner, *Monumenta* etc. t. I, p. 116-119.

di osservare i predetti capitoli e di farli osservare dal re e dai suoi snccessori. E fecero lo stesso nelle mani del Pecoraria Coloianne figlio di Iur-
sar, Demetrio giudice dell' aula regia e il conte
Simone e altri grandi, e i dignitarii delle diverse chiese, Roberto arcivescovo di Gran, e Ugolino
arcivescovo di Colocza, e i vescovi Cleto di Agria,
Bartolomeo di Vestprinzl, Brizio di Waciens, Rinaldo di Transilvania, Stefano di Zagabria, Benedetto di Varadino e Giacomo di Nitria (1). Al figlio Bela primogenito del re ed erede del trono,
che non trovavasi con suo padre, e a cagione di
guerra era lontano, il legato mandò due nunzii
Innocenzo vescovo di Sirmio e il maestro Alberto cappellano con lettere che facesse osservare
tutto quanto aveva convenuto il re; che desse
nella propria giuridizione il sale dovuto alle chiese nell' anno presente e negli anni avvenire; e
che non innalzasse alle alte cariche gli infedeli.
Nelle medesime lettere lamentava che dopo tanti
giuramenti poco o niente erasi osservato del conchiuso componimento, e diceva di non voler più
a lungo lasciar passare sotto silenzio così fatta
violazione (2). E Bela appresso la selva di Beryg
aveva dato come gli altri suoi fratelli promessa
di osservare e far osservare i capitoli suddetti (3).

(1) Theiner, *Monumenta* etc. t. I, p. 119, 120, 122.
(2) Vedi Documento I. in fine.
(3) Theiner, *Monumenta* etc. t. I, p. 123-124. In questo
documento abbiamo una data, cioè il 10 agosto 1253, giorno
in cui Bela munisce questo suo atto del reale sigillo data
anteriore a quella in cui si sottoscrisse l'istrumento dei ca-

Il legato compose una questione fra l'arcivescovo
di Gran e il re Andrea sopra decime della regia
Camera, sottratte all'arcivescovo dal re; e questi
promise di compensare quel prelato colla perce-
zione di altri redditi finchè fosse pienamente ri-
sarcito il danno, e riconobbe il diritto appartenente
alla chiesa di Gran (1). Dopo tutte le promesse
e i giuramenti poco o nulla si veniva a risoluzioni
di fatto dal re Andrea e da' suoi consiglieri e dai
grandi del regno; laonde il legato era costretto
a rivolgersi al re Bela che sollecitasse il padre
ad adempiere finalmente quanto erasi stabilito con
tutte le forme. E le sue istanze presso questo
principe sembra che fossero ben accette; perocchè
re Bela ai 23 febbraio 1234 nella città di Gran,
alla presenza del legato e di altri, con giuramento prometteva di estirpare con tutte le forze nei
suoi dominii presenti e futuri tutti gli eretici e
que' cristiani che, abbandonata la fede, si fossero
rivolti alla superstizione de' Giudei, e i finti cristiani, o di ridurre all'obbedienza della Chiesa
Romana quelli che se ne fossero allontanati (2).
Bela a viva voce prometteva pure al legato che
costringerebbe i Valachi, i quali, sebbene cristia-

---

pitoli, che è il settembre del medesimo anno. Il Theiner
nel copiare i documenti, o lo stesso libro dei Censi della
Chiesa Romana, da cui furono estratti l'uno e l'altro, è incorso certamente in un errore, perchè non si poteva confer-
mare quello che ancora non era stabilito.

(1) Theiner, *Monumenta* etc. t. I, p. 122.

(2) Raynaldus, *Annales* ad ann. 1234, n. XL; e Theiner,
Monumenta etc. t. I, p. 124.

85

ni, seguivano diversi riti e costumi, e pe'sacramenti
ricorrevano ai vescovi greci scismatici, ad accettare
il vescovo che la Chiesa Romana loro avrebbe
dato; e prometteva che al prelato sortito a go-
vernarli assegnerebbe rendite sufficienti al decoro
di un vescovo (1). L'eletto Prenestino mise infine
alle strette Andrea acciocchè alle parole corrispon-
dessero le opere, e lo indusse a consentire che, se
non manteneva le promesse entro il termine prefisso, incorrerebbe nella scomunica egli e la sua
Curia: sentenza che nel caso il vescovo di Bosnia e
gli altri vescovi gli denunzierebbero. E lo stesso
legato promulgò questo suo giudizio alla presenza
di Andrea e di grande moltitudine di popolo (2).
Se in Ungheria avesse regnato un sovrano fermo e
costante nelle risoluzioni prese e giurate, allora
tanti sforzi sarebbero stati coronati da pace duratura; ma al contrario il re Andrea continuava ad
essere tentennante ed incerto e circondato da cattivi consiglieri: epperciò il principe incorse nelle
pene stabilite, e da quella cristianità il Papa ebbe
ancora grandi noie fastidii e dispiaceri.

Altre cose fece il Pecoraria in quella lontana
regione che mostrano la sua singolare operosità.
Deputò all'amministrazione dell'ospedale, fondato
dall'arcivescovo di Colocza nella terra Bachiense,
due monaci conversi da prendersi in perpetuo
dal convento della Valle Onesta di Posega (3).

(1) *Bullarium Ordinis FF. Praedicatorum*, t. 1, p. 70-71.
Epistola Gregorii IX, 14 novembris 1234.
(2) Theiner, *Monumenta* etc. t. 1, p. 126-127
(3) Theiner, *Monumenta* etc. t. 1, p. 124.

Confermò che fosse unita la prepositura di S. Lorenzo di Hoy, beneficio assai tenue, all'arcidiaconato di Braduguio fatta dal sullodato arcivescovo (1). Tolse alcuni uffìcii di concessione apostolica ad uno spedito dal re per affari in Ispagna e nella Borgogna, e regolò alcuni particolari rapporti fra Cristiani e Saraceni (2). Ebbe parte principale in un compromesso che dovea condurre a fine la lite nata per alcune decime fra il monastero di San Martino d'Ungheria e la chiesa di Alba Reale. Esaminò quale avesse diritto all'episcopato di Varadino, de'due, cioè il maestro Primogenito e Benedetto di Strigonia, che lo pretendevano; coll'opera sua e di altri ne condusse molto innanzi i processi che poscia furono mandati alla Sede Apostolica (3). Le questioni tra il vescovo di Transilvania e l'abbate e il monastero di Clus lasciava oramai districate; perocchè aveva riconosciuto che i monaci avevano la prescrizione per non dover pagare le decime al vescovo, e intorno agli altri diritti episcopali eravi una sentenza proferita da alcuni arbitri che avevano deciso a favore del monastero: ma essendo alla fine di sua legazione rimise il finale giudizio al vescovo dei Cumani (4). Nella primavera dell'anno 1234 si ha argomento che cessasse da quelle molteplici faccende e che quindi circa quel tempo si partisse dalla Panonia (5).

(1) Theiner, *Monumenta* etc. t. I, p. 124-125.
(2) Theiner, *Monumenta* etc. t. I, p. 131-132 e 136.
(3) Theiner, *Monumenta* etc. t. I, p. 140.
(4) Theiner, *Monumenta* etc. t. I, p. 148-149.
(5) Il Campi (*Istoria Ecclesiastica di Piacenza*, Par. II,

Chi paragona coi nostri costumi tutto che per mandato pontificio operava il Pecoraria ne' dominii del re Andrea riscontra ben diversa oggidì la condotta della Chiesa verso i popoli ed i sovrani; ma per comprenderne la cagione è mestieri riferire i fatti al loro tempo e considerarli congiunti alle loro cause, e non separarneli come fanno tanti intelletti fuorviati della nostra età, e molto meno giudicarli da quello che ora è dominante, quasi fosse il tipo e l'ottimo della pubblica civile convivenza. Allora il sovrano d'Ungheria dal successore di Pietro prendeva la corona; nel Papa i popoli cristiani riconoscevano la guida sicura non solamente intorno alle verità rivelate e ai morali precetti, ma ancora intorno al vero bene terreno e sociale, e ricorrevano a lui come supremo giudice e difensore dei loro diritti sì spesso violati dai potenti e dagli infedeli. Chi sedeva perciò sulla cattedra apostolica era obbligato non solo a formolare i dogmi e i doveri, ma ad esercitare.

p. 151) crede che vi restasse tutto l'anno 1234; non è così, essendo subentrati altri ne' negozii della S. Sede con quella nazione. Le lettere di Gregorio IX sopra cui fonda la sua affermazione non sono dell'anno 1234 sibbene dell'antecedente, come si può vedere nei *Monumenta* che illustrano la Chiesa d'Ungheria, più volte allegati, del padre Theiner. Ai 13 febbraio 1234 il Papa scriveva agli arcivescovi della Schiavonia che dava loro per proprio legato il Priore di San Bartolomeo di Trisulto. Ai 12 maggio poi è certo che non v'era più in Ungheria, perchè una lettera di Gregorio con quella data, scritta all'abbate Cistercense della Valle Onesta di Posega, parla del legato Giacomo in Ungheria come di cosa già passata (Theiner, Op. cit. t. I, p. 122 e 124).

un potere di giudizio inappellabile sugli atti pubblici de' principi e de' sudditi in contrasto fra di loro, un potere di alta amministrazione, e all' uopo, come suol dirsi, coercitivo e di penalità; entrava necessariamente nelle questioni religiose e miste e in quelle della politica. Tenendo questa eminente direzione della civile società il Papa mirava, come si disse a principio di questo libro, in principal modo a togliere le intestine discordie fra le genti e a riunire gli animi intorno a sè per la comune impresa che il mondo infedele non acquistasse il predominio sopra il cristiano. Con ciò non esciva fuori de' diritti di sua eccelsa dignità, ma piuttosto ne adempiva meglio i doveri.

L' esenzione dalle imposte e il privilegio del foro allora era goduto non unicamente dal clero sibbene da altre classi superiori della comunanza civile; e tuttodì sotto governi ammodernati, che si predica tanto l' eguaglianza per tutti in faccia alla legge, vi sono alcuni che partecipano in altro modo di consimili immunità, come sarebbero il re, i senatori e i deputati. Il privilegio, o dirò meglio, la distinzione esiste ancora nella sostanza sebbene non nella stessa forma ed estensione, nè si cerca di toglierla, il che addimostra l' immunità antica pel clero non essere affatto quell' ingiustizia che certuni vorrebbero far credere. In uno stato finalmente che erasi reso vassallo de' Pontefici Romani, nè la saggia politica, nè la giustizia voleva la somma delle pubbliche cose nelle mani di infedeli che abusavano del potere, mettevano il disordine e tenevano amicizia coi nemici della patria: anzi l'una

e l'altra comandavano di tenere molto bassi questi
infedeli, affinchè non si ripetessero i passati disordini. Il cristianesimo allora si compenetrava
totalmente, come insegna il dotto canonista Wal-
ter, colla vita civile e pubblica, ed elevava il corpo sociale ad un grado, in cui la maestà della
religione dovea essere riconosciuta onorata e pro-
tetta anche dal trono. E quindi la Chiesa in siffatto stato cristiano poteva esigere dall'autorità
pubblica non solamente che questa non ponesse
a lato delle canoniche prescrizioni leggi da para-
lizzarle o indebolirle, ma sì eziandio che la stessa le sostenesse per mezzo di civili ordinanze;
che castigasse le offese esterne alla Chiesa e alla
religione, prevenisse le dissensioni e le soffocasse,
procacciasse i mezzi necessarii all'ordinario man-
tenimento del culto e del clero, che onorasse infine i ministri dell'altare con civili prerogative (1).
Simili considerazioni e criterii a quella guisa che
servono a cogliere i fatti trascorsi nel loro vero
aspetto e a distruggere molti falsi giudizii intorno ai medesimi; così insegnano ad apprezzare la
saggezza del governo ecclesiastico verso i popoli
e la perizia degli uomini che lo tennero.

Durante l'anno e mezzo circa che il cardinale
Giacomo se ne stette fuori d'Italia lo stato della
Chiesa e delle nostre Repubbliche erasi di poco
cangiato, se eccettuansi la riconciliazione di breve
durata di Ezelino da Romano e de' Veronesi col
Papa, scomunicati appunto il 1232 dal Pecoraria,

(1) *Manuale di Diritto ecclesiastico*, t. I, cap. IV, n. 44.
Trad. ital. Pisa 1846.

ed alcuni trattati di pace fatti conchiudere tra le città ostili e tra gli stessi cittadini da zelanti ed eloquenti frati Minori e Predicatori, come Gherardo di Modena, Leone di Perego e Giovanni di Vicenza: riconciliazioni e paci tuttavia che al solito di que' tempi duravano, si può dire, da mane a sera, e quasi subito risvegliavansi le vecchie discordie. Papa Gregorio aveva sofferto moltissimo a causa della ribellione dei Romani, e per sedarla, ancorchè da Anagni coraggioso e intrepido si fosse portato nella eterna città, vessato da nuovi contrasti, per malizia del senatore Luca Savelli e e de' seguaci del medesimo, fu costretto ben tosto a rifugiarsi in Rieti e porsi sulla difesa contro coloro che attentavano ai diritti terreni e spirituali della Chiesa, e chiedere in aiuto anche il braccio di Federico. Dal suddetto senatore eransi dati ordinamenti lesivi dell' autorità apostolica e della ecclesiastica libertà; negavasi al Papa l' elezione del senatore, il diritto di battere moneta e di percepire certe rendite dall' erario, imponevansi forti aggravii agli ecclesiastici e traevansi le medesime persone, prima privilegiate, davanti al foro secolare. La setta de' Catari serpeggiava in Lombardia, e segnatamente manifestavasi in Milano e in Piacenza (1). In mezzo a popoli e potenti sempre inquieti e guerreggiantisi e ben spesso traviati, non cadevano d' animo nè il vecchio Papa nè i cardinali suoi fratelli, cercan-

(1) Raynaldus, *Annales Ecclesiastici*, ad ann. 1233, n. XXVII. e ad ann 1234, n. I-II; Muratori, *Annali d' Italia*, ann. 1233 1234; Balan, *Storia di Gregorio IX*, vol. II, pag. 310-311.

do tutti in pieno accordo e senza posa di sostenere fortemente la Chiesa e la società contro quanto mirava a indebolire l'una e l'altra. Così stavano le pubbliche cose all'arrivo del Pecoraria
presso la Sede Apostolica. E intorno agli affari,
che lo stesso cardinale aveva trattato coi Lombardi e con Federico, effettivamente non erasi con-
cluso nulla, e la diffidenza tra le due parti durava tuttora. Nondimeno in que'giorni l'imperatore, fosse per necessità o per finzione, sembrava
meglio disposto che per l'addietro verso la Chiesa, a segno di recarsi a Rieti e offrire al Papa,
come ne era stato invitato, il suo aiuto, dicendo
che sarebbesi egli recato in persona e il suo figlio
Corrado a combattere i ribelli di Roma. È vero
per altro che Gregorio l'aveva prevenuto con
speciali favori, scrivendo ai Lombardi ed esortan-
doli a lasciar libero il passo alle milizie che di
Alemagna si portavano in Italia presso l'imperatore; e dopo aver ricevuto la visita dello Svevo
s'interessò vivamente a dissuadere il re Enrico
dal ribellarsi al proprio padre e ad esortare il
medesimo alla dovuta obbedienza.

Il cardinale finita la sua legazione se ne venne
in Italia e andò dal Papa ad esporgli anche a voce come stavano le cose in Ungheria e quanto
vi aveva fatto (1). Riportò approvazione e riconoscenza dalla Sede Apostolica; e se ne ha argomento nell'avergli Gregorio IX accordato sul finire
di maggio pel nipote Isembardo Pecoraria un ca-

(1) *Ripoll, Bullarium Ordinis FF. Praedicatorum,* t. I,
pag. 71.

nonicato, eretto a bella posta nella collegiata di
S. Antonino di Piacenza. Il Papa nelle lettere,
colle quali comunicò al capitolo di quella chiesa
la grazia concessa, usava queste parole: « Pel diletto figlio Isembardo chierico nipote dell' eletto
Prenestino caro nostro figlio, a cagione dell' affetto che portiamo e abbiamo verso il medesimo
eletto, stabilimmo di favorirlo con una grazia di
beneficenza » (1). Dal giugno sino all' anno seguente non trovasi che un documento il quale
ci ricorda il Pecoraria: è un diploma di Gregorio IX dato in Perugia a dì 7 novembre, con cui il
Papa prende sotto la sua protezione il monastero
di S. Pietro di Chatillon e ne conferma i posses-
si, diritti e privilegi; favore che avevano implorato
l' abbate di quel luogo Guglielmo e i suoi monaci
benedettini. Sotto quest' atto è il nome del cardinale Giacomo insieme ad altri suoi colleghi (2).
Ma se riguardasi lungo quel lasso di tempo ai tanti
affari ne' quali fu impegnata la Sede · Apostolica:
cioè alla canonizzazione di Domenico di Gusman,
il fondatore dell' insigne ordine de' Predicatori, alla Crociata d' Oriente, a domare la ribellione dei
Romani, alle discordie dell' Emilia, del Lombardo,

(1) *Litterae Gregorii IX. datae Reati III. Kal. Junii. Pontif. sui ann. VIII.* presso l' Archivio di S. Antonino: « Hinc
est pro dilecto filio Isembardo clerico dilecti filii nostri Prenestini electi nepote, affectionis intuitu quam ad eumdem electum gerimus et habemus, dignum esse decrevimus ut bene-
ficente gratia faveamus » È un atto, sebben citato dallo storico Campi, che il Potthast non ha notato ne' *Regesta Pontificum Romanorum.*

(2) Potthast, *Regesta Pontificum Romanorum*, p. 831 e 938.

della Marca Trevisana e della Romagnola e di
Toscana, ad agevolare il matrimonio di Federico II
con Isabella d'Inghilterra, e a simili altre cose d'interesse della religione e della civile società, devesi ritenere per certo che l'eletto Prenestino non sia stato messo in disparte per tutte
quelle faccende, ed anzi che sia stato piuttosto
uno de' cardinali più consultato; imperocchè, fornito di lumi e di esperienza affatto speciali, poteva
giovare meglio di molti altri alla Chiesa. Un documento dei 4 gennaio 1235 lo conferma, perchè
nomina il cardinale Giacomo, e riguarda a cose, il
cui negoziato non avvenne ne' pochi giorni del
nuovo anno ma anche prima. È la lettera di Gregorio IX diretta a que' di Velletri, data dalla città
di Perugia e sottoscritta da molti cardinali, tra
i quali l'eletto Prenestino. L'atto ricorda la fedeltà antica e la presente del tutto conforme a quella dei Velletrinesi alla Chiesa; e stabilisce che,
come ben meritarono i vecchi al tempo di Urbano II che loro largì privilegii; così i presenti, i
quali posti in bocca de'nemici della Sede Apostolica, non curando la perdita delle loro robe e
l'esterminio de' loro beni, coraggiosamente hanno
esposto la propria vita, siano accolti quali famigliari con più cura nel grembo della madre la
Chiesa, amati con maggiore propensione e onorati colle insegne di libertà. Conferma ai medesimi
le immunità e consuetudini concesse dai papi Pa-
squale ed Urbano; abolisce gli usi e le esazioni
introdotte nelle loro città e terre dai prepotenti;
ordina che gli abitanti siano lasciati quieti e li-

94

beri come figli e fedeli prediletti, e difesi da o-
gni invasione e infestazione di secolare potestà;
ristabilisce i loro possedimenti e confini territo-
riali (1).

Dall' avere il Pecoraria messo il suo nome nel
diploma suallegato dopo i cardinali preti, lo storico Piacentino Piermaria Campi inferisce che non
fosse ancora consacrato vescovo; nè male si ap-
pone, conciossiachè, in molte scritture di Gregorio e di re Andrea d' Ungheria messe alla luce
dal Theiner, antecedenti a questo tempo, è chiamato sempre l'eletto Prenestino e non mai vescovo. Importa indurre un'altra cesa da tale documento che il cardinale Giacomo stava a fianco
del vecchio Pontefice in quel tempo di tanti bisogni per la Chiesa, che non pensava agli onori
già meritati e che egli v'era più per servire che
per distinguersi dagli altri (2). Sapendosi poi
quanto fosse la sua virtù, si è indotti a credere
che il ritardo a farsi consacrare vescovo nascesse da speciale umiltà. Secondo il sullodato
storico di Piacenza, l'abbate delle Tre Fontane
si sarebbe determinato alla consacrazione tra il
gennaio e il maggio 1235 (3), anno in cui ha
pure sottoscritto una lettera del Papa a vantaggio
della Basilica Vaticana (4). Intanto al Pecoraria
erano affidate particolarmente le questioni d' Ungheria portate davanti alla Santa Sede, perchè

(1) Ughelli, *Italia Sacra*, t. I, p. 68-69.
(2) *Historia Ecclesiastica*, Par II, p. 87.
(3) *Historia*, cit. Par. II, p. 133.
(4) Ciaconius, *Vitae Pontificum et Cardinalium*, t. II, p. 87.

meglio di qualunque altro conosceva le cose di quella parte di Cristianità, essendovi stato legato. Gli toccò esaminare quella tra il vescovo di Transilvania e il decano e i sacerdoti della terra di Burze intorno all'obbedienza e ad altri atti speciali di rispetto che il decano e i sacerdoti doveano prestare al vescovo. Era una causa già incominciata quand'egli era in Ungheria; il Papa, udito il Prenestino, la terminò dando torto a' preti e assolvendo il decano di Burze. Dovea esaminarne un'altra vertente fra lo stesso vescovo e il monastero di Clus, quando negozii più gravi della Chiesa glielo impedirono (1).

Erano anni ben calamitosi pei popoli e per la religione; le discordie nascevano e si rinnovellavano quasi in ogni città e in ogni piccolo paese e ad ogni momento; appena assestate le pubbliche cose fra il Papa e i Romani alla caduta del senatore Luca Savelli, e subito le guerre intestine e più ardenti serpeggiavano nella penisola; addolora l'animo veder tanto disordine; si resta però ammirati della sollecitudine e premure della Chiesa, madre veramente instancabile che sempre accorre per apportare la pace ai suoi diletti figliuoli. Da lungo tempo in Toscana i Fiorentini, gli Orvietani e que' di Moltalcino da una parte, e Senesi e que' di Poggibonsi dall'altra stavano in guerra fra di loro per vecchie e reciproche offese, per occupazioni e distruzioni di castella, per

(1) Theiner, *Monumenta Hungariam sacram illustrantia*, t. I, p. 138 e 141.

prigionieri che gli uni e gli altri si tenevano
dell' avversario e per altre violazioni di diritto.
Gregorio IX, come in addietro erasi studiato di
conciliare que' popoli, inviando loro il celebre frate de' Predicatori Giovanni da Vicenza, ed usando
ancora le pene ecclesiastiche contro gli ostinati;
così al primo maggio 1235 per ottenere il tanto
desiderato intento della pace mandava in Toscana
il vescovo di Preneste, obbligando Senesi e Fiorentini ad accettarlo sotto pena di scomunica. E
con questa legazione il capo della Chiesa, che era
anche il più potente in Italia, mirava parimente
ad impedire che in siffatte questioni s' intromettesse l' imperatore, il cui soccorso avevano invocato e speravano i Senesi. Era prudenza e saggia
politica guardare che Federico s' ingerisse meno
che fosse possibile delle cose d' Italia, fuori del
suo regno di Sicilia, dove anche troppo facevasi
sentire la sua mano di ferro. Lo Svevo anche sulla Toscana come imperatore aveva alti diritti, ma
faceva mestieri tenerlo lontano dall' esercizio di
una sovranità particolare e intera, affinchè non
vi portasse una tirannia da estinguere del tutto
la vita delle repubbliche che vi florivano. Il Pecoraria non rifiutavasi mai ad assumere gli incarichi più difficili, quando il bene della religione
e della civile società lo dimandava; e in codesta
legazione eravi l' interesse dell' una e dell' altra.
Obbediente alla chiamata del Pontefice andò tosto
in Toscana, e usò ogni maggiore arte è diligenza
per mettere in pace fra di loro Senesi e Fiorentini; e cogli Orvietani e coi Senesi gli convenne

usare sino la pena della scomunica. Non riu-
scendo a persuadere alla pace così presto gli
animi divisi, dopo aver tentato molte vie e
scorto la confidènza de' Senesi nell' aiuto dell' imperatore, chiese alle parti contendenti che gli rimettessero le loro differenze. Ed esse, dopo molte
e diverse convenzioni, riconoscendo che il legato
non mostravasi più interessato degli uni che degli altri, ed i Senesi mossi pure dalla perduta
speranza in Federico, il quale correva in Alemagna per estinguere la ribellione del figlio Enrico,
gli accordarono di decidere intorno ad ogni lite,
guerra e controversia.

Poco appresso nell' ultimo di giugno, sotto il
padiglione dei Fiorentini, situato nel piano di
Poggibonsi accanto il fiume Staggia, in presenza
di Ardingo vescovo di Firenze, di Buonfiglio vescovo di Siena, di Pagano vescovo di Volterra, di
Aldobrando vescovo di Fiesole, di Ranieri vescovo
di Orvieto e di molti altri prelati e signori laici,
l'arbitro cardinale proferì il suo lodo di accordo.
Colla quale sentenza ordinò primieramente che
tra il Comune di Firenze e il Comune d'Orvieto
e loro aderenti e Pepo di Campiglia e suoi uomini da una parte e il Comune di Siena dall'altra si rimettessero vicendevolmente tutte le ingiurie e i danni seguiti, e fosse vera e perpetua
concordia e pace. Volle che Compagnone de' Pol-
troni da Mantova podestà di Firenze, Gaetano di
Salvi podestà di Orvieto e Ubertino del Gesso sindaco del Comune di Firenze, per i loro Comuni
e aderenti e, nominatamente per i Montepulciane-

TONONI. 7

si e i Montalcinesi, e Pepo de' visconti di Campiglia per sè e pe' suoi uomini da una parte; e
Bernardino de' Pii podestà e Buonagrazia sindaco
del Comune di Siena, in nome del loro Comune
dall' altra parte, in segno di vera pace e concordia si abbracciassero e si baciassero. Dichiarò che
ciascuno potesse ripigliare il possesso delle sue
cose stabili che gli fossero state occupate nella
giurisdizione della parte avversa; e che qualunque
avesse preso cose mobili o in queste fatto del
danno, durante la guerra, ne fosse assolto. Con-
dannò i Senesi a pagare fra dodici giorni a chi
egli ordinasse ottomila lire per rifare il castello
di Montepulciano, da essi rovinato; al quale lavoro
si darebbe principio dopochè cento de' migliori
prigioni Senesi, tra quei che si trovavano in potere de' Fiorentini, fossero consegnati in città di
Castello al legato o ad un suo rappresentante,
per essere ritenuti in nome della Chiesa Romana
fino a che fossero terminati i restauri di Montepulciano, che alla più lunga sarebbero compiti a
un anno, passato il quale tempo tutti acquiste-
rebbero la libertà. E dichiarò che gli altri prigioni
da ciascuna delle parti dovessero liberarsi entro
otto giorni; e che nel seguente giorno i Senesi
dovessero aver fatto pace coi Montepulcianesi e
aver ad essi restituito e rilasciato libero il Castello
insieme con tutta la sua corte e distretto, e anche restituissero agli Orvietani tutto quanto tenevano nel contado di Orvieto. Proibì a' Senesi
il molestare e offendere i Montalcinesi, dichiaran-
do che, ogni volta che i Senesi li molestassero, i

Fiorentini potessero aiutarli senza pregiudizio di
romper la pace; e, se avvenisse che i Senesi fossero molestati dagli uomini di Montalcino, potessero i Senesi offenderli senza far contro ai capitoli della pace e i Fiorentini non potessero aiutare i Montalcinesi. Stabilì pure che i Senesi dovessero per tutto il seguente giorno assolvere i
Poggibonsesi da ogni giuramento che avessero
dato d'osservare la lega o confederazione stata
tra loro, e che per l'avvenire non potessero fare
più lega o compagnia contro ai Fiorentini; e volle che i Senesi rifiutassero, e rinunciassero ai
Fiorentini tutte le ragioni che avevano nel castello di Poggibonsi secondo l'obbligo de' contratti
antichi. E perchè il medesimo legato prima di
dare il lodo aveva voluto il possesso della terra
di Chianciano, affermò d'averla ricevuta dai Senesi
per consegnarla agli Orvietani, con condizione
che questi dovessero restituirla ai veri padroni
cioè a Pepo, Bulgarello, Rimbotto e Manente già
figliuoli del conte Tancredi, e a Rinaldo e Bernardino figliuoli del conte Rimbotto e a Ranieri figliuolo del conte Manente. E perchè i Senesi dicevano di non avere facoltà di restituire la Rocca
di Campiglia, non potendo essi obbligare chi la
teneva, comandò che entro il dì seguente ordinas-
sero ad uno di giurare in nome del Consiglio essere così la verità, e che nientedimeno opererεb-
bero con tutte le loro forze per far restituire quella
Rocca ai veri padroni e darebbero bando a quelli
che vi erano dentro, confiscando tutti i beni che
i ribelli tenevano nel dominio di Siena. E per la

esecuzione di cotali ordinamenti dalle parti inter-
venute si fecero molti pubblici atti col vescovo
di Preneste sino al dì 11 di agosto (1). In tutto
questo il legato protestava di non intendere affatto di ledere menomamente i diritti dell'imperatore, sibbene di aver eseguito quanto eragli stato
comandato a voce e con lettere dal Pontefice:
tant'era la sua attenzione di non crearsi difficoltà presso la parte imperiale ne' maneggi presenti
e futuri. La Chiesa studiava tutti i mezzi affine
di ridonare la pace alle città divise e discordi; e
queste sembra che facessero altrettanto per di-
struggerla; laonde il lavoro di oltre tre mesi, sostenuto dal legato nella Toscana non produsse
que' buoni effetti che se ne ripromettevano; e le
parti ritornarono ai vecchi rancori e alle continue rappresaglie.

Nel tempo che dimorava il Pecoraria in quelle
contrade i Padri della Repubblica Fiorentina e il
loro vescovo Ardingo, impegnati già da tempo
ma senza effetto per riformare il monastero di
di S. Salvatore di Settimo tenuto dai Benedettini
neri, che conducevano vita rilassata e tutt'altro

(1) Rogiti trenta e due Bolle di Gregorio IX, 1 maggio
al 11 agosto 1235 circa questa legazione conservati nell'Archivio di Stato in Siena, t. I; Malavolti *Historia di Siena*,
Par. I, lib. V, pag. 59-61, Venezia 1599, e Scipione Ammirato, *Istorie Fiorentine*, lib. I, sotto l'anno 1235. La seconda bolla 29 giugno 1235 diretta al Prenestino e sopraccennata,
nella quale Gregorio IX dice che per suo ordine furono scomunicati il podestà e consiglio di Siena e commette al medesimo
legato di assolverli purchè rifacciano i danni agli offesi di Ra-
dicofani, non è notata dal Potthast nel Regesto di Gregorio IX.

che da monaci, ricorsero a' lui acciocchè colla sua
autorità di legato rimediasse al male; e il medesimo giovò moltissimo ai richiedenti. Infatti nel-
l'anno 1236. da S. Salvatore furono espulsi quei
monaci e messi in loro vece i Cistercensi, presi
dal cenobio di S. Galgano, dell' Agro Senese. Di
poi Gregorio IX nel 1237 in ottobre con una Bol
la, sotto cui è segnato pure il cardinale Giacomo,
confermava nel monastero suddetto la regola be-
nedettina e l'istituto Cistercense con molti privilegi e diritti (1). A Settimo per cotale cangiamento florì tanto bene la regolare disciplina e splendette
l'esemplare contegno de'nuovi cenobiti che giunsero
assai presto a conciliarsi l'estimazione pubblica e
tale fiducia che i reggitori del Comune di Firenze
affidarono agli stessi monaci l'amministrazione del
pubblico erario, la soraintendenza alla costruzione dei ponti e delle mura della città, alle fortifi-
cazioni dei castelli o di altri pubblici luoghi del contado e la custodia del sigillo dello Stato (2). Finiva
la sua legazione di Toscana il vescovo Prenestino
sul terminare della state 1235; e di Toscana è
probabile che circa quel tempo si portasse presso
chi l'avea mandato, per riferire alla Sede Apostolica come vi aveva trovato gli animi e quanto a-
veva fatto. E forse giungeva ad Assisi in tempo
d'incoraggiare Gregorio IX a persuadere caloro-
samente, come poi fece questo gran papa ai 20 set-

(1) Lami, *Monumenta Ecclesiae Florentinae*, t. I, p. 119,
e t. II. p. 980-982.
(2) Repetti, *Dizionario fisico storico della Toscana*, V.
Abazia a Settimo.

tembre (1), il vescovo di Bosnia che voleva rinunciare all' episcopato a star fermo nella sua sede anche in mezzo alle difficoltà e ai pericoli accresciuti. Negli affari d' Ungheria erano sempre accolti i suoi consigli per la legazione che vi aveva sostenuto; e nel suindicato affare poi maggiormente dovea valere la sua parola, che il vescovo desideroso di rinunciare era stato dal Pecoraria istesso proposto a quella diocesi.

(1) Balan, *Storia di Gregorio IX*, vol. II, p 456 457.

LIBRO QUARTO

1236-1238

SOMMARIO

Stato di cose in Italia descritto dal Muratori. — Discordie civili e
religiose particolari di Piacenza. — Gli imperiali se ne approfit-
tano. — Loro convegno, dove parla Pier della Vigna. — Divisa-
menti di Federico. — Il Pecoraria legato pontificio a Piacenza.
— Riconcilia i partiti. È approvata la sua condotta dal Papa —
Importanza della fatta pace — Il cardinale va in altra città e
da Federico. — Guerra fra i Lombardi e l'imperatore. —
Accuse di questo contro il legato, e difesa di Gregorio IX. —
Il cardinale conosce Tebaldo Visconti e mette pace fra il clero
Piacentino, diviso per l'elezione del vescovo — Fa riedificare e
consacra la chiesa di S. Donnino. — Riforma il consorzio dei
Parrochi. — Monumenti in Piacenza alla memoria del legato.
— Federico scrive ancora contro di esso. — Il cardinale Giaco-
mo presso il Papa. — Legato a Vercelli. — Si trova in Roma.
— Piacenza si difende contro Federico.

Ad intendere meglio i fatti che siamo ora per
narrare, premettiamo una pagina del padre della
Storia Italiana, il celebre Lodovico Muratori; dove sotto l'anno 1236 descrive il sistema di governo in Italia e lo stato generale della medesima con cognizioni ed esattezza di giudizio che
indarno si cercherebbe altro storico che meglio
ce li ponesse sott'occhio, com'erano in realtà.
« Nulla potè conchiudere Papa Gregorio del pro-
gettato accomodamento delle controversie vertenti

fra l'Imperador Federigo, e le città di Lombardia, a cagion della strettezza del tempo a lui prefisso da esso Augusto. Però si diede principio in quest'anno alle tragiche guerre e rivoluzioni, che per tanto tempo dappoi afflissero questo sconvolto regno. Qual fosse allora il sistema d'Italia, conviene ora avvertirlo.

« Non negavano già le città confederate di riconoscere anch'esse la superiorità ed autorità dell'Imperadore, ma paventavano di molto un Imperador tale, quale fu Federigo II. Gelosissime della loro libertà, e ricordevoli di quanto avesse operato Federigo primo, per abbatterla é sradicarla, non sapevano indursi a credere di poter conservarla sotto Federigo secondo, Principe, la cui mente era grande ma maggiore l'ambizione, e che avea ereditato i vizj dell'avolo ma non già le virtù. Sapevano come egli scorticava i i suoi sudditi di Sicilia e di Puglia, che il perdonar di cuore a chi l'avea offeso, era cosa straniera nell'animo suo; ch'egli prendeva le leggi del mantener la fede e parola, non mai dall'onesto, ma solamente dall'utile o dalla necessità. Però, se gli concedevano poco, temevano, ch'egli vorrebbe poi tutto. Erano anche assai persuasi, che sì interessato e pieno d'ambiziosi e smisurati pensieri, come era, altra mira non avesse, che di ridurre l'Italia tutta sotto un obbrobrioso giogo, e di mutar la Lombardia in una nuova Puglia. Di qui venne, che le città più forti, come Milano, Brescia, Mantova, Piacenza, Bologna, Padova ed altre minori determinarono piuttosto di avventurar tutto, che di sottomettersi a chi dell'essere di Principe troppo facilmente passava a quel di Tiranno. Non mancavano altre Città che teneano per l'Imperadore, come Cremona, Bergamo, Parma, Reggio, Modena ed altre. Il principal motivo di questo attaccamento era il bisogno e la speranza dell'aiuto di lui per mantenersi in libertà, dacchè le più forti città vicine tuttodì si studiavano di assorbire i lor territorî, e di assoggettarle ancora, se veniva lor fatto, al lor dominio. Che non faceano i Bolognesi contra di Modena; i Piacentini contra di Parma; i Milanesi e Bresciani contra di Cremona? Pavia umiliata dal' popolo di Milano stava allora col capo chino, mostrandosi obbediente ed unita coi Milanesi, che le aveano date tante percosse; ma sì tosto cessò la paura del flagello, che, cavatasi la maschera, tornò anch'essa ad abbracciare il partito di Cesare. Erano in egual pericolo e peggior stato gli affari del sommo Pontefice. Se riusciva a Federigo di mettere il piede sul collo de' Lombardi, e di soggiogar tutta l'Italia; che scampo restava a quella sacra Corte contra di un Principe, il quale già avea fomentato le usurpazioni del Senato e Popolo Romano in pregiudizio della legittima ed inveterata autorità e sovranità dei Papi? Potevasi fondatamente temere, ch'egli ridurrebbe il Papa a portare il piviale di bambagina, stante la disordinata sua voglia di signoreggiare; e vie più perch'egli era in concetto di fina politica, simulatore, e dissimulator mirabile, e quel che è peggio, di poca, se non anche di

niuna religione, del che, se è vero, sarà Iddio
giudice un giorno. Allorchè Papa Alessandro III
tanta costanza mostrò contro di Federigo primo,
a lui non mancava un forte appoggio alle spalle,
cioè il Re di Sicilia e Puglia della schiatta de' Nor-
manni. Ora che Federigo II possedeva ancora
quegli stati, se cadeva a terra l' opposizione
de' Lombardi, restava il Romano Pontefice Gregorio IX tra le forbici, ed esposto alla discrezione, o sia indiscrezione di un Imperadore, che a
vrebbe potuto tutto ciò che avesse voluto. Il perchè Papa Gregorio riguardava come suo grande
interesse la Lega di Lombardia, ben conoscendo
ch'essa sola potea tenere in briglia un Augusto,
di cui non permettea la prudenza, che alcun si
fidasse.

« All' incontro Federico II odiava a morte questa Lega, benchè solennemente permessa ed approvata dall' Avolo suo Federico I, considerandola come ingiuriosa a' suoi sovrani diritti, e trattava
da ribelli i Lombardi, declamando da per tutto,
esigere il suo decoro ch' egli passasse a domarli.
E perciocchè il Papa, spinto dal suo zelo, spediva
in tutte le Città i frati Predicatori e Minori a
predicare la pace e la concordia, tutto interpre-
tava fatto in danno suo, stante il praticarsi di
far giurare i popoli di ubbidire a quanto avesse
loro comandato il Papa » (1). Gli effetti di questa deplorevole condizione fa mestieri indicare
più determinatamente in Piacenza: città vicina

_____

(1) *Annali d'Italia*, anno 1236 in principio.

alla Lombardia, una delle principali della Lega, e patria al Pecoraria. Quest'uomo che aveva dato prova di sè in tante legazioni, fu scelto paciere anche della sua patria, divisa e lacerata da lunghe discordie. In Piacenza l'anno 1234 i popolari condotti da Guglielmo dell'Andito o Landi e da Oberto Pelavicino o Pallavicino ritenuto della setta de'Catari (1), l'uno e l'altro partigiani di Federico e avidi del potere della Repubblica e di farsene assoluti padroni, strinsero alleanza coi Cremonesi; ed allora molti de' nobili favorevoli alla Lega Lombarda furono costretti a rifugiarsi a Rivergaro, terra posta sulla destra della Trebbia. Fra gli uni e gli altri vi fu guerra che si estese a Borgotaro a Castellarquato a Fiorenzuola e altrove; e i nobili soffrirono gravi perdite, perchè i loro nemici erano forti anche di milizie Cremonesi. All'assedio di Rivergaro e di Pigazzano però i nobili resistettero. In ottobre si fece pace, ma durò sì poco che i fuorusciti, ritornati alla città, di bel nuovo se ne partirono nel gennaio 1235, e i popolari di Fiorenzuola, che avevano per podestà Bonizo Laudo, anch'essi cacciarono i nobili (2).

(1) Huillard-Bréholles, *Historia diplomatica etc. Préface et Introduction*, p. CDXCIV. Pandolfo Fosanella en Toscane, Eccelino da Romano dans la Marche de Verone, Oberto Pallavicini dans la Lunigiane passaint pourés étre affiliés aux sectes cathares...

(2) Muratori, *Rer italic. Script* t. XVI, De Mussis, *Chronicon*, p. 462; Boselli, *Storie Piacentine*, t. I, p. 142 143. Copia cit. con aggiunte manoscritte; *Monumenta historica ad Provincias Parm. et Plac.* Codagnellus *Chronicon Placentinum*, p. 106-108, et Anonymus *Chronicon*, p. 140 141.

Il clero stava pure diviso circa l'elezione del
nuovo vescovo da succedere a Vicedomino, morto,
in febbraio dell'anno suddetto; il proposto ed i
canonici della Cattedrale formavano una fazione,
e l'altra il capitolo di S. Antonino tirandosi dietro il resto del clero secolare e regolare (1). Non
erasi ancora soddisfatto allo scandalo e sacrilegio
commesso nell'ottobre del 1233 contro il padre
Rolando da Cremona de' predicatori; che, mentre
declamava con libertà apostolica, sulla piazza della
Chiesa Maggiore, contro le sette, le eresie e gli
altri vizii dominanti, in presenza d'una moltitudine d'ogni condizione attenta ad udirlo, da una
mano di eretici e loro fautori, armati di spade,
coltelli, falci e pietre, e gridanti *muoiano, muoiano i frati ladroni*, fu malconcio e percosso sotto gli occhi del podestà Lanterno o Lantelmo
Mainero milanese; e fu mortalmente ferito Uberto
monaco di S. Savino, corso in aiuto e difesa del
sacro oratore, e furono offesi e maltrattati altri
religiosi Predicatori e Minori. I rei principali e-
rano stati Guglielmo Fontana, Ansaldo dell'Allo,
Gerardi del Tegio, Giovanni Capellario e Giovan-
nino di lui figlio, Piacentino dell'Acerbo, detto
Stimo, il maestro Ricatoto e Adamino di lui figlio, Catanio di Vallera, Rainaldo della Donna e
Giacomo Affatigati, che col podestà furono presi
e messi in carcere, ma di poi per impegno e protezione dei loro aderenti ricuperarono la libertà.
Il legato pontificio in Lombardia, Gregorio Montelongo aveva informato la Sede Apostolica del-

(1) Campi, *Historia Ecclesiastica di Piacenza*, Par. II, p. 133.

l' avvenuto; la onde Papa Gregorio IX, a dì 18 febbraio 1234, scrisse al podestà e consiglio di Piacenza di attenersi agli statuti della Chiesa per disordini di tal sorta, e che facendo essi altrimenti avrebbeli colpiti colle censure. L'Affatigati e il Capellario avevano obbedito al comando, ed erano stati assolti dal penitenziere maggiore, allora il celebre Raimondo di Pennafort. Del sacrilego successo fece l'esame il sunnominato legato di Lombardia, e risultò da parecchi testimonii essere i suddetti non solo colpevoli di quel delitto esecrando, ma infamati di eresia per varie ragioni. Dopo di che il Pontefice, inviando il processo fatto, ai 26 agosto comandava al vescovo di Piacenza Vicedomino e a quello di Parma Grazia Fiorentino d'imporre a rei una condegna penitenza della loro colpa. Ma la faccenda non era ancor terminata in ottobre, un anno dopo il doloroso accidente, ancorchè se ne fossero occupati l'arcivescovo di Milano e il vescovo di Lodi; e contro Lantelmo, il quale dava ricetto in sua casa nel Lodigiano ad eretici, di bel nuovo erasi fatto sentire il Papa con lettere dei 3 dell'indicato mese dirette al vescovo di Como; e nella primavera del 1236 i colpevoli godendo ancora l'impunità, lo stesso Papa destinava di mandare il vescovo d'Ascoli a Piacenza, e lamentavasi ai 2 aprile col podestà e popolo Piacentino che non avevano costretto a presentarsi da lui i loro concittadini rei ed esortava l'uno e l'altro ad obbedire (1). Giudiziosamente scrive lo storico

(1) Sbaralea, *Bullarium Franciscanum.* t. I, p 122, 132, 154, 190; e Ripoll, *Bullarium Ordinis FF. Praedicatorum,* t. I, p 69 70.

Boselli intorno a quel tempo. « La irreligione che aveva enormemente dilatate le sue radici in que-sti tempi, e che persuadeva a' suoi seguaci di non mantenere la fede data nè a grandi nè a piccoli, di couculcare i ministri di Dio e disprezzare i più severi castighi della religione, di rompere colla maggiore facilità i più sagrati e terribili giuramenti, di non rispettare, anzi di resistere all' autorità de' Monarchi e della patria istessa, questa era che forniva di esecrabili principî distrut-tori del pubblico e privato bene, vigendo i quali le cure de' più saggi riformatori divenivano sem-pre vane » (1).

In mezzo a tutte queste patrie discordie acqui-stavano sempre maggior potere Guglielmo dell' An-dito e Oberto Pelavicino, il primo ottenne la ca-rica di podestà nel 1235 dai popolari, e il secon-do fu fatto capitano comandante, o generale delle armi (2). E così in Piacenza la parte imperiale, cioè di coloro che rinunciavano alla propria indi-pendenza e alle patrie franchigie per divenire ser-vi al sovrano di Alemagna si rendeva forte e pa-drona della città. Per il che Guglielmo dell' An-dito mandò sino le chiavi di Piacenza fatte d'o-ro a Federico II in segno dell' obbedienza dei Piacentini all' Impero (3). La maggioranza tutta-via della città e del contado non era certamente Ghibellina, perocchè i nobili fuorusciti e anche buo-

(1) *Storie Piacentine*, t. I, p. 142.
(2) Poggiali, *Memorie Storiche*, t. V, p. 179.
(3) *Monumenta historica ad Provincias* etc. Anonymus, *Chronicon Placentinum*, p. 141.

na parte del popolo avevano sempre favorito la
Lega Lombarda; ma per quelle dimostrazioni ba-
stava che fossero del partito imperiale gli uomini che comandavano. Di questo stato di cose a
loro propizio nel Piacentino si giovarono i Ghibellini, e scelsero Piacenza per un convegno, dove
incoraggiarsi alla riscossa contro i Lombardi. Nel
marzo 1236 quindi vi tennero un' adunanza nel
palazzo del Comune, alla quale intervennero il
gran maestro dell'Ordine Teutonico Ermanno,
Gebardo conte di Harnestein, il maestro Pier della Vigna (1), Taddeo di Sessa, giudici della Gran-

(1) Sebbene a Pier della Vigna (non delle Vigne) universalmente sia dato il titolo di cancelliere, non si trova nominato in alcun atto di Federico II con quella dignità; propriamente ei fu prima notario, di poi giudice della Gran Curia
(1225-1247) e dettatore delle lettere imperiali, e plenipoten-
ziario dell'Impero in molti negozii, e finalmente eletto protonotario e logoteta o segretario al fianco di Cesare, e se
egli fece all'imperatore anche da ministro come si direbbe
oggidì, ma non con quella estensione e limiti di potere che
intenderemo presentemente, nominando noi un ministro di
Stato. La carica di cancelliere era tenuta dai grandi dignitarii ecclesiastici (Muratori, *Rer. ital. Script.* t. IX, Pipinus
Chronicon, p. 659 660; Huillard-Bréholles, *Historia diplomatica Friderici secundi, Préface et Introdution*, p. CXXVII-
CXXIX; e *Vie et Correspondance de Pierre de la Vigne,*
Prém. part. I-XII; e Salimbene nei *Monumenta historica ad
Provincias* etc. t. I, p. 164). Il che concorda assai bene coi
versi di Dante (Inf. XII; 58-61) messi in bocca al famoso
cittadino di Capua:

I' son colui che tenni ambo le chiavi
Del cuor di Federico e che le volsi
Serrando e disserrando, sì soavi
Che, del segreto suo quasi ogni uom tolsi.

Versi che esprimono esattamente la verità storica: Pier
della Vigna confidente e segretario del secondo Federico.

de Curia, Simone di Chieti podestà di Cremona coi podestà e ambasciatori di Cremona, Pavia, Tortona, Asti, Verona, Parma, Reggio e Modena. Tutti costoro con Guglielmo dell' Audito e suoi figli rettori del popolo Piacentino si studiarono di tirare la città interamente dalla parte imperiale, portando la divisione più grande degli animi per sino nel seno delle famiglie, e di accordarsi fra loro a danno della Lega e della Chiesa. In quel convegno Pier della Vigna aringò i Piacentini; e un antico cronista tramandò ai posteri che vi dicesse le seguenti parole: « Il popolo delle genti che camminava nelle tenebre vide la gran luce, agli abitanti nelle regioni tenebrose della morte è nata la luce » e che poscia li esortasse a prepararsi con ogni sforzo alla celebrazione della tanto desiderata festa del Signore, cioè la Pasqua (1). Da siffatta aringa del confidente Cesareo

(1) *Monumenta historica ad Provincias* etc. Anonymus, *Chronicon Placentinum*. p. 141. Eodem anno (MCCXXXV) de mense marcii proximi, magister alamanorum, comes Gaboardus, magister Petrus de Vineis, Tadeus de Suesa, iudices magne curie, cum comite Simone de Reyto potestate Cremone et potestatibus et ambaxatoribus Cremone, Papie et Terdone, Astis, Verone, Parme, Regii, et Mutine, presentibus Guillelmo de Audito et filiis rectoribus populi Placentie, parlamentum in palacio Placentie fecerunt. In quo dictus magister Petrus de Vineis proposuit, dicens: « Popolus gentium qui ambulabat in tenebris vidit lucem magnam; habitantibus in regione umbre mortis lux orta est eis. « Deinde ortatus est ipsos dicens ut cum omni eorum exfortio essent parati festum Domini peroptatum celebrare. I fatti surriferiti in queste fonti sono narrati sotto l' anno 1235; ma tutti gli storici Piacentini e anche gli altri li assegnano al 1236.

si rivelano i disegni innovatori che mulinavano nella mente Federico e Pier della Vigna contro il sistema religioso e politico allora dominante; ossia di divenire essi i maestri dei popoli, di mettere sè stessi in luogo del Papa e del clero superiore, di assoggettare in tutto la Chiesa allo Stato e di dominare da padroni assoluti sopra le città Lombarde; come più chiaramente di mano in mano manifestarono in appresso. Que' giudici della Gran Curia tramandarono ai moderni regalisti l'esempio di usare il linguaggio biblico e religioso, allorchè giovi a nascondere in faccia alle plebi cristiane pravi intenti di abbassare ed opprimere il clero e di togliere le libertà costituite. Ma la Chiesa seppe in ogni tempo smascherare gli ipocriti anche celati sotto il manto dello zelo della religione e della grandezza civile, e così provvedendo direttamente a sè stessa provvede altresì in modo indiretto al bene della società.

Del discorso di Pier della Vigna dice l'Huillard-Bréholles (*Vie et Correspondance de Pierre de la Vigne*, p. 25) che una cronaca, cioè la sopra citata, da lungo tempo inedita, ci ha conservato il senso. La medesima però fu conosciuta e spogliata, come mostrò ad evidenza il conte B. Pallastrelli (*Prefazione alle Chronica tria Placentina* nei *Monumenta historica ad Provincias Parmensem et Placentinam* etc. pag. XIII-XXIX) da due storici Piacentini Piermaria Campi e dal Boselli e da altri cultori delle patrie memorie. Il Boselli (*Storie Piacentine*, t. I, p. 144-145 Piacenza 1793) dà il racconto suddetto e il senso del discorso di Pier della Vigna colle stesse parole volgarizzate del *Chronicon*, edito per la prima volta dal sunnominato dotto francese, e dopo dal Pertz, e infine nei *Monumenta* di Parma e Piacenza con note del sullodato conte Pallastrelli.

TONONI.   8

Coloro che osteggiano tanto l'altare, infine sono poi i nemici più temibili anche della patria, e il clero combattendoli per quello, rende i medesimi meno potenti a recare altri danni, alla civile convivenza.

Dopo la riunione de' capi imperiali, seguì in Piacenza l'elezione del nuovo podestà fattasi nell'aprile, la quale cadde sopra un caldo ghibellino il marchese Corrado Malaspina. Questi, unite armi ed armati contro i guelfi e con gente avuta da Parma, nel luglio fece una sortita contro la villa di S. Lorenzo e la abbruciò (1). Rileva esattamente come stessero le cose in que' giorni a Piacenza il Poggiali colle seguenti parole: « Il Marchese Corrado Malaspina, il Marchese Oberto Pallavicino, e Guglielmo Landi partigiani dell'Imperatore, pei loro privati fini politici viva tenevano la discordia, e la guerra fra il popolo e la nobiltà di Piacenza, malgrado il desiderio, che amendue le parti aveano di venire a riconciliazione, e concordia; i Cremonesi, e Parmigiani amici spasimati anch'essi dell'Augusto Federigo, sotto colore di sostenere le ragioni del popolo, rovinavano il paese, e que' caporioni mantenevano in una spezie di sovranità e dominio, che usurpato aveansi in Piacenza » (2). Dacchè i rappresentanti di Cesare trovarono a Piacenza un terreno favorevole ai loro desiderii consigliarono il proprio padrone di tenere una grande dieta in questa città, già rinomata per quelle tenutesi dal primo imperatore di

, (1) Boselli, *Storie Piacentine*, t. I, p. 145.
(2) *Memorie Storiche*, t. V, p. 182.

casa Sveva nelle pianure di Roncaglia. Laonde Federico al principio di maggio dalla Germania spedì un'enciclica ai suoi fedeli di prepararsi al congresso, che avea deliberato di tenere in Piacenza, aprendolo il giorno di S. Giacomo; e v'invitava anche gli ambasciatori delle città ribelli, ossia delle Lombarde. La dieta doveva occuparsi di tre cose segnatamente pensate e volute dall'Augusto: sradicata la iniquità delle eresie dall'Italia, riformarvi i diritti della Chiesa e dell'Impero; arrecare la pace ai popoli stanchi dalle divisioni della discordia; fare giustizia senza parzialità a quanti avevano patito ingiurie. E da ciò verrebbe aiuto eziandio per la Terra Santa, e il consiglio imperiale acquisterebbe solenne e pubblica notizia. Dopo che non vi sarebbe altro che la spada contro coloro i quali rifiutassero di assoggettarsi alle decisioni di un tanto tribunale (1). In somma era Federico che darebbe legge alla Chiesa e all'Impero nella grande dieta se si fosse tenuta. Da tutti questi preparativi vedesi che gli imperiali destinavano la città di Piacenza come base d'una lega ghibellina. E male non s'appo-

(1) Huillard-Bréholles, *Historia diplomatica* etc. t. IV, p. 848-852. Nelle epistole di Pier della Vigna e nei Codici di Parigi che contengono l'allegato documento, invece d'indicare Piacenza per luogo destinato alla dieta, è messo Parma, ma erroneamente; perchè altri codici portano Piacenza, e perchè si conosce da altre testimonianze che la curia bandita non potè tenersi a Piacenza, essendo stata impedita dalla legazione nella medesima città del vescovo Prenestino Giacomo Pecoraria. E ciò si chiarirà ancor meglio nel corso di questa Storia.

nevano nella scelta del luogo; perocchè, una volta
che Piacenza fosse divenuta imperiale, Milano, che
era il centro e l'anima della guerra contro lo
Svevo, non aveva, può dirsi, quasi più modo di
corrispondere colle città confederate; dall'alto glielo impediva Ezelino da Romano, e nella valle del
Po una serie di città disposte sopra una sponda
e l'altra del fiume come in linea retta; al contrario con Piacenza parte della Lega Lombarda
era rotta questa linea di resistenza e quel centro
poteva ricevere soccorsi da Genova e da Bologna
per la via de' monti. Intanto l'imperatore fidava-
si maggiormente di sua autorità e potenza senza
tanti riguardi al Papa e ai Lombardi; ora che a-
veva reso incapace a nuocergli il figlio Enrico
divenuto suo prigioniero e rilegato nella rocca
di San Felice, pacificata la Germania, stretta alleanza coll'Inghilterra e raunate grosse forze per
abbattere i suoi nemici d'Italia.

Papa Gregorio forse non ignaro de' primi passi
fatti dagli imperiali nel Piacentino e certo per le
dissensioni e disordini di tale luogo, a lui già
noti, scrisse, come sopra fu narrato, sul principio
d'aprile al podestà e popolo di Piacenza che inviava il vescovo d'Ascoli, che obbedissero, come
s'addice a figliuoli di santa Chiesa e che cessassero
affatto dagli odii intestini; quel prelato non sembra però vi andasse (1). E lo stesso Papa ai 10
giugno avvertì l'imperatore che la persona mandata
paciere non solamente pei Piacentini ma anche per

(1) Poggiali, *Memorie Storiche*, t. V, p. 173-175

le contese di Lombardia e per gli affari religiosi era il vescovo Prenestino. Fece altrettanto scrivendo ai patriarchi Aquileiense e Gradense, agli arcivescovi di Milano, di Ravenna e di Genova e ai loro suffraganei, ai vescovi di Pavia, Piacenza e Ferrara, agli abbati e priori, e agli altri prelati sparsi per queste diocesi, e ai nobili e alle Comunità di Lombardia e della Marca Trevisana e Romagnola. E a tutti parlava delle virtù speciali, di cui era fornito il suo legato; che si dovea avere in esso ferma fiducia, perchè, avendo rinunciato a' beni e a' parenti pel Signore, ed essendosi totalmente consacrato al divino servizio, avrebbe soltanto studiato secondo le sue forze di giovare alla Chiesa e all'Impero, come potevasi già raccogliere dalle sue opere antecedenti. E per questo il Papa rispondeva a Federico, il quale cercavagli con lettere il patriarca d'Antiochia coll'incarico di legato, di aver preferito inviare il vescovo Prenestino (1). Godeva tale fiducia pres-

(1) Huillard-Bréholles, *Historia diplomatica* etc. t. IV, p. 870-871. Verum cum olim ad nostram notitiam pervenisset quod in Lombardiam proeessus suos imperialis celsitudo dirigeret, nos illum qui sola Deo placita efficere ac omni personarum acceptione remota pacem desiderare et concordiam promovere, illuc dirigere cupientes, venerabilem fratrem nostrum episcopum Prenestinum ad partes Lombardie de fratrum nostrorum consilio providimus destinandum, de quo firmam potes fiduciam gerere, quod cum a se sua et suos propter Deum abdicaverat et semetipsum eius servitio totaliter dedicarit ad ea dumtaxat studebit procedere quibus bonorum Ecclesie possit ac imperii confovere. sicut ex ipsis operibus colligere poteris evidenter; et si qui aliud suggerant impe-

so la Sede Apostolica che Gregorio IX, quando non l'avea lontano per affari se lo teneva sempre seco e l'adoprava continuamente nelle faccende del governo. Prima del marzo gli diede l'incombenza di esaminare il rapporto mandato dall'arcivescovo di Firenze a favore d'Ildebrandino mercante di Firenze, che in Francia aveva trattato con eretici prestando ad essi danaro e usando cortesia, ignaro però che fossero tali, e che per questo successo s'era rivolto al Papa (1). E a Terni in giugno il dì 8 se lo associò per accordare lettere di difesa e protezione alla chiesa di S. Maria di Iustomonte tenuta da religiosi Premonstratensi (2) ed altre di egual tenore il 12 al monastero di monache di Houd nella diocesi di Toul (3).

Il valore dell'uomo tanto encomiato e favorito dal Pontefice riconobbero pure gli scrittori assai vicini a quell'età. Il biografo di Gregorio X lasciò scritto che correva voce pubblica intorno alla santità del Pecoraria, a che ad avvicinarlo si trovava ancora di più di quello che aveva divulgato colle sue relazioni la fama (4). E Rosseli di Aragona cardinale racconta che oltre avere tutte le

rialis excellentia anditum malevolis interdicat. Tandem vero, litteris tuis receptis, petitionem tuam de mittendo ad partes ipsas venerabilem fratrem nostrum patriarcham Antiochenum, propter ea que premisimus, nequivimus exaudire.

(1) Sbaralea, *Bullarium Franciscanum*, t. I, p. 188-189.
(2) Potthast, *Regesta Pontificum Romanorum*, p. 865 e 938.
(3) Calmet, *Histoire de la Loraine*, t. II, *Preuves*, pag. CCCCXLIX-CCCCLIII.
(4) *Vita Gregoiii X*, edita dal Campi e pubblicata nella sua *Historia Ecclesiastica*, Par. II, p. 343.

qualità necessarie ad un nunzio pontificio e proprie d'un monaco perfetto, segnalavasi per zelo della fede, per rettitudine della giustizia e fervore della libertà ecclesiastica (1). In tali circostanze Cesare diveniva ognora più audace nelle sue pretese; diceva di volersi tosto dalla Germania portare in Italia che chiamava sua eredità, di abbandonare la causa di Terra Santa finchè non avesse abbattuta l'insolenza degli Italiani, e massime de' Milanesi, e curata la piaga delle eresie, le quali a suo giudizio non solo pullulavano nell'Italia ma formavano una vera selva; prometteva che dopo aver tolto dall'Italia armi cavalli e ricchezze avrebbe ripreso la Crociata (2). Ma le città collegate non erano disposte ad accettare comandi e pretensioni così formali, ed apparecchiavansi a resistere. Non ostante queste gravi e molteplici difficoltà il Pecoraria assumeva la legazione: e in vero con ciò mostrava spirito di sacrifizio e di abnegazione tutto proprio d'un monaco; e l'essere egli stato eletto a sostenere quel peso rivela il gran conto che di lui facevasi.

Il legato accompagnato dal suo cappellano maestro Alberto di Brescia, nel mese di luglio 1236

(1) Muratori, *Rer. ital. Script.* t. III, *Vita Gregorii IX*, p. 581: « Qui (Fridericus II.) tandem petiit in Lombardiam sedis Apostolicae destinari Legatum, cuius iudicio celerius suborta quaestio finiretur. Ad quod venerabilis Pater Episcopus Praenestinus, cui praeter illa communia, quae Pontificii conditione debentur, et haec quae regularis adjicit disciplina, zelus fidei, rectitudo iustitiae, ac fervor libertatis Ecclesiasticae suffragantur; cum plenae legationis officio destinatur.

(2) Huillard-Bréholles, *Historia* cit. t. IV, p. 873-881.

era nella sua patria di Piacenza, e, usando di
molta prudenza, trattò con alcuni de' magnati e
se ne accaparrò l'animo. Primo effetto del suo arrivo fu che il popolo Piacentino si unì nella chiesa
di S. Sisto, e contro la volontà del marchese Malaspina, di Guglielmo dell'Andito e di Oberto Pelavicino elesse dodici capitani per far pace coi
nobili fuorusciti. E perchè nella città eranvi taluni che non aderivano al preso consiglio, i medesimi capitani a mano armata obbligarono i dis-
sidenti a giurare che farebbero pace. E ad age-
volarla si tolse il potere al Malaspina e a Guglielmo e suoi figli dell'Andito; si costrinse di nuovo
il popolo a giurare di non aver società coi Cremonesi e coi Pavesi, e si tenne una seconda riunione nel palazzo del vescovo, onde le parti ed
eziandio i caporioni imperiali si rimisero alla
sentenza del cardinale loro concittadino. Esso
conciliò i nobili coi popolari, e quelli rientrarono
nella città, da cui era molto tempo che se ne
stavano lontani, guerreggiando pel contado; e
scelse Raineri Zeno nobile Veneziano a podestà
di Piacenza, il quale ne prese il governo in settembre e fu assai valoroso nel sostenere le ragioni della Lega e della Chiesa. Così importanti can-
giamenti si poterono compiere, benchè si trovas-
sero in Piacenza il conte Simone di Rieti e ambasciatori e soldati di Cremona per sostenere gli
imperiali e per seminare zizzania nel popolo. Ridot-
te a tal punto le cose, i dell'Andito con altri del
loro partito, forestieri e non amanti della loro patria,
si ritirarono a Cremona; e il nuovo podestà li

bandì dal Piacentino e fece atterrare le loro case (1).

Era trascorso circa un mese dacchè il legato trovavasi in Piacenza e del buon esito di sue pratiche otteneva piena approvazione da colui che avevalo spedito. Gregorio IX ai 19 di agosto mandò una sua lettera agli arcivescovi di Ravenna e di Milano e loro suffraganei, spiegando la propria condotta verso l'imperatore e intorno al negozio di Terra Santa, e adducendo le ragioni d'essersi determinato a mandare il cardinale Giacomo. Ripete in favore del medesimo gli encomii già fatti in altre lettere. Esorta i suddetti prelati ad interporre concordemente i loro buoni officii nella corte imperiale, affinchè l'Augusto non si adonti, se fra i cittadini di Piacenza erasi fatto pace. Perocchè il legato unicamente aveva compito l'incombenza ricevuta, e male avrebbe provveduto, operando diversamente; ed in oltre la ridonata concordia serbava incolumi i diritti dell'imperatore e dell'Impero. Insta presso que' dignitarii che dispongano per questo il sovrano ad allontanare dall'animo ogni rancore di sospetto contro il legato e ad accoglierlo onoratamente quale membro ragguardevole della Sede Apostolica (1). La notizia dell'avversione di Federico al vescovo di Preneste, si vede che a que' giorni era già manifesta e nota al Papa.

(1) *Monumenta historica ad Provincias* etc. Anonymus, *Chronicon Placentinum*, p. 141-142; Muratori, *Rer. ital. Script.* t. XVI; De Mussis, *Chronicon* p. 462-463; Campi, *Historia* cit. Par. II, p. 151-152; e Boselli, *Storie Piacentine*, t. I, pag. 145-146; principalmente aggiunte e correzioni inedite.

(2) Vedi Documento II.

Frattanto l'operato del messo di Roma aveva grande importanza a vantaggio della Lega e della Chiesa, e molti lo rilevarono. Il continuatore degli Annali Genovesi del Caffaro compendia benissimo gli effetti dell'aggiustamento, in questo tratto. « I Piacentini per suggerimento di Giacomo vescovo Prenestino, legato della Sede Apostolica, dalla smarrita via ritornarono al retto sentiero, dall'odio all'amore, e dalla dissensione alla concordia e all'unione » (1). In causa di siffatte misure procurate dall'avvedutezza del Pecoraria, in Piacenza furono rotte le file d'una lega Ghibellina tese contro la Guelfa. Il moderno storico di Gregorio IX vi ragiona sopra in questo modo: « Perduta Piacenza, i fautori di Federico perdevano un'importantissima posizione militare sul Po che avrebbe potuto servire nella prossima guerra contro i Lombardi e che, unita alla posizione di Verona, avrebbe come tagliati i collegati italiani » (2). E il celebre Huillard-Brèholles ne conclude: « I nobili e il popolo di comune accordo abbracciarono la parte Guelfa, e così la Lega Lombarda si rese più forte coll'alleanza d'una città importante, la quale per la sua posizione strategica difendeva il passaggio del Po » (3). Il componimento fra gli animi discordi de' Piacentini ottenuto da un loro cittadino, senza dubbio col mettere sott'occhio i grandi vantaggi che ne derivano alla

(1) Muratori, *Rer. ital. Script.* t. VI, *Annales Genuenses*, Bartholomeus Scriba, lib. VI. p. 474.

(2) Balan, *Storia di Gregorio IX*, vol. III, p. 26.

(3) *Vie et Correspondance de Pierre de la Vigne*, p. 25-26.

patria e alla religione e col dar loro a guida
Raineri Zeno servì a trasfondere in essi tale fermezza e costanza che una sol volta si trovano in-
certi nel combattere il tiranno Federico, cioè nel-
l'anno seguente, dopo che questi vinse la battaglia di Cortenova; ma quasi subito incoraggiati
dal proprio podestà ripigliano il primiero valore
e si tengono indivisi dalla fortuna di Milano, città
sorella nei trionfi e nelle sconfitte.

Dalla sua patria il cardinale passò certamente
alle città vicine, probabilmente a Lodi, Milano e
Vercelli per sostenere più efficacemente i diritti
della Lega e della Chiesa e per premunire i popoli contro chi voleva servirsi delle loro discordie,
perocchè questo era il suo incarico. E tanto più
aveva il dovere di farlo, dacchè il Papa dopo la
metà d'agosto comandavagli che difendesse la
Sede Apostolica contro le detrazioni de' malevoli
e di confutare la sparsa calunnia; che sembra
fosse quella riferita ed esagerata da Matteo Paris
scrittore pieno di odio verso i Romani Pontefici,
avere cioè Gregorio IX promesso il patrocinio a-
postolico ai Milanesi e agli altri Lombardi e spedito danaro per combattere Federico (1). Che arrivasse a riunire ai Lombardi anche la città di
Mantova, ce lo dice una lettera imperiale del 1240,
dove l'Augusto, passati quattro anni, ancora se
ne lamentava fortemente (2). Una seconda let-

---

(1) *Historia major Anglorum*, ad ann. 1236, p. 433. Lon-
dini 1640.

(2) Huillard-Bréholles. *Historia diplomatica Friderici secundi*, t. V, p. 842.

tera data nel 1246 medesimamente ci parla di
Modena (1); ma forse è uno sbaglio fatto dai
copisti nel trascrivere il nome di Mantova, perchè Modena fu sempre ghibellina; altro che la
stessa città in quella occasione si fosse cangiata per ritornare tosto al partito imperiale. Che
pacificasse altre città, oltre Piacenza, ne' mesi di
tale legazione, ce lo accerta una lettera del
Pontefice scritta in questo anno (2). Cercò finalmente il Pecoraria di recarsi presso al sovrano cui
l'inviava il capo della Chiesa; ma Federico non avendo potuto tirare al suo partito e a' suoi maligni
ed ambiziosi intenti l'uomo fornito di sacerdotale
costanza, disprezzò il legato e diede ordine che
fosse tenuto da sè lontano con affronti e minac
cie. Scrive il cardinale d'Aragona già sullodato:
« Non volendo l'inviato del Papa declinare dalla
diritta via, presa l'occasione che quegli aveva
stabilito la pace fra i cittadini di Piacenza, come era
obbligato per ragione del suo ufficio, Federico non si
curò di udirlo, tenendolo per uomo gravemente
sospetto e perseguitandolo con ingiurie e minaccie » (3). A tentare di corrompere il legato, come
sembra alludere la suddetta testimonianza, e come
dice lo stesso Pontefice in una lettera che noi allegheremo, deve avere lavorato molto e senza

(1) Huillard-Bréholles, *Historia* cit. t. VI, p. 390.
(2) Vedi Documento III.
(3) Muratori, *Rer. ital. Script.* t. III, *Vita Gregorii IX,*
p. 581: « Quem cum nollet a via regia declinare, occasione
accepta, quod inter Placentinos cives pacem firmaverat, sicut
ex officio debito tenebatur, gravi suspicione notatum, audire
contempsit, eumdem contumeliis atque comminationibus pro-
secutus. »

alcun effetto Hermann di Saltz e Gerbardo di
Harnstein che avevano preceduto l'imperatore in
Italia, e il confidente Pier della Vigna, tutti tre
in que' dì negoziatori astuti e perseveranti dell'Impero (1). L'estinzione in Piacenza della discordia
compita dal messo pontificio, agli occhi di Federico, ritornato da Augusta nel Veronese, era una
colpa imperdonabile, perchè egli da quella discordia
contava ritrarre il maggiore vantaggio per opprimere la Lega, e al contrario ne seguì maggiore accordo di voleri e di forze ne' Lombardi per sostenerla.

La causa quindi fra gli imperiali e i collegati
non aspettava più una soluzione dalle diete e
dagli ambasciatori; le due parti ricorrevano al-
l'ultima ragione, quella dell'armi; e indarno
Gregorio IX scriveva di pace agli uni e agli altri, e indarno a secondare i voti del vecchio
Pontefice s'adoperava il cardinale di Preneste,
passando da un luogo all'altro. Federico con
grosso esercito di Tedeschi e con soldati Veronesi in compagnia di Ezelino da Romano sulla
fine di agosto s'accampò al Mincio, e tentò congiungersi ai Cremonesi, Parmigiani, Modenesi e
Reggiani che stavano sopra il fiume Ollio ad a-
spettarlo. L'esercito della Lega composto di soldati Milanesi, Bresciani, Bolognesi, Ferraresi, Mantovani, Lodigiani, Vercellesi, Comaschi, Novaresi,
Alessandrini e d'altri luoghi per resistere all'imperatore era attendato appresso Montechiaro. Andò
bene il colpo a Federico; il quale congiuntosi ai
suoi alleati si rivolse contro Mantova, non sapendo

(1) Huillard-Bréholles, *Vie et Correspondance de Pierre de
la Vigne*, p. 24.

darsi pace di non possederla più tra le città fedeli all'Impero; assalì i Lombardi a Marcaria e si portò sino sotto le mura di Mantova, ma non valse a sconfiggere il nemico, e in que' fatti d'arme non si rese famoso che per la devastazione. Di poi venne a Cremona, e da questa città voleva portarsi a Pavia; e non potè andarvi perchè gli fu impedito il passaggio dalle milizie di Milano, Lodi, Vercelli, Novara, Como e Alessandria e di altre città, accampate presso Lodi vecchio e Piacenza. S'accinse all'assedio di Brescia, ma presto abbandonò l'impresa; e di bel nuovo fermossi a Cremona; di dove gli toccò partire in novembre per correre in soccorso di Ezelino sopraffatto dai Padovani, dal conte Sanbonifacio, dal marchese d'Este, dai Vicentini e da quei di Feltro e di Cittadella, che assediavano il castello di Ripalta nel Veronese. Colà arrivato fece prendere d'assalto la città di Vicenza e giunto ad espugnarla la abbandonò al saccheggio a alla licenza dei soldati; e in dicembre senza aver potuto mettere il suo duro giogo ai Lombardi ripassò l'Alpi (1). Ne' successi di questa guerra favorevoli alle città collegate ebbero nobile parte i Piacentini, che « sorretti dalla provvidenza e circospezione di Raineri Zeno non temettero di farsi muro e scudo a difesa della propria libertà è di quella della Lega » non permisero che s'inoltrasse nelle loro terre l'imperatore (2).

(1) *Monumenta historica ad Provincias* etc. Anonymus, *Chronicon Placentinum*, p. 142-143; e *Chronicon Parmense ab anno* MXXXVIII *usque ad annum* MCCCXXXVI, p. 11.

(2) Muratori, *Rer. ital. Script.* t. VI, *Annales Genuenses,*

Della condotta tenuta dal Pecoraria per accordare i Piacentini e dell'esservi riuscito mosse forti lagnanze e gravi accuse Federico presso il Papa, chiamandola eccessiva e detestabile e di usurpazione degli imperiali diritti (1). Gregorio non tacque sopra il maltrattamento del suo legato e rispose energicamente all'Augusto, rimproverandolo della maniera insolente con cui scriveva

Bartholomeus Scriba, lib. VI, p. 474 e 475: « Placentini... per providentiam et circumspectionem D. Rayneri Zini Potestatis eorum pro sua, et societatis Lombardorum libertate se murum et clipeum opponere tempore tanti discriminis nullatenus timuerunt. Mediolanenses, et ceteri de societate ipsorum apud civitatem Laudi, et apud Placentiam et in campis custramentati sunt, et fecerunt tentoria, causa prohibendi ne Dominus Imperator eundi Papiam suum desiderium, sive propositum, adimpleret.. Qui Dominus Imperator quum in partibus Placentie nihil posset proficere, nec se vellet periculis objectare, versus Vicentiam coepit dirigere gressus suos, gaudens quod habuerit versus Alemanniam redeundi materiam. »

(1) L'Huillard-Bréholles (*Historia diplomatica Friderici secundi*, t. IV, p. 914 in nota) dice d'aver cercato indarno la lettera contenente i lamenti e le accuse di Federico contro il Pecoraria, e crede che non siasi riposta nel *Regesto* papale per lo stile troppo acre di chi dettavala. La risposta di Papa Gregorio IX spiega abbastanza che cosa pensasse Federico del Pecoraria e come l'odiasse. Male ci sembra che si apponga il Balan (*Storia di Gregorio IX*, vol. III, p. 53) nel dar a divedere che egli pensa la tanto cercata lettera imperiale essere quella data dall'assedio di Mantova ai 26 settembre 1236 e pubblicata altresì dall'Huillard-Bréholles: lettera certo insultante al Papa, ma dove non trattasi affatto del cardinale Prenestino; mentre dalla risposta di Gregorio s'induce chiaramente che l'imperatore avevagli scritto, oltre quella, un'altra, dove parlava segnatamente contro al legato.

le sue lettere, e mostrandogli come fosse ingiusto
nel biasimare una persona che per singolari virtù
meritava la stima più grande. Interessa riferire,
della lettera pontificia 23 ottobre 1236, i tratti,
che risguardano il vescovo di Preneste e che
indicano le cose in particolare imputate al medesimo dall' imperatore colla relativa confuta-
zione. « A procurare i beni della pace, diceva il
Papa a Cesare, abbiamo eletto un ministro, che
da te e da qualsiasi altro in discordia poteva tanto
meno aversi in sospetto, in quanto che l'animo
suo, sciolto dai terreni desiderii, porgeva minore
fomento di odio e di amore; un ministro che rinunciando a sè stesso e alle cose sue dirigeva
le ali all'altezza del divino amore. Chi della sua
sincerità può far apparire in contrario l'ombra
del sospetto? chi potrà offuscare col neo della
doppiezza il candore di colui che la religione pro-
fessata perfettamente sottrasse alla carne e al
mondo? che il frutto delle opere lodevoli e la
santità della vita commendarono in faccia a Dio?
Imperocchè nè il luogo d'origine si può addurre
come argomento di sospetto contro di lui; dacchè
la bontà dell'uomo non è deformata dal luogo,
ma piuttosto l'uomo toglie il male dal luogo. Anche il casato si reputa che non basti al tuo intento, anzi che non giovi; perchè invano si con-
dannano i vizii della parentela in quello, che la
purità di santo intrattenimento, quasi mutato in
altro uomo, è divenuto al tutto peregrino dalla
patria e dai parenti... Andò legato a ricomporre
la pace nello stato di prima fra te e i Lombardi

da noi destinato, nè crediamo potergli imputare
cosa alcuna; se, lui presente, furono sedate le
guerre intestine di Piacenza; se alcune città della Lombardia oppresse dalle stragi dei conflitti,
furono invitate alla dolcezza della pace. Che anzi
si crede a te d'infamia, perchè mediante la Chiesa e il suddetto legato sdegni la pace dell'Impero, e non soffri che la si ricomponga. Ma vi è forse chi dice che, mentre non hai contro il giusto e il lecito niente propizio il sullodato vescovo,
lo stimi nemico ai desiderii imperiali, e, quanto
più equamente ravvisi il medesimo declinare a
qualsivoglia estremo degli opposti per riunire le
due parti, tanto più fortemente lo sospetti contrario ai progressi del tuo innalzamento. » Accenna lo stesso Pontefice che della innocenza del-
l'accusato è testimonio il maestro dell'ospedale
di S. Maria de' Teutonici; che la medesima cosa
è provata da quanto il Prenestino in compagnia
del cardinale Ottone ha fatto precedentemente.
Dissuade l'Augusto dall'ascoltare i detrattori, e
lo invita a presentare formale accusa, ch'egli è
pronto a farne giudizio. Nel resto l'esorta che
si studii di riparare le ingiurie fatte alla Chiesa
Romana e alle chiese del Regno, e che tema Iddio, il quale nel bel mezzo dei suoi progressi può
abbandonarlo (1).

Queste coraggiose ed eloquenti parole del Papa
ci rivelano chiaramente quale sublime carattere
cristiano avesse il Pecoraria, e ne fanno meglio

(1) Vedi Documento III.

conoscere la persona a fronte di Federico; che voleva oscurarne la fama, i parenti e il luogo d'o-
rigine e malignare su tutta la vita del medesimo. L'accusa mossa al legato per causa dei
parenti, il Savioli (1) l'intende nel senso che la
famiglia dei Pecoraria fosse sempre stata avversa
alla parte imperiale e che il cardinale Giacomo
nella propria casa avesse succhiato quasi col latte
la nimicizia agli Svevi; e così l'abbiamo pur noi in-
tesa sul principio di questa storia. È indubitato,
come si raccontò nel primo libro, che fra suoi
antenati Guilengo fu uno della credenza, ossia dei
Sapienti moderatori del patrio Comune nell'anno
1166, quando i Lombardi covavano l'odio più forte contro il Barbarossa, odio che non tardava molto a scoppiare come fulmine sopra coloro che,
parteggiavano per l'Impero. Parimente che Fulco
fu primo console nel 1172; quando i Piacentini
in compagnia de' Milanesi, Alessandrini, Astigiani,
Vercellesi e Novaresi combatterono Guglielmo marchese di Monferrato ultimo sostegno di Federico
primo nell'Italia superiore e lo costrinsero ad
una vergognosa fuga e ad entrare nella Lega
Lombarda. Mai Pecoraria come tutti gli altri Lombardi avevano le loro giuste ragioni per vedere di
mal occhio quella dinastia a regnare sull'Italia e
per combatterla.

L'altra accusa da Federico II scagliata contro
al cardinale perchè di patria Piacentino non sappiamo con certezza sopra quali motivi o pretesti

(1) Savioli, *Annali Bolognesi*, vol. III, Part. I, all'ann. 1236,
p. 127, nota E.

si fondasse. Forse il nipote del Barbarossa rammentava che nel 1155 all'avo suo ritornato dalla strage di Tortona e ancor lordo di sangue, Piacenza chiuse in faccia le porte e gli fece tale resistenza da doversene allontanare senza poterla espugnare un'altra volta; che nel 1164 la stessa città costrinse il ladro podestà imperiale Arnaldo Barbavara impostole da quel tiranno a fuggire; che fu tra le prime città Lombarde a scuotere il giogo del primo Federico; che concorse alla fondazione di Alessandria, che sostenne coi più grandi sacrifici e col più grande coraggio Milano, città sempre odiata dagli Hohenstaufen; che nel 1174 alla difesa di Alessandria e di poi a Legnano ebbe tanta parte nel battere gli imperiali; e che prima accolse gli ambasciatori, i quali stipularono quelle franchigie e que' diritti, onde i discendenti di Casa Sveva non avrebbero mai l'intera e assoluta dominazione delle città collegate. In oltre Piacenza dava molti podestà alle repubbliche guelfe, e anche in quest'anno aveva Filippo Vicedomini a Genova e Oberto Sordo a Bologna. Erano tutte cose che i cortigiani e massime Pier della Vigna non avranno mancato di metter sott'occhio al principe, se pure egli stesso non le sapeva, affinchè mal capitasse al legato. Da questa storia troppo amara alla stirpe degli svevi imperatori non è inverosimile che uno dei discendenti ritrasse motivi di non volere ascoltare parole di pace da un Piacentino massime nel tempo che quegli meditava di vendicare le antiche sconfitte e riacquistare l'avita dominazione della Lombardia. Quattro anni addietro l'imperatore annoverava Giacomo venerabile eletto fra' suoi amici (1): come cangiano gli uomini nei loro affetti! E si che gli affari di cui s'occupava lo stesso legato nel 1232 erano identici a quelli di che trattava nel 1236, cioè della conciliazione dei Lombardi coll'Impero.

A Piacenza il Pecoraria, oltre le faccende miste, ecclesiastiche e politiche, e d'interesse più generale, doveva assestare le puramente religiose; ed anche per queste aveva papali facoltà. Eravi la questione intorno alla nomina del nuovo vescovo: i due partiti, l'uno della Cattedrale, e l'altro del Capitolo di S. Antonino seguito dal resto del clero· secolare e regolare della diocesi, riconoscenti verso il loro cittadino di avere portato la pace tra i laici, gli si affidarono acciocchè pure ad essi l'arrecasse; e il 12 di ottobre, in domenica, raunati i proprii rappresentanti nel coro della Chiesa Maggiore rimisero unicamente nella persona del cardinale ogni controversia, tanto sopra il diritto di eleggere il vescovo, quanto sopra la stessa elezione, promettendo gli uni e gli altri di attenersi a tutto che pronuncierebbe il Prenestino. Egli ottenuto questo, nominò subito vescovo di Piacenza Egidio monaco Cistercense nativo della stessa città, cresciuto sotto la saggia disciplina dell'abbate Rainerio Canossa Veronese nel monastero di Chiaravalle della Colomba presso Fiorenzuola, di umile famiglia, ma gradito a tutti per le sue rare virtù (2).

(1) Huillard-Bréholles, *Historia diplomatica* etc. t. IV, p. 548.
(2) Campi, *Historia Ecclesiastica* ecc. Par. II, 151 e *Registro de' Privilegi* n. LXXIX; Poggiali *Memorie* ecc. t. V. p. 179-181; Ughelli, *Italia sacra*, t. II, p. 225.

L'eletto prelato nelle mani del cardinale ai 16 di novembre prestò il giuramento di obbedienza alla Sede Apostolica, e di visitare la tomba dei santi apostoli Pietro e Paolo (1). Nei mesi di dimora in patria il legato con grande suo dispendio fece riedificare secondo lo stile allora dominante, cos detto lombardo (2), la chiesa parrocchiale di San Donnino ridotta dalla vetustà a mal termine: chiesa in cui, come sopra fu narrato, un tempo egli aveva servito da chierico e da ministro, e avuto il titolo canonico per appartenere al clero. Finito che fu il lavoro consacrò la chiesa solennemente; assistendo pure il nuovo vescovo Egidio, a dì 23 novembre, secondo è ricordato negli Statuti della Congregazione de' Parrochi di Piacenza, o il primo di dicembre giusta un monumento più certo; l'iscrizione commemorativa di cotale funzione, espressa in questi termini: *Anno Domini MCCXXXVI Kal. Decem, Ind. X tempore D. Gregorii Pape et Friderici imp. consacrata fuit ista Ecclesia B. Domnini martyris a venerabili patre Iacobo Episcopo Prenestino Apost. Sedis Legato.* Il tempio di sua clericale educazione dotò di alcuni redditi patrimoniali che egli teneva nel Piacentino; ed a-

---

(1) Muratori, *Antiquit. Italiae Medii Aevi*, t. VI, Diss. LXXII, p. 270. Ed. in grande.

(2) Nel mille e seicento, quando prevalse il gusto depravato di guastare le opere d'arte de' nostri maggiori, anche nella chiesa di San Donnino furono tolte le finestre gotiche, ingrossate le colonne, cangiata l'abside e aggiunti altri lavori da far scomparire la forma antica, grave, pura, divota ed eminentemente religiosa.

vendo la medesima chiesa soltanto due sacerdoti ed un chierico pel divino servizio aggiunse un quarto che fosse sacerdote, e perciò divenisse meglio ufficiata. E di più ne fece costruire il chiostro, affinchè i quattro ecclesiastici deputati a curarvi il culto del Signore avessero una abitazione più comoda e decente. Secondo che ci è dato indurre dalle reliquie rimaste dopo tante demolizioni e fabbriche de' secoli posteriori quel chiostro dovea consistere in alcune case vicine alla chiesa ma molto più basse di essa e ad essa congiunte per mezzo di un portico o piccolo atrio, perchè la Chiesa riedificata dal Pecoraria era isolata, e non aveva contigui al lato di mezzodì e a levante i fabbricati che ha presentemente.

Il cardinale Giacomo coll' autorità avuta dalla Sede Apostolica riformò il Consorzio de'Parrochi Urbani, o de' cappellani, chiamati allora con tal nome, e le loro chiese cappelle in riguardo alla matrice e principale delle altre, cioè alla Cattedrale: Consorzio che dopo oltre ducent'anni di vita, fondato dal vescovo Sigifredo II (998), era a que'giorni decaduto assai dal suo primiero fervore. Con la fatta riforma intese parimente che ne venisse lustro e decoro alla sua prediletta chiesa che aveva consacrata. E prima stabilì che il parroco di S. Donnino fosse il capo del Consorzio col titolo di arciprete de' parrochi, e la detta chiesa sede e stanza perpetua del Consorzio. Causa di molti disordini di quel pio istituto era stata non tanto l' instabilità del luogo di residenza che portavasi ora in una chiesa ora nell' altra, quanto la poca saggia elezione che si faceva del capo, caduta alle volte sino sopra persone assenti dalla città; cogli ordinamenti del legato veniva meglio a stabilirsi ciò che in un corpo morale serve di legame e di centro, che è la parte essenziale. Lo stesso legato, tenendosi alle norme più antiche della fondazione, dettò gli Statuti o ordini che devono regolarla, e che sono un monumento della religione e pietà di chi compilavali. Con i medesimi intendeva di tener viva ed associata ne' rettori di anime la pietà verso i trapassati, l'eccitamento alla virtù e specialmente il più perfetto accordo fra i membri del Consorzio, il conforto e il soccorso ai confratelli infermi, l'elemosina ai poveri, e una decorosa sepoltura e alcuni suffragi ai defunti; e volle egli stesso essere aggregato al Consorzio, e lo arricchì eziandio di spirituali tesori coll' accordare alcune indulgenze. In segno di riconoscenza per tanto bene fatto alla chiesa di S. Donnino, l' arciprete de' parrochi, che era allora Uberto, e i sacerdoti della Congregazione prescrissero subito che in ogni messa celebrata in S. Donnino si facesse speciale orazione pel cardinale in tanto che era in vita come dopo la morte; ed egualmente deliberaronoi sacerdoti addetti alla stessa chiesa. Il cangiamento in bene portato dal legato apparve così acconcio a mettere in istima la pia Congregazione, che ben presto sull'esempio di quella di Piacenza ne sorsero consimili a Pavia e a Cremona con molto vantaggio di quelle città (1).

(1) Campi, *Historia Ecclesiastica* ecc. Par. II, p. 156, 159, e vedi Documento IV.

Fu in questo tempo che Tedaldo Visconti, in giovane età, pur egli di Piacenza, canonico in S. Antonino investito dell' antica prebenda detta di Lugagnano, e ascritto al Collegio de' dottori e giudici di sua patria (1), divenuto poi Papa sotto il nome di Gregorio X, essendogli di già nota per fama la santità del Pecoraria, volle conoscere da vicino il suo compatriota tanto rinomato. Andò a visitarlo e si offrì umilmente a servirlo; e nel trattare con lui ne provò la più grande letizia, perchè nel medesimo trovava maggiore santità che non avesse divulgata la pubblica voce. E il cardinale accolse tanto volentieri il ben venuto che se lo elesse di poi maestro di casa, e seco lo condusse nelle nuove legazioni avute; e Tedaldo prestò al Pecoraria i suoi servigi colla più saggia previdenza in tutte le faccende domestiche (2). In tal guisa fra questi due si stabilì una corrispondenza d'affetti e di aiuti che dovea durare in tutta la loro vita. Degli affari da trattarsi in Piacenza dal legato rimase ancora indecisa la questione a chi appartenesse il diritto di eleg-

(1) *Statuta sacri Collegii DD. Doctorum et Iudicum Placentiae, Album antiquiorum doctorum et iudicum Placentiae* p. 152. Placentiae 1648. È indicato nell' Albo al numero 59 *Tedaldus, alias Theobaldas Vicecomes* 1256. E alla pagina 163-164 vi è una nota biografica intorno al medesimo Tedaldo, scritta dal dottore Luigi Albrizzi. V. *Gregorio X dottore in diritto e canonico di S. Antonino;* e *Il B. Gregorio X nelle sue attinenze colla Basilica di S. Antonino*, memorie dell' autore.

(2) Campi, *Historia Ecclesiastica*, Par. II, *Vita Gregorii X antiqua*, p. 543.

gere il vescovo, se al capitolo della cattedrale o
all'altro clero. Le due parti tuttavia prorogarono
al proprio concittadino il compromesso anche
dopo che toccò al medesimo partire dalla patria,
sino alla Pentecoste del 1237 e ancor più oltre;
tant'era la fiducia pe'loro diritti riposta in questo principe della Chiesa. Lo storico Boselli accusa il Papa che non aveva mai terminate o fatte
decidere da'suoi delegati le vertenze del clero
Piacentino circa tal affare, non ostante che i
processi fossero terminati, per aver mano egli
stesso nell'elezione del vescovo e toglierne il diritto a chi s'aspettava (1). Il sullodato scrittore,
che per lo più è tanto giudizioso, in questo argomento non ci sembra che dia punto prova di sì nobile qualità; non considerando che in que'tempi di
varie e molteplici discordie, fu somma previdenza
della Sede Apostolica tenere sospese alcune sentenze ad evitare che la parte, a cui toccava il
torto, non pigliasse pretesto di mettersi coi fa-
ziosi turbatori della patria e della Chiesa; non
considerando che il superiore può togliere l'e-
sercizio di un diritto all'inferiore, allorchè ne
vegga scaturire più nocumento che vantaggio; e
infine dimenticando che tutte le volte che un
individuo o un corpo morale possiede una cosa
non ne è nell'assoluto diritto, per modo che il
levargliela costituisca un'ingiustizia. Un libro
famoso dell'età nostra ripetè sott'altra forma la
stessa accusa: dicendo che quando s'interponeva

____

(1) *Storie Piacentine*, t. I, p. 144, aggiunte inedite.

appello a Roma per un litigio relativo a scelta di vescovi, i Papi s'approfittavano dell' occasione per nominare un terzo, rigettando i ricorsi dei due litiganti; e che i processi si perpetuavano a Roma a scopo di illegittimo guadagno (1). Le suddette considerazioni contro il Boselli, senza negare che alcun abuso potè accadere, e ne accadrà pure in avvenire, dovendo la Chiesa nei suoi affari servirsi d' uomini fallibili e peccabili, rispondono similmente a capello all'accusa più estesa del Janus. Non è rimasta memoria come il legato trattasse i rei del sacrilegio già ricordato contro frate Rolando, e se li riducesse a dare una sufficiente soddisfazione alla Chiesa pel malfatto; ma devesi supporre che terminasse anche questa lunga faccenda, dacchè il Papa dopo non ne mosse più lamento coi Piacentini.

Di tante cose fatte in Piacenza e fuori dal Pecoraria, durante questa sua seconda legazione ai Lombardi, restò memoria imperitura in due lapide di quel tempo, che tuttora si conservano nella sagrestia di S. Donnino; e l' una contiene la seguente iscrizione in rozzi e rimati versi, i quali risguardano ai restauri della Chiesa, e accennano la pace conchiusa:

(1) Janus, *Il Papa ed il Concilio Vaticano*, p. 156 e 157, trad. italiana 1869.

Hoc Cardinalis Jacobus pro nomine Christi
Fecit opus fieri quo tempore contulit isti
Auxiliante Deo quod etiam (1) pax alta (2) ligavit
Temporibus longis discordia quam male stravit.

L' altra lapida, scritta in egual forma, esprime l' onore che giustamente ridonda a Piacenza da sì nobile cittadino, e dice:

Delectare Deo multumque Placentia gaude
Tali progenito qui stat pro te sine fraude
Qui fuit hac primo condam titulatus in ede
Set bonitate sua meliori stat modo sede

MCCXXXVI.

Colle parole della prima epigrafe *quod etiam pax alta ligavit, Temporibus longis discordia quam male stravit* i suoi concittadini riconoscenti hanno voluto segnare alla posterità la concordia stabilita tra le fazioni Piacentine, e la pace più estesa che comprendeva le molte città di Lombardia riunite per salvare le loro franchigie e resistere alla violenza dell'Hohenstaufen. Colle parole, *qui stat pro te sine fraude* della seconda, gli stessi posero un monumento a difesa di lui contro le calunnie dell'imperatore che lo accusava di sopra fina astuzia. L' arciprete Uberto, e rettore

(1) Il Campi (*Historia* cit. Par. II, p. 157) nell' abbreviatura E M, legge *eam*, e prima (*Vita Gregorii X italice descripta* a Campio et Petrasancta latine reddita, p. 68) *iam:* a noi parve meglio leggere *etiam* anche secondo il parere di persone colte in epigrafia antica.

(2) Il Poggiali riporta *alma*, ma nella lapida è scritta chiaramente la parola *alta*.

di S. Donnino, a ricordo degli avvenire, fece
descrivere in molte pergamene quanto era stata
beneficata dal cardinale la sua chiesa e la Congregazione de'Parrochi Urbani: documenti che esistevano al tempo che viveva lo storico Campi, e
poscia scomparsi per opera di alcuni spiriti di con-
traddizione e turbolenti che volevano impugnare le
preminenze e i diritti dell' arciprete (1). Si resta
presi dall' ammirazione al vedere un uomo che
con tanta cura attendeva ad affari tanto scabrosi
e varii di sommo interesse per l'Italia e la Chiesa, e dell' una e dell' altra cercava il maggior
bene; e che in mezzo a tutte queste occupazioni
sapeva rendersi chiaro per tratti di singolare
pietà. Un tempo non si credeva di avvilire l'a-
more di patria ma sì bene di sublimarlo, accop-
piandolo allo zelo della religione; e un tempo chi
arrecava pace ai popoli era ben anco loro d'esempio nella cristiana devozione.

Federico non poteva dimenticare che il Pecoraria avevagli guastati i suoi ambiziosi disegni
intorno all' Italia superiore; e nel marzo 1257
male lo dissimula scrivendo da Vienna a Gregorio IX. « Giustissimamente maravigliò il figliuolo
delle parole del padre, laddove questi descrive
come cosa che abbia spinto la serenità nostra ad
insidiare alla purità della Chiesa, quello che non
la congettura, ma la verità attesta essere invece
ridondato a detrimento dell' Impero per briga
d' uomo che non poteva essere che il Cardinale

(1) Campi, *Historia* cit. Par. II, p. 157, 158 e 159.

Prenestino. Sia affatto lungi dalla nostra mente
l'attribuire a colpa della sacrosanta madre la
Chiesa, retta dall'autorità di vostra pontificia
beatitudine, il fallo di chiunque per quanto siasi
eminente. Nondimeno la sincerità del figlio, geloso del candore della madre, non ci permise di
tacere che avremmo volentierissimamente veduto
che, almeno pel pubblico decoro, voi aveste di-
mostrato con un manifesto giudizio di contraria
volontà essere tornato sgradito a voi e ai fratelli
vostri il procedere ostile a noi e all'Impero di
colui che ora non è nominato nelle vostre lettere, e che, voluto avesse il cielo, non fosse stato
mai nominato in altre, nè di questo poteva i-
spirare fiducia a noi, nè l'ispirava ad altri la
legazione de'nostri diletti amici il vescovo Ostien-
se e il maestro Tomaso del titolo di S. Sabina, venerandi cardinali, a noi spediti, ai quali era concesso facoltà di trattare non intorno a negozio
meramente imperiale, sibbene circa la controversia coi Lombardi. Perciocchè, quantunque la fede
e i meriti di questi ambasciatori, che vennero
dopo, siano tutt'affatto di gran lunga dissimili
da quelli del primo, non solo in faccia a Dio e
agli uomini ma altresì presso di noi; tuttavia la
sostanza della legazione loro era in tutto quella
medesima della prima. In fatti, come per lettere
apostoliche ne eravamo avvertiti, era venuto quel-
l'uomo selvaggio con plenipotenza intorno agli
affari di Lombardia; se non che egli aveva acce-
duto a noi più commendato di questi altri dalle
lettere pontificie, come uomo in grado superla-

tivo purissimo e affatto alieno dalla vanità del
secolo; la paternità vostra quindi non maraviglii
se, all' incontro degli altri legati che vennero in
terza ambasciata, noi non volemmo destinare in
Lombardia Ermanno, venerabile maestro di santa
Maria de' Teutonici, siccome quegli che, non conosciuto il motivo dell' ambascieria, ragionevol-
mente, a cagione del già detto, forte temiamo
all' udire di ambasciatore qualsiasi » (1).

L' Augusto non era contento che Gregorio gli
mandasse altri legati e che pel bene della pace
tacesse del Prenestino; avrebbe voluto dal capo
della Chiesa e dai cardinali pubblica riprovazione
di quanto quegli aveva fatto. Chiamandolo selvaggio dolevagli forse che, quando il legato dimorava a Piacenza, fossero state distrutte le case dei
più potenti e zelanti imperiali; e non pensava
che se questo castigo erasi imposto dalla legittima autorità, egli alcuni mesi prima di scrivere
la sua lettera, contemporaneamente alle precauzioni prese dai Piacentini contro gli imperiali, a-
veva messo a ferro e a fuoco il distretto di Mantova, saccheggiato e poi distrutto Marcaria, e accordato ogni licenza alla rabbia, all' avarizia e
alla libidine de' suoi soldati contro Vicenza da
inorridirne gli stessi amici. I più crudeli sono
spesso i più pretendenti di mitezza negli altri e
più facili ad accusare di ferocia i nemici. Forse
dall' aver saputo l' imperatore che di que' giorni
i Piacentini in disprezzo di lui appiccarono tre

(1) Vedi Documento V.

soldati (1) prese motivo di riaccendersi nel · suo
odio contro il legato e a scrivere la lettera sual-
legata.

Lasciando Giacomo Pecoraria i negozii della
pace fra le città Lombarde e Federico, non cessava d'entrare nelle occorrenze maggiori della Chiesa. Al medesimo come per lo innanzi si rimette-
vano da districare le liti dell'Ungheria; ed una
n'è ricordata, nella quale deputò il vescovo di
Weisbrun, l'abbate Cistercense di Bocham, il
priore provinciale dell'Ospitale Gerosolomitano in
Ungheria Rembaud a far restituire dal capitolo
di Alba la prepositura della stessa città e diritti
annessi al sacerdote Michele (2). E gli fu dato ancora l'ufficio di esaminare le questioni d'Oriente
portate al tribunale della Sede Romana. Di una
controversia insorta in quelle lontane regioni, affidata poscia al suo giudizio, è rimasta memoria.
Il vescovo di S. Giovanni d'Acri erasi recato dal
Papa ad esporgli che gli ospitalieri col favore
delle loro conquiste e dei loro acquisti, e· massime dopo la perdita di Gerusalemme essendosi ri-
stabiliti in S. Giovanni d'Acri, usurpavano le rendite del suo episcopato, e che non volevano pagare il diritto di decima al vescovo de' beni non
avuti a principio del loro Ordine ma posseduti
assai dopo. E rinnovellava a Gregorio IX i la-

(1) Martene et Durand, *Vet. Script. amplissima Collectio*,
t. V; Zanfliet, *Chronicon*, p. 71; e Pertz, *Monumenta Germaniae*, t. XVI, Al. Stadensis, *Annales*, ann. 1237, p. 363.
(2) Theiner, *Monumenta Hungariam sacram illustrantia*,
t. I, p. 154.

menti che Fulcherio patriarca di Gerusalemme
aveva fatto presso Adriano IV, intorno ai seppel-
limenti che gli ospitalieri voleano compiere solennemente di persone estranee alla loro congregazione in tempo d'interdetto, e lo supplicava di
dare spiegazioni circa le bolle de' suoi predecessori conforme ai diritti dell'episcopato e di porre
un limite ai privilegi di questi cavalieri. Quel
prelato aveva portato a Roma la sua causa, temendo farla giudicare in Soria; dove i suoi avversarii erano soverchiamente potenti. Dal Papa ne
ebbe in risposta di mettere in iscritto l'accusa e
di presentarla al cardinale Giacomo Prenestino,
incaricatone dell'esame, che di poi ne informe-
rebbe il Papa. Il Pecoraria sentì le ragioni del
vescovo e quelle degli ospitalieri per mezzo del
loro procuratore in Roma il fratello Andrea di
Foggia; e riconosciuto che era assai difficile giudicare chi avesse torto e chi avesse diritto su
tanti fatti, avvenuti troppo da lontano per racco-
glierne i dati sufficienti e apprezzarli equamente,
propose di rimettere la finale sentenza al patriarca
di Gerusalemme, all'arcivescovo di Tiro e all'abbate di S. Samuele in S. Giovanni d'Acri; e Gregorio accettò la proposta del cardinale (1). Contro le induzioni che dalla storia del medio evo
fa il Janus, cioè l'accusa d'aver la Curia Romana accentrato tutto in se stessa (1), qui si vede

(1) Vertot, *Histoire des chevaliers Hospitaliers*, vol. I, p.
465-467; e Bosio, *Pistoria della Religione e Milizia di San
Giovanni Gerosolimitano*, Par. I, p. 189.
(2) *Il Papa e il Concilio*, p. 168.

ZDF

che il Papa non era affatto alieno dal rimettere
il giudizio delle cause ai vescovi e a persone del
luogo, quando esisteva fondata ragione di farlo.
Di molte altre cose trattò il cardinale, rimanendo
il più dell'anno presso Gregorio IX, dacchè lo si
trova sottoscritto negli atti emanati dalla Sede Apostolica in Viterbo a favore e difesa delle monache
Cistercensi della Beata Vergine dell' Onore appartenenti alla diocesi Tornacense (1), de' monaci
Cistercensi di Schönthal (2), e della chiesa episcopale di Tricarico (3), e intorno alla riforma e
protezione delle benedettine di Eppinchoven (4),
e pel patrocinio del monastero di S. Martino del
Monte Viterbiese (5).

Non rimaneva per tanto mai libero a poter
governare la sua diocesi di Palestrina; incaricato di
un affare e condottolo a compimento nel miglior
modo che permettevano le difficili circostanze del
tempo e la più avveduta prudenza, veniva tosto
occupato in un altro. L'istesso anno 1237 lo si
mandò legato a Vercelli, affinchè per comando del
Papa facesse abrogare molte leggi emanate dal
Comune di quella città, contrarie alle ragioni della Chiesa. Ma i Vercellesi allora, rivolti più a Federico che alla Lega Lombarda, non obbedirono
nè a Gregorio nè al suo nunzio; ed arrecarono
maggiori danni alle chiese e ai sacri ministri, e

(1) Potthast, *Regesta Pontificum Romanorum*, p. 876 e 938.
(2) Op. cit. 880 e 938.
(3) Ughelli, *Italia sacra*, t. VII, p. 148-150.
(4) Potthast, *Regesta Pontificum Romanorum*, p. 884-938.
(5) Op. cit. p. 885 e 938.

particolarmente al loro vescovo che fu costretto ad andare in esilio. Per tale ostinazione il Papa sottopose ad interdetto quella città, e il legato se ne ritornò (1). Che perseveranza mostravasi dal Papato e da chi fedele servivalo per rimediare ai mali, non ostante che la nequizia degli uomini sì spesso ne impedisse i benefici effetti!

Volgevano le cose alla peggio per la Chiesa e pei Lombardi allo spirare dell' autunno; Federico superbo degli acquisti fatti in Germania, dell' e-lezione concessagli di suo figlio Corrado a re dei Romani, del trionfo de' suoi amici Ezelino e Salinguerra su Padova e Ferrara, dell'esercito che disponeva contro la Lombardia e della soggezione di Mantova, rifiutava sino di ricevere i legati pon-tificii, e accelerava la marcia per assalire le città e castella della Lega, e voleva che cedessero a discrezione. Gregorio IX era quindi, ancorchè chiamato in Roma dalla parte a lui favorevole, in grandi angustie; ma tuttavia contro ogni speranza lavorava per la pace, e d'intorno a sè per avere consiglio tenevasi i migliori cardinali. Fra essi eravi il vescovo Prenestino che ai 15 di novem-bre consacrò solennemente in compagnia de' tre vescovi d'Ostia, di Alatri e di Cefalù la basilica di S. Sabina sul monte Aventino e quattro altari minori; e nella quale occasione il Papa in perso-na consacrò l'altare maggiore (2). Sotto questo

(1) Raynaldus, *Annales Ecclesiastici* ad ann. 1237, n. XIV, e Mandelli, *Comune di Vercelli*, anno 1237.
(2) Campi, *Historia* cit. Par. II, p. 162, e suo *Giornale* in Roma MS. presso il conte B. Pallastrelli, p. 112, dove

tempo lo storico Campi annota che Gregorio IX destinava il Pecoraria a mettere pace fra Azzo Estense ed Ezelino (1); non sembra però che ne assumesse l'incombenza, andando le cose così male per i guelfi. Forse fu un ordine, che poi mutate le circostanze venne ritirato.

La città di Piacenza governata ancora dal podestà Ranieri Zeno messovi dal legato, segnalavasi anche quest'anno nel resistere ai raggiri e alle prepotenze degli imperiali. Quel saggio Veneziano nella primavera la munì di fossati di porte e di torri, fece deliberare ai suoi amministrati la costruzione di un ponte sul Po dieci miglia superiormente alla città vicino a Monticelli, allora territorio di qua dal fiume, ossia sulla destra sponda, e passato poi di là per raddrizzamento del corso dell'acqua col taglio d'un semicerchio, che il Po in quel luogo aveva formato. Il ponte era destinato a contendere il passo ai ghibellini, che dalla vicina Pavia, alleata di Federico, potevano di leggieri scorrere nel Piacentino. È cosa memorabile che a tanti lavori in difesa della patria e della Lega concorrevano di buon grado laici ed ecclesiastici; e ciò prova che era in pericolo il bene civile e religioso e che tutti animava lo stesso spirito. La concordia, stabilita in mezzo ai Piacentini dal loro compatriota e tanto biasimata

segua che ai 21 marzo 1630 trovò in quel tempio certa memoria a *latere seu cornu epistolae* del cardinale Giacomo Prenestino, memoria riferita intieramente dal Bzovius, *Annales Ecclesiastici*, ad ann. 1238, n. VI.

(1) Manoscritti presso il conte B. Pallastrelli, *Gesta Gregorii* X, fol. 23.

dallo Svevo continuava a produrre buoni effetti. Nel luglio essendosi riuniti in Fiorenzuola, grossa borga- ta del Piacentino, i cardinali legati Rinaldo vescovo d'Ostia e Tomaso del titolo di S. Sabina con alcuni rettori della Società Lombarda per trattare della pace coll'imperatore, i nunzii di questo il patriarca d'Antiochia, l'arcivescovo di Messina, Ermanno maestro de' Teutonici, Taddeo di Sessa e Pietro della Vigna esposero: che Federico prima di tutto voleva dai Lombardi fedeltà; che gli stessi scioglies- sero la Lega stretta fra di loro, e rompessero ogni legame di giuramento; che in seguito non avessero nè contraessero insieme alcuna alleanza, che gli dessero soldati per oltre mare; che gli rinuncias- sero tutte le ragioni e diritti dell'Impero. Simil- mente che ritornassero in patria Guglielmo del- l'Andito e i suoi figli e gli altri espulsi dalla città col rifarli dei danni sofferti. Cercavasi niente meno che di rendere inutile la legazione dell'an- no antecedente sostenuta dal Pecoraria, e di can- cellare quanto di bene il medesimo aveva fatto a vantaggio di Piacenza e della Lega. Ma mentre trattavansi queste cose nel dì 24 sopraggiunse in Fiorenzuola il podestà di Piacenza Ranieri Zeno, e sconvolse tutti i disegni degli imperiali, addu- cendo che aveva ricevuto ordine dal doge di Ve- nezia di non convenire intorno alla proposta con- cordia fra l'imperatore e i Lombardi senza che vi partecipassero i Veneziani, volendosi così anche dai Milanesi, Bresciani, Mantovani, Bolognesi, e da- gli altri popoli alleati. Nello stesso giorno lo Zeno lasciò l'assemblea, venne alla sua residenza, con-

vocò il popolo, e fece giurare gli uomini della
città e del contado che Guglielmo dell'Andito e
i suoi figli e gli altri espulsi non sarebbero mai
ammessi in patria, e li sentenziò banditi in perpetuo. Per sostenere le prese risoluzioni Piacenza
mandò a Monticelli e a Casale Vecchio milizie,
che abbruciarono que' luoghi, e concorse a formare
l'esercito della Lega con mille uomini, parecchi
de' quali appartenenti alle più nobili famiglie della
città e del contado. De' Piacentini alla battaglia
di Cortenova, vinta da Federico nel venerdì 27
novembre, dove fu sconfitto interamente l'esercito Lombardo, molti morirono, altri rimasero fe-
riti, e cento venti furono fatti prigionieri. Dopo
cotale disastro toccato alle armi guelfe, dicendosi
che anche Milano cercava pace all'imperatore, il
Comune Piacentino scelse il proprio vescovo Egidio e Giacomo priore del convento di S. Giovanni che si recassero a Lodi da Federico e gli chie-
dessero grazia, salva però la città, il contado e
le persone. Ai messi Piacentini non fu concesso
parlare al superbo vincitore; s'abboccarono invece
con Pietro della Vigna, che loro rispose: Cesare
non avrebbe stretto patto alcuno coi Piacentini
se non avesse a suo volere la città e le persone.
Intanto che i procuratori erano a Lodi giunsero
nunzii da Milano al podestà Zeno e riferirono i
Milanesi non avere trattato affatto di pace coll'imperatore; ed allora il podestà mandò subito ad avvertire Egidio e Giacomo di tosto ritornare alla
propria città; e questi, lasciato sino il desinare
loro preparato, vennero a Piacenza lo stesso gior-

no. Gli uomini, che sostenevano tanto fortemente
il regime del loro paese e che nelle pubbliche sventure avevano un contegno così risoluto, erano stati
scelti dal Pecoraria. Federico, ebro della vittoria,
diveniva ognora più inesorabile contro i vinti, ed
usava eziandio l'insulto; perocchè dopo aver menato
trionfo della vittoria di Cortenova, seco traendo la
preda e i prigionieri in Cremona, a principio del 1238
mandò a Roma il carroccio e le bandiere tolte ai
Milanesi, e la sua fazione, sotto gli occhi dell'i-
stesso Pontefice, condusse con grida di allegrezza
quelle spoglie e le ripose in Campidoglio (1). Nel
1237 l'avere gli imperiali trionfato del nemico
a Cortenova fu alla Casa di Svevia un rifacimento
o piuttosto una terribile vendetta della sconfitta
che essa aveva subito sessantun anni in dietro
nei campi di Legnano; ma solo che Federico II
non ebbe verso i vinti la moderazione usata dai
Lombardi col suo avo, e le due vittorie ebbero
conseguenze affatto contrarie: l'antica condusse
alla pace e l'altra a continuare la guerra più ac-
canita ed estesa. Gli animi inferivano da ambe
le parti; e Papa Gregorio IX, con tutto che rac-

(1) Ripalta, *Chronicon*, inedito in questa parte, MS. presso il conte B. Pallastrelli; Campi, *Historia Ecclesiastica*, Par.
II, p. 162 e 163; Muratori, *Rer. ital. Scrip.* t. VII; Richardus de S. Germano, *Chronicon*, p. 1039, e t. XVI; De Mussis,
Chronicon, p. 465; Poggiali, *Memorie*, t. V, p. 186-188; Boselli, *Storie Piacentine*, t. I, p. 146 148; *Monumenta historica ad Provincias etc.*, Anonymus *Chronicon Placentinum*, p. 144-150; e nella stessa collezione Agazzari, *Chronica*, p. 26.

comandasse agli alleati di non commettere crudeltà nè ingiustizie e perseverasse ad esortare
l'imperatore a sentimenti di pace e a prender
la croce contro gli infedeli, non fu egualmente
fortunato come il suo antecessore Alessandro III
da ottenere almeno una lunga tregua fra i combattenti.

LIBRO QUINTO

1238-1241

In mezzo a tanti rovesci e a tante amarezze non cadeva d' animo l' intrepido vecchio posto al timone della barca di Pietro, e le città rimaste fedeli alla Lega non s'avvilivano; e dopo avere l' uno e le altre domandato a Federico una pace non disonorevole, e dopo essere stata a loro negata,

ciascuno s'adoprò a difendersi dal comune nemico. Gregorio attendendo a ciò non mancava
tuttavia di zelo e di premura per tutti i bisogni
dell'intera Cristianità. Ai 15 di maggio 1238 ema-
nava una bolla, con cui nominava il vescovo di
Preneste alla legazione delle Gallie; scrivendo
ai vescovi di Tolosa e dell'Agenois e agli inqui-
sitori di que' luoghi che desiderando coll' opera
di Dio allargare la fede cattolica e confondere la
malvagità dell'eresia, consigliato dai cardinali, a-
veva provveduto col destinare, nella terra del nobile personaggio conte Tolosano e nelle parti degli Albigesi, il venerabile vescovo Prenestino importante e onorevole membro della Chiesa, chiarissimo per iscienza, costumi ed onestà, dandogli l'ufficio di legato (1). Ne' maggiori affari della Chiesa l' opera di questo cardinale era giudicata
sempre opportuna e indispensabile. L'eletto del
nuovo incarico affidatogli a dì 9 giugno riceveva
le necessarie istruzioni. Il Papa, assecondando in
parte le dimande fattegli dal conte Raimondo di
Tolosa e raccomandategli pure da S. Lodovico
re di Francia, accordava al legato facoltà di assolvere il conte dalle censure tante volte incorse
per avere spesse volte offeso gravemente Iddio, la

(1) A. Teulet, *Layettes du Trésor des chartes*, t. II, pag.
377: « Actore Deo fidem ampliari catholicam et confundi pravitatem hereticam cupientes de consilio fratrum nostrorum
providimus ut venerabilem patrem nostrum (Jacobum) episcopum Prenestinum, magnum et honorabile membrum Ecclesie, scientia moribus et honestate preclarum, ad terram
nobili viri comitis Tholosani et Albigenses partes, commisso
sibi plene legationis officio, destinemus. »

Chiesa, il clero e la libertà ecclesiastica, di scio-
glierlo dal particolare giuramento, prestato al
vescovo di Porto, di recarsi in Oriente e di rimanervi per cinque anni: quand'egli desse chiare
prove di pentimento e devozione alla Chiesa, e
fosse pronto ad andare spontaneamente lo stesso
in Soria conforme al suo grado nell'occasione
del generale passaggio degli Occidentali in Terra Santa per rimanervi tre anni; e in pari tempo di poter ritornare anche prima. Di tali cose
Gregorio IX scriveva al re di Francia; e di più
ordinò agli arcivescovi e vescovi e ai potenti di
que' luoghi di accogliere onorificamente il suo
rappresentante (1). In quanto agli Albigesi, il
nunzio dovea provvedere che non si estendessero
quegli eretici, ed appianare molte contese insorte
per causa della inquisizione data ai frati Predicatori e ai Cordiglieri, cui gli uomini del foro
tanto civile che pontificio più non voleano in
quella carica; e ai quali era stato tolto ogni autorità in quella terra, perchè avevano abusato
del loro potere (2).

Saputasi da Federico la fatta destinazione, forse
temendo che coll'andata in Francia del Prenestino si togliessero le discordie nella Provenza
e nella Linguadoca, e gli animi e le forze de' Franchi si rivolgessero in aiuto della Chiesa, cercò

(1) Raynaldus, *Annales Ecclesiastici,* ann. 1239, n. LXXI-
LXXXIII. Il dotto Oratoriano pone questi fatti sotto l'anno
1239, ma avvertendo che sono dell'anno antecedente.

(2) Sismondi, *Histoire des Français,* t. V, p. 9-10, Bruxelles 1856; e Balan, *Storia di Gregorio IX,* vol. III, pag.
146, e 219-220.

impedirlo e vi riuscì, avendo ordinato ad alcuni
suoi fedeli di fermare il cardinale. In quel frattempo, tutto intento a formare un grosso esercito
per schiacciare interamente i Lombardi, impor-
tavagli grandemente che alcuno non mettesse
incaglio all'arrivo de' soldati che egli s'aspettava
dalle sponde del Rodano. A ragione si lagnò della grave offesa il Papa, e fra i molti reclami, presen-
tati all'imperatore in Cremona dai quattro vescovi
di Wurzburg, di Worms, di Vercelli e di Parma
nell'ottobre per ordine di Gregorio, eravi anche
il seguente: Che l'imperatore aveva ordinato ad
alcuni suoi fidi che fosse rattenuto il vescovo di
Preneste, legato della sede apostolica. Al quale
lamento l'augusto rispose: che egli non aveva
dato alcun ordine di prendere il vescovo Prenestino, e che ciò non aveva neppure sognato, ancorchè con quello avesse potuto farlo giustamente
come con un suo nemico. Il quale, sebbene spedito dal Papa come persona religiosa, tuttavia
per mandato del Papa, diceva, con astuzia e grave
danno mise a soqquadro in gran parte la Lombardia contro l'imperatore, e contro lo stesso
quanto potè incoraggiò i Lombardi (1). Si vedrà

(1) Huillard-Bréholles, *Historia diplomatica Friderici secundi*, t. V, p. 256. *Propositio Ecclesie.* De eo quod mandavit quibusdam fidelibus suis ut episcopus Prenestinus a-
postolice sedis legatus detineretur. *Responsio Imperatoris:*
Super mandato detentionis episcopi Prenestini respondit quod
numquam mandavit, nec etiam id somniavit, dominus imperator, quamquam de eo id iuste facere potuisset tamquam
de inimico suo. Qui, licet missus per dominum Papam vir re-
ligiosus, tamen de mandato domini Pape, ut ipse dixit, Lombar-

più innanzi che valore avesse l' insolente risposta. Intanto che il Papa passò in Laterano la prima metà dell' anno anche il cardinale Giacomo
stette in Roma per aiutare la Chiesa in molti
uffîcii; e ritrovasi il nome di lui sotto le lettere pontificie di protezione e tutela accordate
alla casa dei Cartusiani nella Valle di S. Giorgio (1), e pel monastero dei santi Cosma e Damiano tenuto dalle monache Cistercensi di Guton-
zell (2).

Gregorio, veduto che gli si vietava sino il
passaggio de' suoi nunzii, non si credette più
sicuro nemmeno in Roma; dove continuavano le
trame di Federico, e molti erano stati sedotti
e mossi alla ribellione. In giugno ei venne ad Anagni, lasciando per suo vicario nella città eterna
il cardinale che tanto bene serviva alla Chiesa.
E al medesimo sui primi di ottobre ingiunse di
punire alcuni canonici di S. Marco che avevano
ferito gravemente un prete di S. Lorenzo d' Assisi (3). La fedeltà del Prenestino per la causa
della Chiesa non cangiava, e perciò egli entrava
in tutto che d' importante facevasi dalla Sede
Apostolica. Assistette alla convenzione, che a prin-

diam pro magna parte contra dominum imperatorem callide
et perniciose subvertit, et Lombardos contra ipsum, quantum
potuit, animavit. È un brano della lettera 28 ottobre 1238
scritta dai quattro vescovi al Papa da Cremona.
   (1) Polthast, *Regesta Pontificum Romanorum*, p. 894 e 938.
   (2) Op. cit. p. 898 e 938.
   (3) Campi, *Historia ecclesiastica di Piacenza*, Par. II, p.
164; Ciaconius, *Vitae Pontificum et Cardinalium*, t. II, p. 87,
e Eggs, *Purpura docta*, p. 159.

cipio doveva essere certamente segreta, stipulata in
Laterano ai 30 novembre fra il Papa ritornato di
bel nuovo a Roma, i Veneziani e i Genovesi: cioè di
aiutarsi a vicenda contro i proprii nemici per
nove anni, e segnatamente in Sicilia, Calabria,
Puglia e nel Principato, di rimettere all'arbitrio
del sommo Pontefice le questioni più intricate
che potessero nascere fra di loro durante lo stesso periodo di tempo, e di non fare senza il consenso e la volontà del Papa alcuna concordia,
patto e alleanza, o promessa all'imperatore dei
Romani (1). E l'essere chiamato il Prenestino
ad assistere a quella convenzione fatta sulla sera
e l'esser nominato il primo de'due cardinali presenti fa supporre che ne fosse pur anco il negozia-
tore principale. E concorre nel dicembre a con-
fermare col suo nome il diploma di patrocinio
accordato dalla Santa Sede alla religiose Agosti-
niane di Acerenza (2).

Non istavano inoperose le poche città strette
ancora dagli antichi patti di Costanza rinnovellati.
Brescia fece eroica resistenza all'autorità imperiale
per due mesi e sei giorni, nè s'intimorì alle barbarie di Federico, che esponeva ai colpi dell'inimico avvinti i prigionieri più cospicui, e che poi dovette abbandonare vergognosamente l'assedio di quella
eroica città. I Milanesi, avendo esperimentata in
varii casi la crudeltà del tiranno, erano risoluti
di preferire piuttosto la morte di spada o di lancia o di strale che quella di laccio o di fame o

(1) Huillard-Bréholles, *Historia* cit. t. V, p. 1223-1225.
(2) Ughelli, *Italia sacra*, t. VII, q. 59-42.

di fuoco (1), combatterono i Pavesi e i Bergamaschi, e non mancarono di portar soccorso ai
Bresciani. Piacenza spedì mille uomini in aiuto
di Milano e di Brescia; e una parte di essi con
altri soldati di Firenzuola, di Castellarquato e di
Vigoleno, terre tutte del Piacentino, si scon-
trarono colla gente dell'eletto di Valenza Guglielmo di Savoia, del marchese Lancia e del si-
niscalco del Delfinato, vicino a Busseto, e n'ebbero la peggio, e molti furono fatti prigionieri (2).
In Brescia ne' mesi dell'assedio reggeva la cosa
pubblica Oberto de Iniquitate anch'egli Piace-
tino, e un altro di egual patria, Filippo Vicedomini, andava podestà de' Genovesi dopo che
questi avevano fatto l'accordo di Laterano. Piacenza quindi dava alla Chiesa e alla Lega Lombarda gli uomini migliori per sostenere la grande lotta contro l'Impero; del che doveano ben
essere irati e Federico e i giudici della sua magna
Curia, i quali nella primavera del 1236 avevano
concepite tante speranze in quella stessa città.

Papa Gregorio non aveva deposto il pensiero
di mandare nelle Gallie il cardinale Giacomo,
tanto più che l'imperatore aveva negato di aver
posto ostacolo all'esecuzione di questo disegno;
ma, affinchè non si ripetesse l'accidente di prima, scrisse a Federico che accordasse al legato
un salvocondotto per passare nella Provenza. Quel

(1) M. Paris, *Historia maior Anglorum*, p. 464, Lon-
dini 1641.
(2) *Monumenta historica ad Provincias* etc. Anonymus,
Chronicon Placentinum, p. 152-153.

principe rispose non volere affatto esaudire la
domanda, e così mostrò che male non s'apponeva il Pontefice coll'accusarlo di avere prima
impedito il libero passaggio al Prenestino. Ritraesi tutto questo da due lettere di Federico, le
quali sono di data posteriore al tempo in cui
si proibì la prima volta al Pecoraria di recarsi
in Francia, dettate circa la fine del 1238, ma
che fanno supporre fondatamente gli ordini an-
teriori dell'imperatore. Cotali documenti, rivelano l'odio e il rancore contro il Pecoraria di Cesare, che ne temeva la potenza. La prima lettera, stata finora inedita, è diretta al Papa. Al
suo solito Federico pubblicamente e a parole
mostrasi desideroso del bene e della estirpazione dei disordini e degli errori nella Chiesa,
rifiuta però i mezzi e le persone ad ottenere
il santo intento, scelti e stabiliti dalla prudenza pontificia, e se ne fa severo ed ingiusto
censore, e giudica troppo mite la condotta della
Chiesa. Ecco adunque quanto scrive a Gregorio:
« La madre Chiesa esercita l'ufficio di premu-
roso pastore col separare gli agnelli dai capri e
coll'occuparsi a togliere dal numero de'figli i
figliastri. Alla qual cosa, avendo sollecitamente
dato principio nelle parti della Provenza, invocato a questo scopo il soccorso de'fedeli e dei
principi del secolo, non potè compiere quello
che aveva incominciato, impedendolo forse la
pietà di madre; giacchè la Chiesa, col chiudere
il suo grembo materno ai figliastri, che d'al-
tronde erano figli e che di poi esteriormente

mostravano l'aspetto di figli, credette fare cosa
insolita e contro la pietà; e così mentre la ra-
dice della nequizia non fu estirpata nè curata
la causa della malizia, ma soltanto essendosi co-
perta la superficie della ferita, la malcurata cicatrice si convertì di nuovo nell'antica ferita.
Ora poi, volendo la Chiesa abbandonare il costu-
me di agire da madre troppo tenera che guasta
i figli, e ammaestrata dai passati pericoli volendo
meglio premunirsi per l'avvenire, meritamente
lodiamo la vostra industria e approviamo il vostro proposito: e perciò con piacere ricevemmo
le lettere della Sede Apostolica, dirette a questo
nostro trono, e volentieri ascoltammo chi ce le
leggeva, finchè si pervenne ad un tratto di esse
alle nostre orecchie discaro, in cui era nominato
il Prenestino, che voi deputaste come ministro
e vostro nunzio per mandare ad effetto opera
sì lodevole. Non già la riforma dell'unità indi-
visibile della fede, non la congiunzione di molte
anime nella sola nostra fede ortodossa e cattolica si potevano per costui meglio predicare e
più efficacemente procurare; sibbene le dissensioni tra i popoli e gli scandali tra le genti:
e la vostra paternità non avrebbe dovuto consigliare affatto che noi dobbiamo ammettere entro
la nostra giurisdizione codest'uomo, di cui già
esperimentammo l'astuzia in pervertire i nostri
fedeli, comunque in buona coscienza da voi sotto
ogni aspetto commendato; per questo almeno
che specialmente a tai giorni, in cui stiamo attendendo il compimento di nostre pratiche per

TONONI.   11

ricevere in fedeltà i ribelli non accedesse mai a
queste parti taluno a noi e alle cose nostre infesto, il quale fosse per adoprarsi ad impedire
i nostri progressi, e fosse a noi non a torto sospetto di riuscire ai medesimi d'impedimento.
Certo è che in questo non meno che in altro
noi zeliamo con figliale sincerità l'onore della
Chiesa nel rifiutare al sopraddetto vescovo un
salvocondotto, che la maggior parte de' divoti alla
nostra maestà (i quali però in questo non meno
abuserebbero della nostra pazienza di quello
che della vostra longanimità) potrebbero credere
da noi non concesso di cuore ma sì estorto dalle
instanti vostre preghiere; credere di farci gratis-
simo servizio in questa parte coll'assumere volentieri, contro ogni nostro mandato, parziale e
giusta vendetta di tanto enorme ingiuria da esso
arrecata a noi e all'Impero contro Dio e giustizia; e che il fatto, ancorchè avvenuto contrariamente alla nostra volontà, fosse per tornarci
nulladimeno caro e gradito. Non volendo adunque, o beatissimo padre, cadere in alcuna nota
di sospetto appo voi, che, mentre richiamerete
alla disamina del pensiero nostro gli eccessi a
noi ostili e notissimi di quel vescovo, appena
o non mai credereste essere in noi tanta pazienza
da soffrire oltre l'offesa ricevuta d'incolparne
presso di noi eziandio la nostra innocenza, sup-
plichiamo affettuosamente la paternità vostra che
non debba recarsi a male, se giudicammo non
fossero in parte da ammettersi le vostre doman-
de, siccome affatto contrarie al nostro onore e

ai nostri progressi nell' anzidetto affare: il quale
nostro consiglio persistiamo a ritenere favorevole
alla Chiesa, e ci crediamo in diritto, per quella
autorità di reggere che fu a noi concessa dal
cielo, di poterlo pronunziare » (1). Dalla lettera
allegata si raccoglie il più bell'elogio del Prenestino: cioè che questo vescovo a giudizio del Papa
era il soggetto più addatto a predicare l' unità
della fede in mezzo agli Albigesi e nell'istesso tempo
a procurarla, sebbene l' imperatore manifestas-
se di tenere il contrario. La causa dei mali deplo-
rati piuttosto che al Prenestino dovevasi attribuire all' imperatore, avido di adoprare più il
ferro che la persuasione anche nelle contese
di religione. Se noi avessimo sott' occhio la lettera pontificia, indarno da noi cercata, a cui si
risponde colla surriferita, molte altre cose sarebbero più chiare intorno a questo affare; tuttavia
la imperiale ci manifestò alcuni particolari, di
che gli eruditi e gli storici non avevano ancora
fatto tesoro.

L' altra lettera di Federico sullo stesso argomento contiene un' istruzione per un messo imperiale; si crede fosse Rogerio Porcastrella, che in
quel tempo trattava i negozii dell' Impero presso
la Curia Romana. Ripetonsi in essa molte cose già
dette nella prima, ma con diverse considerazioni;
e perciò crediamo utile riferirla quasi interamente volgarizzata. « Il vescovo Prenestino mostravasi in ogni evento contrario a noi e al nostro Im-

(1) Vedi Documento VI.

pero; e prima il Pontefice non solo ce lo commendava per bontà, ma di più ce lo presentava come uomo di vita rinomata, desideroso della pace e zelante del nostro onore; ancorchè noi allegassimo opinione contraria e giustissimo sospetto contro di esso; delle sue inspirazioni abbiamo esperimentato la corruzione, diffusa in mezzo ai nostri fedeli. Imperocchè non venne ad annunciare la pace, ma ad aguzzare la spada del turbamento, a distogliere i nostri partigiani dalla fedeltà, e a recare ne' fedeli il fermento della superstizione... e le cadute dei fedeli che con un più umile discorrere potevansi evitare, essendo egli stesso la cagione del fatto, per lui ebbero origine o la trovarono. E testè quello che non abbiamo potuto esaminare senza maraviglia, come se potessero così presto e facile cadere di nostra mente i raggiri del suddetto uomo; il sommo Pontefice padre venerabile in Cristo cercò che si desse a favore dello stesso vescovo un nostro salvocondotto per recarsi nella Provenza contro gli eretici. Per fermo, appartenendo l'indicata regione al nostro Impero, e l'opportunità della causa riguardando la maggior parte di quel regno che è nostro ed entra nell'Impero, e il nunzio recente per cagione del suo passato dando a temere per l'avvenire, e il destinato, quegli che una volta decantavasi evangelizzatore della pace in Italia, essendo stato trovato, forse contro l'aspettazione e il suggerimento apostolico, seminatore di perfidia e di scandalo in mezzo ai nostri fedeli, il suo piede, di nostra licenza non calcherà la

terra di quelle parti. » Propone l' imperatore
che vi sono altri capaci di meglio adempiere quella legazione, ai quali porgerebbe aiuto e favore
per esterminare la nequizia ereticale. E ridice
con qualche cangiamento la sua ragione per non
accordare il salvocondotto al cardinale, già allegata nella lettera al Papa, in questi termini: « Evvi un' altra e manifesta ragione della nostra risoluzione che se fosse lecito permettere il passaggio al vescovo ricordato, son tanti i nostri fedeli da ogni parte, amanti del nome e dell'onore,
nostro offesi da quello per le ingiurie fatte a noi, i
quali, tacendo noi e trovandoci lontani, concepi-
rebbero tal orrore del nome di esso, che all'udirlo proferire si muoverebbero a vendetta delle cattive azioni commesse; e dopo incominciata la lite
tardi potendosi rimediare, giudicheremmo però
la ingiuria tollerabile in quanto alla persona del
paziente, sebbene ciò che dispiacerebbe al sommo
Pontefice meritamente ci fosse di peso. » E l'i-
struzione finisce coll' ordine al messo « di instare presso Gregorio IX che richiami con più saggio consiglio lo stesso vescovo dall'ingiuntagli
legazione, così che, se è partito procuri di ritro-
cedere, nè temerariamente si presenti ad uno i-
rato che tante fiate provocò a vendetta » (1).

Le accuse contro il Pecoraria di corruzione, di
ribellione, di raggiri, di astuzia, di perfidia, di
scandalo, contenute ne' due documenti, si comprende dalla storia già fatta che risguardano la
legazione in Lombardia dell'anno 1236, sostenuta

(1) Vedi Documento VII.

con tanta perizia dal medesimo cardinale; e si comprende anche qual valore abbiano in becca di Federico; nè fa d'uopo ribatterle, perocchè le gesta del
legato a pro della Chiesa e della Lega Lombarda lo
giustificano abbastanza; e l'aver difeso valorosamen-
te i diritti dell' una e dell' altra non gli torna a
disonore bensì a lode. Un' accusa particolare, di
cui ei sembra difficile indovinare il senso è quella onde lo si taccia di aver fomentato la superstizione in mezzo ai fedeli. Se male non ci appo-
niamo con questo Federico voleva biasimare la
singolare pietà del Prenestino, addimostrata nel
promuovere la preghiera, il suffragio ai defunti e
il culto esterno; cose tutte però le quali praticate
dai popoli in quel modo che insegnava il legato,
erano affatto lontane da ogni superstizione. Oltre le
accuse, dai surriferiti documenti risulta che si ten-
devano insidie alla vita del cardinale, e che i partigiani di Cesare, se l'avessere potuto prendere, erano
disposti ad usare vendetta, e ad infliggergli chi sa
quale pena e che, se ciò fosse successo, alla fin fine
non sarebbe neppure dispiaciuto a Federico; ma la
Provvidenza vegliava sulla vita preziosa di quel
uomo e custodivalo per altre cose di vantaggio
alla Chiesa. Non sappiamo se Gregorio rispondesse subito alla lettera di Federico, e come accogliesse il nunzio relatore delle stesse cose, che
erano una grave offesa non meno al legato che
al Pontefice. Conciossiachè, quantunque a parole
nella lettera e nell' istruzione si mostrasse alla
persona del santo Padre tutto il rispetto e la venerazione, in realtà gli si rimproverava d' aver

fatto una scelta imprudente e stolta, di non conoscere gli uomini capaci a procurare il vero bene della Chiesa e di 'essersi lasciato ingannare.
Le risposte già date a quelle accuse dalla Sede
Apostolica, quando l'imperatore le muoveva la
prima volta, e la condotta, tenuta dopo questo
tempo verso il cardinale dalla stessa Sede, ci fanno indovinare che il Papa respinse sdegnosamente
quel tessuto di calunnie e d'ingiurie; e che il
Pecoraria invece di scapitare nella stima cresceva
maggiormente. Quel che otteneva l'Augusto con
tanti ostacoli frapposti perchè il legato non passasse nella Provenza, era che per ingiuste considerazioni lasciava godere tempi di quiete e di
pace ai nemici di Cristo (1).

Fra lo Svevo da una parte e il Papa e i Lombardi dall'altra nel principio dell'anno 1239 le
cose erano ad un passo che più non si poteva tirare innanzi colla speranza di trattative e di pace futura, bisognava romperla apertamente (2).
E quasi non bastassero gli argomenti di contesa
già molti e forti, era da poco venuto fuori anche
quello dei diritti interno all'isola di Sardegna,
sulla quale adduceva ragioni di alto dominio la

(1) Muratori, *Rer. ital. Scriptores*, t. III, Cardinalis de
Aragonia, *Vita Gregorii IX*, p. 584. Venerabilem Patrem
Prenestinum Episcopum, quem in Provinciam pro pace patriae Sedes Apostolica decreverat destinaudum, gravibus inter-
iectis obstaculis impedivit verenda de Principe manifesta su-
spicio, ut inter fideles Ecclesiae, quos ipsius dominii limes
non colligit, pacis patiatur accessum, qui Christi hostibus
quietis tempora iniqua consideratione procurat.

(2) Balan, *Storia di Gregorio IX*, vol. III, p. 244.

Sede Apostolica; e Federico senz'altro ne creava
re il suo prediletto bastardo Enzio sposato alla
vedova Andelasia, che era stata moglie di Ubaldo
Visconti signore di quella regione. S'apriva quindi la guerra più terribile fra l'Impero e la Chiesa; e da una parte, per servirmi di alcune considerazioni fatte dal Cherrier, stava la potenza morale, una volontà energica ed un coraggio superiore ad ogni infortunio, un vecchio cadente di
corpo ma d'animo fermo e di vigore giovanile,
difensore dei deboli, favorevole ai popoli; dall'altra un tenace rappresentante dei diritti monar-
chici, nemico dei dóminii temporali della Chiesa
ed avido de' medesimi per sè stesso, insofferente
della indipendenza d'Italia per tutta dominarla,
dispotico nel volere la più assoluta obbedienza
all'autorità sovrana (1). La parte più debole non
pel diritto bensì per la forza materiale, il Papa,
fu costretto ad ammonire l'imperatore prepotente:
« Se non ripari alle ingiustizie e ai danni arrecati
alla Chiesa, userò delle armi estreme che mi offre la dignità di vicario di Cristo; ti separerò
dalla società cristiana, e scioglierò i tuoi sudditi
dal giuramento di obbedienza e di fedeltà. » Federico di questo severo e libero parlare, che solo
Gregorio IX aveva il coraggio di fargli risuonare
all'orecchio, s'adirò forte; e rispose essere pronto
ad usare de' castighi usati in fatti consimili dai
Cesari suoi antecessori, e ad offendere maggior-

(1) *Storia della lotta tra i Papi e gli Imperatori delle
casa di Svevia,* vol. II, p 175-176.

mente chi lo avrebbe offeso (1). Al vecchio Pontefice, che secondo il cronista fra Salimbene, *erat... homo multum compassivus habens viscera pietatis* (2), dovette portare acuto dolore quel linguaggio da ribelle alle somme chiavi, e più l'esser egli costretto di venire all'atto dell'estrema condanna, alla scomunica contro l'imperatore. Ma la giustizia e la difesa lo voleva; e quindi il Papa ai 20 marzo nella domenica delle Palme colla pienezza di sua autorità scomunicò ed anatematizzò Federico, e il giovedì santo rese pubblica e solenne la sentenza. Fra le cause della grave condanna enumerate negli atti pontificii, la seconda era che l'imperatore aveva dato ordine d'impedire, per mezzo di alcuni suoi fedeli, posti sulle strade, al venerabile vescovo Prenestino, legato della Sede Apostolica, che procedesse nella legazione commessagli nelle parti degli Albigesi a sostegno della fede cattolica. Le altre cause erano che lo stesso principe aveva suscitato la ribellione in Roma contro la Chiesa per scacciare dalla loro sede Papa e cardinali, che impediva nel regno di Sicilia a molte cattedrali e ad altre chiese vacanti di avere i loro pastori; che vi perseguitava in molti modi e fin colla morte i chierici, e profanava e distruggeva i sacri tempii; vietava di riparare alla chiesa di Sora, che aveva trattenuto il nipote del re di Tunisi, diretto a Roma per farsi battezzare;

(1) Huillard Bréholles, *Historia diplomatica Friderici secundi*, t. V, p. 283-284.
(2) *Monumenta historica ad Provincias Parmensem et Placentinam*, pert. Fr. Salimbene, *Chronica*, p. 46.

che occupava e teneva molte terre della Chiesa;
e aveva spogliato cattedrali e monasteri dei beni;
che imponeva speciali balzelli a prelati e a capi
de' Cistercensi e di altri ordini religiosi; che i
fedeli della Chiesa incarcerava e loro toglieva gli
averi, e finalmente che impediva l'opera di Terra
Santa. Nella sentenza si accennava pur anche la
sua ingratitudine verso la Chiesa che avevalo come
figlio nudrito, fatto educare e condotto all'Impero (1).

L'Augusto sollecitamente cercò di rispondere
alla sentenza e alle ragioni sopra cui era fondata;
e da Treviso il giorno 20 aprile spedì la sua difesa
al re e agli altri potenti. Circa l'affare del Prenestino diceva: « Il che (a rimettere del tutto
nelle mani del Papa i negozii di Lombardia) non
persuadendoci nè il consiglio de' nostri principi,
nè la memoria de' danni passati, egli (il Papa)
di poi si rivolse ad altre arti, mandandoci sotto
bianche vesti un lupo rapace, il vescovo di Preneste, del quale con sue lettere commendava la
vita santissima, e che collo spergiuro Piacenza a
noi suddita e ai nostri amica guadagnò ai Milanesi, e colui spedì, avendo piena fiducia di man-

(1) Huillard-Bréholles, *Historia* cit. t. V, p. 286-288 e
291-294. Le parole testuali che riguardano al Pecoraria sono
le seguenti: « Item excommunicamus et anathematizamus eumdem, pro eo quod venerabilem fratrem nostrum Prenestinum
episcopum, Apostolice Sedis legatum, ne in sua legatione pro-
cederet, quam in Albigentium partibus pro corroboratione
catholice fidei sibi commisimus, per quosdam fideles suos
impediri mandavit. » E nell'*Encyclica* 7 Aprile è detto, « per
quosdam suos fideles in viam impediri mandavit. »

dare sossopra cotanto e in tutto i nostri fedeli
da togliere ogni nerbo ai nostri progressi in Italia. Nella quale speranza rimasto affatto deluso
per la divina clemenza che protegge il suo Impero, gridando presso di lui gl'incendii dei sedizio-
si, la devastazione di tante cose e le stragi degli
uccisi, che con pubbliche voci lo accusavano del-
l'incoraggiamento dato ad essi di ribellarsi e della fede violata, onde aveva promesso di assisterli
contro di noi e dell'Impero; e perchè con giustizia non poteva scomunicarci ordì in ogni parte
occulti impedimenti ai nostri progressi, col destinare lettere e legati per l'Impero e in ogni luogo pel mondo a fine di distogliere qualsiasi della
nostra fedeltà e devozione. • E attribuiva segnatamente il motivo della scomunica inflittagli al
consiglio de' cardinali Lombardi (1). Certamente

(1) Huillard Bréholles, *Historia* cit. t. V, p. 295-307. «Quod
cum nobis nec nostrorum consilia principum nec preteritorum dispendiorum memoria suaderet, ad alias artes postmodum se convertit, mittens obvium in vestimentis albis lupum
rapacem, episcopum Prenestinum, per quem apud nos litteris apostolicis de vita sanctissima commendatum, Placentiam
nobis subditam et nostris amicam ad Mediolanensis factionis
periuria revocavit; per ipsum firmiter estimans sic univer-
saliter et in totum fideles nostros avertere, ut processus nostros in Italiam penitus enervaret. Qua spe faciente divina
clementia, que suum tuetur imperium, omnino frustratus,
clamantibus apud eum rebellium nostrorum incendiis, depopu-
lationibus rerum et stragibus occisorum, qui ipsum de data
eis rebellionis secura fiducia, nec non de fide mentita eo
quod contra nos et imperium assistere promisisset, publicis
vocibus arguebant; et quia iuste nos excomunicare non poterat, impedimenta preparavit, litteras et legatos per impe-

questi e massime il Prenestino vi avranno cooperato più degli altri del sacro collegio, che cono-
scevano meglio i fatti avvenuti nelle città loro,
e quindi anche le colpe dello Svevo. Il beffardo
imperatore in compagnia dell'astuto di lui segretario Pier della Vigna colle parole *in vestimentis
albis* (1) *lupum rapacem* faceva una pungente
satira contro del cardinale Giacomo, che come
monaco Cistercense vestiva di bianco, e che portava il cognome di Pecoraria. Da altri scritti imperiali vedremo che Federico volentieri ripeteva
consimile insulto.

La Sede Apostolica continuava a tenere nell'i-
stesso conto e stima il vilipeso cardinale, che in
Laterano con altri suoi colleghi e principalmente
col Pontefice fissava i privilegi da concedersi al-
l'abate Ditmaro e a' frati di lui del cenobio di Al-
tah, ai Benedettini della Vergine Maria di Campagna nella diocesi di Mans, all'abbate Corrado
e di lui religiosi pel monastero Trenorchiense, e
al convento di S. Giovanni Battista di Bebdorff (2).
Nè la medesima tacque al pubblicarsi dell'insultante bando imperiale; ai 21 giugno Gregorio
IX dal palazzo Laterano dirigeva ai vescovi e
agli altri prelati una lunga ed energica risposta
su tutto che diceva lo scritto di Cesare. Intorno

rium et ubique per orbem ut quoscumque a fide et devotione nostra seduceret destinando, de quorumdam cardinalium
Lombardorum consilio excomunicationis vinculo nos dicitur
adstrinxisse... »

(1) Alcuni invece di *albis* leggono *ovium* col che la satira
corre egualmente.

(2) Potthast, *Regesta Pontificum Romanorum*, p. 909-910,
912 e 938.

al capo che tratta del vescovo Prenestino, come
intorno agli altri capi ribatte con fatti e ragioni
l'avversario, premettendo che il solo far conoscere quanto contiene la lettera sul negozio dell'Impero rende più palese la simulazione di Federico,
e quindi maggiormente lo confonde nella propria
menzogna, e che, come il medesimo principe nel
denigrare si parte dal falso, così fa altrettanto
nel difendersi (1). Ecco in qual modo si giustifica il
Papa d'aver mandato in Lombardia Giacomo Pecoraria. « Perchè è proprio del nostro ufficio ricomporre le scissure dello scisma, a sedare la discordia fra l'Impero ed i Lombardi abbiamo pre-
veduto col mandare il vescovo Prenestino, dando-

(1) Campi, *Historia Ecclesiastica di Piacenza*, Par. II,
p. 165-166; e Huillard-Bréholles, *Historia diplomatica* etc t. V.
p. 334-337. « Quia reintegrare scissura schismatis nostræ incum-
bit officio servitutis, pro sedanda imperii discordia et Lombardorum discordia tantum Prenestinum Episcopum commisso sibi legationis officio, illa consideratione providimus destinandum, ut sibi a quibuslibet discordantibus minori haberetur
ratione suspectus quo suis actibus minus fermenti odii vel
amoris ingereret, qui a mundo et carne ex susceptione sancte religionis abstractus in divini amoris altitudinem evolasset.
Noster sibi detractor respondeat quid ex hoc nobis et eidem
episcopo poterit imputari si Placentie inter patres, filios, af-
fines, consanguineos et germanos ordinata concordia, se presente et protestante quod id salvis honoribus et iuribus imperatoris et imperii et quorumlibet aliorum fierent consummationem accepit. » Nel riferire questo brano come per tra-
durlo, per alcune parole ci siamo attenuti al testo portato
dall'annalista Bzovio, *Annales ecclesiastici*, ad ann. 1239,
n. IV, piuttosto che a quello che reca l'Huillard-Bréholles;
parendoci il primo in queste parole più conforme al senso
delle cose di cui si tratta.

174

gli l' incarico di legato; nella persuasione che e-
gli meno di alcun altro dovesse essere in sospet-
te a qualsiasi dei contendenti, in quanto che colle
sue opere faceva sorgere minore incentivo di odio
o di amore, avendo dirizzate le ali all'altezza del
divino amore coll'avere professato perfetta religione di rinuncia al mondo e alla carne. Ora il
nostro detrattore risponda di che si possa chiamare in colpa noi e il vescovo di Preneste, se
questi accettò la concordia in Piacenza, compita
fra padri, figli, affini, consanguinei e germani,
fatta in sua presenza, e con protesta sua che si
compisse, salvi sempre gli onori e diritti dell'imperatore, dell'Impero e di qualsiasi altro che ne
avesse. « E Gregorio IX bandiva altresì in faccia
a tutta la cristianità di avere le prove in mano
che Federico disse essere stato il mondo ingan-
nato da tre barattieri Gesù Cristo, Mosè e Mao-
metto, ed essere tutti pazzi quelli che credono
il Figliuolo di Dio nato da una Vergine (1). »

Studiò l'Augusto di difendersi dall'accusa di empio, accusa non tanto innanzi al Papa quanto a
fronte d'una società che esternamente in tutti i
costumi e le usanze, come nell'interno degli animi
era quasi interamente cristiana; e in pubblico si
professò credente, negando quegli errori eretjcali.
In tali bisogne aiutavalo assai il confidente Pier
della Vigna. Nè limitava a questo solo la difesa,
rispondeva alla scomunica con misure di fatto e-
nergiche e feroci. Proscriveva dal regno di Sicilia
vescovi, abbati, frati predicatori e minori, veglia-

(1) Huillard-Bréholles, *Historia* cit. t. V; p: 359-540.

va rigorosamente i pochi che rimanevano, imponeva nuovi balzelli alle cattedrali, ai monaci e ai sacerdoti, e stabiliva la forca a chi portasse lettere al Papa. Lo storico Capecelatro ci dice che non lasciò malvagità alcuna indietro che contro de' ministri di Dio non commettesse, con far anche uscir di vita obbrobriosamente i lor parenti e congiunti di sangue (1). A dispetto di tutto ciò incontrava forte resistenza; nella Marca Trevisana eransegli rivoltati Alberico da Romano fratello di Ezelino, Azzo marchese d'Este, Uguccione conte di Vicenza, Guidone di Camino, Rizzardo conte di Sanbonifazio, ed altri potenti signori; Paolo Traversari aiutato dai Bolognesi toglieva Ravenna ai conti Guidi di parte imperiale; e i Milanesi non solo laici ma anche chierici e frati e lo stesso loro arcivescovo, diretti da Gregorio di Montelongo, legato pontificio, valente ad ordinare lavori di difesa e di offesa in guerra e a disporre eserciti alla battaglia, preparavansi a combattere sino all'estremo sangue. E i Piacentini alleati con Milano e con Genova giuravano di non venire a patti o di non far pace con Federico senza il consenso del Papa, e promettevano di somministrare danaro alla Sede Apostolica; e si fortificavano sul Po vicino a Monticelli, provvedendosi di tutto per durarla eziandio contro un lungo assedio (1). E il clero in Piacenza concor-

---

(1) *Istoria della città e regno di Napoli*, vol. 1, p. 600, 601. Napoli 1854.

(1) *Monumenta historica ad Provincias Parmensem et Pla-*

reva generosamente alla patria impresa che la Lombardia non cadesse nelle mani dello Svevo. In fatti il capitolo di S. Antonino comperava venti moggia di grano da Gerardo Savino per darlo a mutuo al Comune di Piacenza onde si provvigionasse il nuovo ponte sul Po (1); e all'istrumento del contratto, stipulato agli 8 settembre, intervenne pure Tedaldo Visconti, canonico, come sopra si disse, di quella collegiata divenuto maggiordomo del cardinale Pecoraria forse circa que'giorni. Gregorio IX non trascurava d'incoraggiare e sostenere tutti costoro nella gran lotta che tornava impossibile evitare, e in mezzo a cui ora importava sommamente il non soccombere per non vedere lo strazio più inaudito della Chiesa e dei Lombardi. E la sua più grande speranza di vincere sembra riponesse nel gigantesco disegno della alleanza già stretta l'anno innanzi coi Genovesi e coi Veneziani, ed ora più determinata col concertare una spedizione di galere e di armati nel regno di Sicilia per cacciarne le genti di Federico: spedizione della quale proporzionatamente le tre parti contraenti doveano sostenere i carichi e le spese, e goderne i vantaggi. Per questo negozio, che il suddiacono Berardo da parte della Sede Apostolica trattava e conchiudeva ai 36 luglio col podestà Filippo Vicedomini e col consi-

centinam, etc. Anonymus, *Chronicon Placentinum*, p. 154 156; e Fr. Salimbene. *Chronica*, p. 51.

(1) Rogit. Guidonis de Musso, die 8 sept. 1239, nell'Archivio di S. Antonino, Cass. D. 60.

glio di Genova, e da parte de' Veneziani termina-
vano ai 23 settembre in Anagni col Papa stesso
i procuratori del doge, Romeo Querini e Stefano
Badoero; Genova avrebbe in feudo dalla Chiesa
Siracusa e sue pertinenze e Venezia un' altra città; e Genovesi e Veneziani sarebbero investiti
delle terre che occupassero e a loro toccherebbe-
ro altri vantaggi e privilegi (1). Si è tanto facili
da certi storici ad accusare i Papi d'aver impedito l'esecuzione di molti disegni favorevoli all'unione materiale e politica d'Italia, voluta da alcuni
principi secolari e stranieri per tutta dominarla; e
di rado e forse mai dai medesimi si mette in chiaro
quando gli stessi Papi cercarono di congiungerne
le membra divise e sparse mediante trattati e forze
interne, come mirava la lega suddetta concepita
da Papa Gregorio e da'suoi consiglieri i cardinali.
Le due potenti Repubbliche Ligure e Veneta si-
tuate a due lati opposti dell' Alta Italia, sui due
mari che quasi circondano la penisola, con dominii nel fondo di essa erano la guarentigia migliore per tenere unito il centro, se i ghibellini non
l'avessero impedito.

Alla resistenza così estesa sembra che Federico
fosse preso come da furore, perocchè ei scorraz-
zava da un luogo all'altro, devastando ed esau-
rendo le forze sotto piccoli castelli senza riportare vittoria completa sul nemico, onde veniva
scredito e disprezzo di sua dignità e potenza. Ne-

(1) *Monumenta historiae patriae edita iussu regis C. Alberti*,
t. 1, *Lib. Iur. Reip. Genu.* p 980-982; e Balan, *Storia di
Gregorio IX*, vol. III, p. 288-290 e 284-285.

gli ultimi giorni di ottobre, dopo avere devastato il distretto di Milano, si recò in compagnia del marchese Malaspina con grosso esercito di Tedeschi, Toscani, Pugliesi, Cremonesi, Lodigiani, Parmigiani, Mantovani e Bergamaschi ad assediare il Ponte de' Piacentini sul Po dove era stato preceduto dal marchese Lancia con soldati Pavesi, Vercellesi, Novaresi, Tortonesi, Astigiani ed altri del Piemonte. Vantandosi delle antecedenti distruzioni il degno rampollo del Barbarossa da quell'assedio scriveva: « Avendo noi felicemente compite tutte queste cose, affinchè Piacenza figlia di iniquità non restasse immune da castigo per tante oppressioni, felicemente ci siamo accampati innanzi al Ponte di Piacenza prima che trascorra il tempo propizio agli accampamenti per ferire la testa de' Milanesi in questo loro membro tanto principale e nella testa un membro tanto importante. Alla cui distruzione insistiamo potentemente; e così con macchine tanto per terra come per acqua intendiamo espugnarla, onde fra pochi giorni o crollerà per ruina, o sarà sottomessa alla sentenza dell'incendio » (1). Che sentimenti di

(1) Huillard-Bréholles, *Historia diplomatica Friderici secundi*, t. V, p. 470. « Nos hiis omnibus feliciter actis ne Placentia iniquitatis filia tantarum oppressionum malis remaneret immunis, ante pontem Placentie feliciter defiximus castra nostra ut, antequam tempus castramentantibus aptum penitus affluat, in tam precipuo membro suo Mediolanensium caput et tam speciale membrum in capite feriamus. Ad cuius destructionem potenter insistimus, et sic in terrestribus quam in navalibus ingeniis ipsam intendimus expugnare, quod infra paucos dies aut ruina quassabit aut flamme iudicio summitetur. »

odio e di vendetta nudriva mai Federico contro
la patria del Prenestino; e guai se avesse potuto
mandarli ad effetto! Colla sua presenza si credeva di riportare sui Piacentini quel trionfo, che
non avevano potuto ottenere i suoi fedeli di Pavia dopo aver fabbricato nella direzione di Pievetta un ponte sul Po, superiormente a quello
dell' inimico, e dopo aver spinto ai 20 di luglio
un castello galleggiante di legnami in fiamme contro gli assediati, che destri senza offesa lo tira-
rono nelle acque del Lambro. Ma, ancorchè l' assedio fosse ben ordinato, tenendo le soldatesche
del Lancia la sponda destra del Po alla Pieve di
porto Morone, e quelle di Federico la sinistra in
vicinanza di Orio, e comunicando insieme per
mezzo del ponte di barche alla Pievetta; l' incol-
lerito sovrano, duratala oltre una settimana, non
giunse a vincere i due mila combattenti che eroi-
camente difendevano il loro posto. Agli imperiali,
intenti con quaranta grosse barche a costruire un
altro ponte di sotto a quello de' Piacentini per
togliere loro i soccorsi della città, e intenti a com-
batterli dalle due sponde, fu fatale la stagione;
perocchè, venuta una pioggia dirotta per cinque
giorni, le acque del Po acrebbero smisuratamente
ed allagarono gli accampamenti: ed allora Federico fuggì a Lodi e di poi a Parma. Sul finire
dell'anno restavano pertanto quieti i Lombardi, e il
vinto imperatore se ne andò in Toscana, dove
seco condusse incatenati i prigionieri di Milano,
di Piacenza e di Crema, presi nella battaglia di
Cortenova e a Busseto, e gli ostaggi della Marca

Trevigiana, e li fece poscia internare nel regno, consegnandoli a baroni fedeli, affinchè li custodissero diligentemente (1).

Per resistere al principe scomunicato Gregorio IX non aveva solo cercato di riunire popoli e potenti al di qua dall'Alpi, ricorse oltre monte e oltre mare. Nell'Inghilterra spedì il cardinale Ottone, e intorno alla legazione di Francia era fermo nell'ordine dato l'anno innanzi al vescovo Prenestino, il quale doveva intraprenderla. Ma, dopo i divieti più espliciti e le minaccie più crudeli fatte a questo vescovo da Federico, sovrano capace di eseguirle, ed ora maggiormente inasprito dalla condanna di scomunica: nel medesimo vescovo faceva mestieri di straordinario coraggio per muoversi dalla Curia Romana, passare per i dominii dell'imperatore e recarsi nelle terre de-

(1) *Monumenta historica ad Provincias etc*, Anonymus *Chronicon Placentinum*, p. 156, 158, 159; Campi, *Historia* cit. Par. II, p. 167; Muratori, *Rer. ital. Scrip.* t. III, Cardinalis de Aragonia, *Vita Gregorii IX*, p. 586, e Huillard-Bréholles, *Historia diplomatica* etc. t. V, p. 610-623. Il Cronista anonimo succitato dice che i prigionieri di Piacenza condotti nel Reame erano ventotto; nell'Huillard-Bréholles invece abbiamo documenti, dove è dato il nome di ottantanove, fra' quali figurano membri delle più nobili famiglie di quella città, non noti nè al Campi, nè al Poggiali, nè al Boselli: cioè non solo degli Arcelli, ma dei Vicedomini, dei Palastrelli, dei Sordi, dei Fontana, dei Roncovieri, dei Rossi, dei Visconti, dei Tedeschi, dei Diani, dei Calvi, dei Della Porta, dei Leccacorvi ecc. Il De Cherrier (*Storia della lotta tra i Papi e gli Imperatori della Casa di Suevia*, vol. II, p. 195) annota che Federico se ne partì dopo aver distrutto il Ponte di Piacenza, il 4 novembre; è appunto il contrario di ciò che attestano le fonti più certe e del tempo.

gli Albigesi. Benchè colla più attenta vigilanza si custodissero i passi e le strade, il Pecoraria ebbe tale coraggio; e nell'autunno 1239 trovò modo di deludere l'attenzione degli imperiali e di portarsi in Francia cogli incarichi già avuti, e di più per procurare soccorsi alla Chiesa nelle tribulazioni presenti, per pubblicare la scomunica, e per la causa di Terra Santa (1). In tale viaggio il Papa affidavagli un altro geloso ed importante negozio. Dovea far rettificare dai Genovesi con giuramento dato alla sua presenza i patti e le convenzioni strette fra i loro nunzii, i Veneziani e la Chiesa intorno alla spedizione nella Sicilia contro l'imperatore scomunicato; coll'aggiunta che la loro Comunità non sarà mai cagione per suo detto o fatto, consiglio o consenso che quegli a cui sarà concesso il regno di Sicilia dalla Romana Chiesa, od alcuno de' suoi successori abbia a perdere la vita, od un membro, le terre, gli onori, le dignità, ed altri beni che possederà in quello stesso regno, o che le persone sue siano per essere prese di mala cattura. Pel quale effetto era stato commesso ogni potere al Prenestino, come aveva scritto Gregorio IX ai Genovesi il giorno 26 settembre (2).

Il cardinale si vestì da pellegrino con un solo compagno (3), indubbiamente Tedaldo Visconti,

(1) Mansi, Conciliorum nova Collectio, t XXII, p. 523 524.
(2) Monumenta historiae patriae edita iussu regis C. Alberti, t. I, Lib. iurium Reip. Genuensis, p. 983-984.
(3) Muratori, Rer. ital Script. t. VII, Richardus de S. Germano, Chronicon, p. 1143; Martene et Durand, Veterum Scriptorum amplissima Collectio, t. V, Zanfliet, Chronicon, p. 71;

che lo precedette a Piacenza forse per esplorare
se potevasi tentare il viaggio, benchè gli emissa-
rii dell' imperatore stessero pronti ad impedirlo
e per poi essere indivisibilmente al fianco del
suo signore. Avendo affidato a questo compagno
le faccende della casa (1) egli restava pienamente
libero per occuparsi de' negozii della legazione.
Passò pertanto in mezzo ai nemici in quei giorni
che i suoi cittadini pugnavano da valorosi contro
l' Impero difendendo il nuovo Ponte sul Po; nè
è inverosimile che in tal viaggio, come crede il
Campi, si portasse vicino alla sua patria per ani-
marne sempre più i difensori alla resistenza. Sui primi di ottobre arrivò a Genova, ed ivi manifestavasi
chi egli era, vi fu riconosciuto e ben accolto. Nel
palazzo arcivescovile radunatovi il consiglio della
Republica presieduto dal podestà Filippo Vicedomini di Piacenza, il giorno 11 i Genovesi volente-
rosi diedero alla sua presenza il giuramento di
approvazione e di conferma dell' alleanza già stretta dai loro nunzii colla Chiesa Romana e coi Veneziani, a quel modo istesso che questi avevano fatto
nelle mani de' cardinali Tusculano e Roberto di San-
t' Eustachio e del vescovo Rainaldo; ed accettarono
l' aggiunta voluta e loro espressa dal Pontefice (2).

Rerum Gallicarum et Francicarum Scriptores, t. XX; Guil-
lemus De Nanciaco, *Chronicon*, p. 549; e Pertz, *Monumenta
Historica Germaniae*, Script. t. XXII, *Annales S. Pantaleonis
Coloniensis*, p. 531.

(1) Anonymus, *Vita Gregorii X*, in Campi *Historia* etc.
Par. II, p. 343.

(2) *Monumenta historiae* cit. del Piemonte, p. 984-985; e
Balan, *Storia cit.* vol. III, p. 295.

La comunità Genovese trattò con lui anche della pace de' Nolesi, sudditi fedeli della Repubblica Ligure e benemeriti della Sede Apostolica per la quale avevano armati diversi legni. I Nolesi, a motivo dell' occupazione da loro fatta del castello di Spotorno, dipendente dalla Chiesa Savonese, erano stati interdetti dal vescovo Alberto; rincresceva a' Genovesi la nata discordia, che in parte turbava i loro dominii, proposero quindi al legato di sottrarre gli abitanti di Noli dalla giurisdizione spirituale di Savona col formare del loro territorio una diocesi separata. Aderì il cardinale Giacomo, avendone avuto facoltà dal Pontefice; e per somma grazia alla Repubblica decorava il borgo di Noli col nome e con tutti i privilegi di città, onde i cronisti resero memorabile quel fatto nel seguente verso:

Urbs meruit dici mutato nomine Vici.

E in Noli istituiva una sede episcopale affatto indipendente da quella di Savona, colla condizione però che un solo vescovo reggesse Noli e Brugnato, e dell' uno e dell' altro paese l' eletto portasse il titolo (1). I documenti del tempo, i cronisti e gli scrittori coevi sinora noti non ci rivelano se il legato nella sua fermata in Genova trattasse di altri affari, oltre i già detti; ma è più che probabile che al medesimo fossero date partico-

(1) Muratori, *Rer. ital. Script.* t. VI, Caffarus, *Annales Genuenses*, Bartholomeus Scriba, lib. VI, p 481; *Monumenta historiae patriae edita iussu Caroli Alberti Scrip.* t. II, Gioffredo, *Storia delle Alpi Marittime*, p. 544; e Semeria, *Secoli Cristiani della Liguria*, vol. II, p. 212, e 319-320.

lari incombenze da Roma di concertare i mezzi
e la condotta che doveano usare i Genovesi per
combattere il comune nemico l' imperatore; e tanto
più la Sede Apostolica avrà affidato a questo cardinale segrete istruzioni perchè esso era capace
a disimpegnarle e perchè in que' dì era difficilis-
simo mandare in giro altri nunzii della Chiesa
per intendersela coi proprii alleati.

Composte le cose in Genova, il Pecoraria se
ne partì, e pigliando la via del mare venne nelle Gallie, · con lettere 21 ottobre del Pontefice
dirette al santo re Lodovico: nelle quali Gregorio riconosce che il regno di Francia è, come
la tribù di Giuda, insignito di speciale grazia ed
onore; ricorda la religione, la pietà e lo zelo per
la fede cristiana de' suoi sovrani e particolarmente del padre di Lodovico; considera lo stesso
regno che benedetto dal Redentore fu quasi
scelto speciale esecutore degli ordini divini e
che qual forte armato combatté in diversi tempi
per la libertà ecclesiastica e per la fede contro
gli empi e gli infedeli, e in difesa della giustizia; rammenta che i Papi si sono sempre rivolti
nel bisogno alla schiatta di Lodovico, e che ne
ebbero segnalati soccorsi; esprime la fiducia d' a-
vere dal rampollo, che non degenera dalla virtù
del tronco, aiuto nelle presenti congiunture, rese
infelicissime alla Chiesa dalla malizia di Federico, che, ostinato non solo nel tenere i dominii
ecclesiastici, ma più nell' attentare alla fede
con molte bestemmie ed altri modi, infliggeva
al Redentore piaghe più profonde e crudeli

di quelle che soffrì sulla croce; e lo rende consapevole che col consiglio de' cardinali ha dovuto
scomunicare quel sovrano incorreggibile. Del legato poi il Papa scriveva a Lodovico: « Mossi
dall' esempio di Cristo che per la salute degli
uomini disceso dal cielo mandò per tutto l' universo gli apostoli a predicare il vangelo, a te
speciale sussidio e particolare rifugio, abbiamo
inviato il venerabile nostro fratello vescovo di
Preneste, uomo di provata bontà e di santità
esperimentata, nobile membro della Chiesa di Dio,
dandogli officio di legato per la difesa della fede,
al cui vantaggio deve affaticarsi ciascuno che si
tiene cristiano; e in un momento di tanta necessità per suo mezzo chiediamo l' aiuto del tuo
braccio. » E dopo aver detto che è più merito-
rio il debellare coloro i quali macchinano l' e-
sterminio della fede e la rovina della Chiesa universale che il combattere per togliere la Terra
Santa a' pagani; e dopo aver rinnovato che spera
dal re tutta la cooperazione per serbare la fede;
chiude la lettera: « La tua costanza di purità
nella fede non sia smossa in nulla dalle detrazioni e menzogne del nominato Federico, che
afferma essere suo capitale nemico il medesimo
vescovo o meglio Cristo e la Chiesa; ma anzi acco-
gliendo con pronta benevolenza lo stesso legato,
o piuttosto in esso Cristo, del quale compie la
legazione e per la cui fede tanto travaglia, e,
resogli quell' onore che conviene alla tua regale
grandezza, ripensando spesso nel segreto del tuo
cuore quanto accrebbe il titolo di lode e di onore

ai detti tuoi progenitori del prestato ossequio
alla Chiesa, e mosso dall'esempio degli stessi
progenitori, studiati di arrecare in questo momento alla Sede Apostolica, anzi a Dio e a tutto
il popolo cristiano, quel consiglio e aiuto per cui
tu possa meritare nel palazzo celeste la corona di
gloria sempiterna » (1). Nell'istesso giorno il Papa
scrisse alla regina Bianca esortandola ad aiutare
il legato presso il figlio di lei Lodovico affinchè
quegli riescisse negli incarichi assunti; e ripete
del suo rappresentante gli elogi fatti nella prima
lettera (2). E come il Pecoraria portava la prima
lettera, è da credersi che portasse la seconda. Il
Wallon ritiene che l'una e l'altra fossero spedite in Francia prima che vi arrivasse il legato;
ma s'inganna, assegnando l'arrivo di questo sino
all'anno 1240 (3), mentre, lo si vedrà più avanti,
documenti e fatti accertano che il cardinale Giacomo era colà nel novembre 1239. Nè vale l'addurre che Federico chiudeva i passi ai messi
pontiflcii, perocchè già è stato narrato in qual
modo avesse potuto il Pecoraria deludere l'attenzione degli imperiali; e poi la stessa difficoltà
che eravi per passare oltre alpi un legato, esisteva pure per ispedire le lettere della Sede Romana. Fra Salimbene racconta che Federico faceva sorvegliare con ogni diligenza che non ne fossero spedite, e se trovate facevale togliere a chi
n'era latore, e puniva severamente il mal capitato.

(1) Vedi Documento VIII.
(2) Vedi Documento IX.
(3) Wallon, *Saint Louis et son temps*, t. I, p. 124. Paris 1875.

Lo stato delle Gallie non era di molto più quieto e pacifico di quello dell' Italia a cagione di contrasti religiosi e politici. L' Impero vi teneva diritti feudali su estese contrade: cioè sugli antichi. regni di Arles e di Vienna, che comprendevano la Provenza, il Contado di Avignone e il Delfinato sulla Linguadoca e Tolosa; sulla Borgo-. gna, che comprendeva Bresse, Bugey, la Franca Contea, la Savoja e la Svizzera; sulla Lorena e Sciampagna; sulle città episcopali di Metz, di Toul, di Verdun e di Cambrai; e sul Namurois e Hainaut, e sul Brabante. E Federico ne ritraeva soccorsi di danaro e d' uomini ne' bisogni di guerra; come per l'assedio di Brescia nel 1238 che il vicario imperiale Gioachino Spinola gli condusse il contingente di soldati di Arles e di Vienna; il vescovo di Avignone gli mandò i cavalieri Bernardo Milseded e Guglielmo Ramondi; e il conte di Provenza venne in persona con cento uomini. E di quest' anno 1239, il conte Bernardo di Loreto vicario di Federico imponeva al Delfino de' Viennesi e a tutti i baroni, signori e borghesi della diocesi di Grenoble, e ai nobili di quella di Embrun di contribuire a spese per la visita all' imperatore e pel suo corredo. La scomunica però anche fra il Rodano e l' Alpi produceva effetti sfavorevoli all'imperiale autorità, a cui non troppo volentieri si obbediva (1). Quei d' Arles verso la fine d' agosto coll' aiuto del

(1) Huillard-Bréholles, *Historia diplomatica Friderici secundi, Préface et Introduction. Part. histor. chap.* III; e Wallon, *Saint-Louis et son temps,* t, I, p. 123-125 in nota

conte di Provenza cacciarono dalla loro città il
vicario dell'Impero e si diedero in mano dello
stesso conte; e Federico faceva minaccie al conte
Raimondo Berengario e agli Arelatesi, e mandava incoraggiamenti a que' d'Avignone che con-
trariavano il conte. Eravi guerra fra Berengario
e Raimondo VII di Tolosa: e quest'ultimo aveva
dalla sua la città di Marsiglia e di Avignone, ed
era sollecitato dall'imperatore a combattere il
Provenzale e gli altri nemici comuni a loro due,
sia ecclesiastici che laici e specialmente il Papa
e suoi fautori (1). Le disposizioni d'animo poi
del conte Tolosano verso la Sede Apostolica erano
ben diverse da quelle manifestate precedentemente; e neppure l'intromettersi del re di Francia
per stabilire la pace fra i due avversarii e per
amicare Raimondo VII con Roma aveva condotto
ad alcun felice risultato; e forse quel sovrano
nell'assumere il nobile officio di paciere non era
scevro da interessi di allargare i proprii dominii
coi dominii de' contendenti. Gli eretici Albigesi,
seguaci di errori mostruosi tanto intorno ai dogmi come intorno ai costumi, cioè della negazione del cristianesimo, della condotta più rilassata e dissoluta unita a finzione ed ipocrisia e
di massime affatto contrarie alla civile società,
con tutto che fossero stati abbattuti più volte
negli anni addietro, non mancarono di approfittarsi di quello stato di cose per insorgere contro
i Franchi, che in mezzo alle loro terre tenevano

(1) Huillard-Bréholles, *Historia dit.* t. V, p. 401-406; De.
Sismondi, *Histoire des Français*, t. V, p. 5-6. Bruxelles, 1839.

alcuni presidii (1). E vuolsi che a farli ribellare
soffiasse l'imperatore Federico; il quale per motivi politici smetteva senza scrupolo quella crudeltà
e quel rigore, di cui abbondano le sue costituzioni
contro gli eretici (2). Colà era anche mestieri regolare le partenze de' Crociati pei Luoghi Santi, affinchè in un momento di tanto bisogno per la Chiesa
dell' Occidente, non si allontanassero i figli più
affezionati e valorosi, e rimanessero a casa gli
inetti ed i nemici; e affinchè non si consumas-
sero forze inutilmente adoprandole separatamente,
ma invece, superati i nemici interni, si potessero
unire molti combattenti, e il soccorso fosse veramente efficace per la santa impresa. Difatti
intorno alla partenza del porto di Marsiglia del
re di Navarra e di altri crociati nell'agosto eravi
stato vivo contrasto; perocchè il nunzio del Papa
esortavali a rimanere per la difesa della Chiesa
contro Federico; ed alcuni partirono lo stesso (3).
E in Francia conveniva disporre non solo intorno
le spedizioni pe' Luoghi Santi, ma ancora intorno
il soccorso che era venuto a cercarvi Baldovino II,
impotente a tenersi sul trono di Costantinopoli,
contro gli assalti de' Greci (4): affari di tale natura, de' quali la Chiesa pel suo posto sociale doveva ingerirsi precipuamente, e quindi i suoi
nunzii.

(1) *Historiae Francorum Scriptores Vet.* De Nangis *Gesta
S. Lodovici*, p. 408.

(2) Albericus monachus, *Chronicon.* p. 576.

(3) M. Paris, *Historia maior*, p. 514 515; Maimbourg, *Histoire des Croisades*, t. IV, p. 74; e Michaud, *Storia delle
Crociate*, trad. ital. dell' Ambrosoli, vol. IV, p. 62-63.

(4) De Sismondi, *Histoire des Français*, t. V, p. 13.

Alla corte di Francia in fine non dominava tutto quello spirito di devozione verso la Chiesa Romana, che si sarebbe giustamente aspettato da un re saggio e pio qual era Lodovico IX e dalla sua madre la regina Bianca, donna anch'essa di straordinaria virtù e religione; dacchè avevanvi accesso e gran potere gli uomini della legge, tenaci de' regii diritti e sempre pronti a consigliare e sentenziare legittima e giusta la violazione dei diritti ecclesiastici nelle contese del sacerdozio coll'autorità politica. Un moderno difensore del re e della regina non potè a meno di riconoscere questo stato di cose avendo scritto: « Non è cosa per nulla improbabile che il re stesso abbia assecondato per un momento i suoi ufficiali legisti sempre attenti a prendere il sopravvento contro l'antico diritto ecclesiastico. Ancorchè santo, ei sentiva la propria indole, e scorrevagli nelle vene il sangue della madre, donna profondamente cristiana, ma di rozza alterezza Castellana; Bianca era stata ferma nel nutrire ella stessa del proprio latte il figlio, come facevano allora quasi tutte le madri, ma singolarmente nel nutrirlo da sola. Si racconta che un giorno, essendo assente la regina, una dama, madre anch'ella, si prese la libertà di allattare il principe bambino. L'altera donna al suo ritorno fece rigettare al suo figlio quel latte straniero » (1). Per l'opera di que' legisti non

(1) *Études religieuses, philosophiques, historiques et letteraires*, V Serie, t. VIII, Août 1875. P. C. Verdiere, *Saint Louis et l'Eglise de France au XIII° siècle*, p. 184-185. « Il n'est pas impossible que le roi lui même ait un instant donné son approbation à ses officiers, légistes toujours prêts

tenuti in freno nascevano spesso contrasti col clero, e sul principio di quest' anno il decano della
Chiesa Parigina, Luca di Laon, aveva fatto sospen-
dere il servizio divino appunto per essere stata
disprezzata dai potenti l'immunità ecclesiastica (1).
Questa serie di così grandi e varie difficoltà appariva in tutta l'estensione alla mente del cardinale Giacomo; ma egli non indietreggiava, e fidente e instancabile di giovare alla Chiesa universale
assumeva il malagevole incarico.

Circa la fine dell'ottobre 1239 il legato arrivò
nella Provenza (2); e le sue diligenti cure di tro-

à prendre l'avance contro l'ancien droit ecclésiastique. Quel-
que saint qu'il fùt, il avait son naturel, et le sang de sa
mère une forte chrétienne, mais Castellane d'une rude fiertè,
coulait dans ses veines... Blanche avait tenu à nourrir elle
même son fils de son lait, comme faisaient alors presque tou-
tes les mères, mais singulièrement à le nourrir seule. On
rapporte qu'un jour une dame, mère elle aussi, se permit
d'allaiter le jeune prince en l'absence de la reine. La fière
femme de retour fit rendre a son fils ce lait étranger.

(1) *Notices des Manuscrits de la Bibliothéque imperiale
de Paris*, t. XXI. Hauréau, *Quelques lettres de Grégoire IX*,
p. 211-212.

(2) Il Campi (*Historia Ecclesiastica*, Par. II, p. 164) e il
De Saint-Yon (*Histoire des Comtes de Toulouse*, t. IV, p.
341-342) mettono nelle Gallie il Pecoraria sino dall'anno
antecedente; ma s'ingannano, inducendolo soltanto dalle lettere papali del maggio e giugno del 1238, con cui Gregorio
destinavalo a quella legazione e affidavagli diversi incarichi
in quelle regioni; dimenticano che Federico aveva chiuso
le vie perchè il cardinale non passasse. Sulla fede di documenti indubitati noi abbiam già veduto che ai 30 novembre
1238 era in Laterano testimonio della Convenzione fatta dalla
Santa Sede coi Genovesi e Veneziani. E a maggiore conferma
vi sono prove (Vic et Vaissette, *Histoire de Languedoc*,

vare soccorsi alla Sede Apostolica non fallirono,
avendo ottenuto che il conte Raimondo Berengario in Aix ai 10 novembre si obbligasse per pubblico trattatto a prestare servizio alla Chiesa con
quaranta soldati e dieci balestrieri con cavalli e
tutto a proprie spese. Al quale atto, come testimonii intervennero Eno arcidiacono Bolognese, e i
tre maestri e cappellani del cardinale Tedaldo
Visconti, Paolo di S. Elia e Cardone (1). Tedaldo
si vedrà in molte altre occasioni a canto del suo

t. IV, p. 17), che in Francia nel mese di febbraio 1239 faceva da legato il vescovo di Sora.

(1) Huillard-Bréholles, *Historia* cit. t. V, p. 488-489.
Fu presente al suddetto trattato anche Romeo Ramlo maggiordomo del Conte di Provenza: e costui è certo il personaggio di cui Dante cantò (Parad. VI, 126-142):

    E dentro alla presente margherita
        Luce la luce di Romeo, di cui
        Fu l' opra grande e bella mal gradita.
    Ma i Provenzali, che fèr contro lui,
        Non hanno riso. E però mal cammina
        Qual si fa danno del ben fare altrui.
    Quattro figlie ebbe, e ciascuna reina,
        Ramondo Berlinghieri; e ciò gli fece
        Romeo, persona umìle e peregrina.
    E poi il mossero le parole bìece
        A dimandar ragione a questo giusto,
        Che gli assegnò sette e cinque per diece.
    Indi partissi povero e vetusto:
        E se il mondo sapesse il cuor ch' egli ebbe,
        Mendicando sua vita a frusto a frusto,
    Assai lo loda, e più lo loderebbe.

Sapendosi dalle storie che poteva assai presso la corte
Provenzale Romeo, non è andar lungi dal vero il credere
che egli agevolasse al Pecoraria la via ne' negozii di alleanza e di aiuto alla Chiesa.

signore. Si vendicava tosto di quella riescita Federico II, togliendo nel dicembre con un suo diploma dato in Cremona il contado di Forcalquier al conte di Provenza per accordarlo invece al conte di Tolosa partigiano dell'Impero e nemico del Provenzale (1). Al nunzio ben presto arrivano lettere pontificie di altre incombenze oltre le già avute, di prendere cioè la difesa del vescovo e de' canonici di Maguelone, città posta nel basso della Linguadoca, contro la tirannide di alcuni prepotenti, e di colpire costoro anche colle spirituali censure. Importava alla Chiesa Romana simile faccenda, avendo essa sopra alcuni luoghi della diocesi Maguelonese un annuo censo, a cui il vescovo nel contrasto non poteva soddisfare (2). I negoziati del cardinale incontravano l'approvazione del Pontefice, che quanto erasi conchiuso col Provenzale sanzionava ordinando dal palazzo Laterano a dì 10 gennaio 1240 che il conte fosse aiutato col danaro raccolto dalla legazione e che si facesse la stessa cosa coll'arcivescovo di Arles per aver l'uno e l'altro mandato di loro gente in soccorso della Chiesa (3). Scorgesi quindi che alla promessa del conte fece seguito l'adempimento; e di più s'aggiunsero per parte dell'Arelatese vantaggi, il cui merito forse va attribuito principalmente al legato; infatti non v'era che egli in quelle parti a curare fuor dell'usato e secondo il biso-

(1) A Teulet, *Layettes du Trésor des Chartes*, t. II, p. 449.
(2) Raynaldus, *Annales Ecclesiastici* ad ann. 1239 n. LXXIV, e Campi, *Gesta beati Gregorii X*, MS. presso il conte B. Pallastrelli.
(3) Balan, *Storia di Gregorio IX*, vol. III, p. 394.

TONONI.   13

gno gli interessi della santa sede. Per affari intanto della sua carica venne a Lione; lo si rileva dall'aver esso nella qualità di legato a latere conferito al proprio cappellano Tedaldo Visconti una prebenda canonicale della chiesa maggiore di quel luogo. Quest' elezione piacque assai ai Lionesi, e fu poscia loro di grande lustro, perocchè il Visconti fatto papa ricordava con tenerezza la distinzione avuta colle seguenti parole: « Memori del seno materno della Chiesa Lionese, la quale un tempo, essendo noi allora canonico della medesima, ci nutrì come figlio, e in molti modi ci volle onorati, verso di essa siamo mossi da figliale affetto » (1).

L'ambasciatore di Roma stando nelle Gallie promulga in ogni terra l'anatema contro Federico, e sollecita da tutte parti i Franchi a prendere le armi in difesa della Chiesa. Ma dal santo re Lodovico non gli fu prestata mano forte; è lo stesso Lodovico che lo rivela, scrivendo due anni dopo all'imperatore « che se volete fissare gli occhi della vostra mente al passato, noi apertamente respingemmo il vescovo Prenestino ed altri legati della Chiesa che cercavano il nostro aiuto in vostro danno; nè poterono nel nostro regno ottenere alcuna cosa contro vostra maestà » (2).

---

(1) Campi, *Historia* cit. Par. II, p. 169, e Reg. CLXXXVIII, *Bulla Gregorii X*, Lugduni III, id. novembris Pont. ann. tert. Memores uberum Ecclesiae Lugdunensis, quae olim no' tunc ipsius Canonicum lactavit ut filium, ac multipliciter honoravit, ad eam in filialem excitamus affectum.

(2) Huillard-Bréholles, *Historia diplomatica Friderici se-*

Il Nangio contemporaneo scrisse che il figlio della regina Bianca manifestava all' imperatore di riconoscere che il sommo Pontefice aveva proceduto
in alcune cose fuori del dovere (1). I Bollandisti
scusano Lodovico di siffatta condotta col dire che
la prudenza consigliava a tenersi lontano da una
guerra contro Federico nel momento che parte
dei soldati Francesi combattevano in Levante, guerra che avrebbe arrecata la più grande calamità
in tutta la Francia, e massime se intrapresa contrariamente al voto dei grandi del regno (2). L'ultimo storico di San Luigi dice che questo re riceveva di buon grado tanto le lettere della Sede
Apostolica, come le spiegazioni che di sua condotta dava Federico, che anche portando figliale venerazione al Papa sentiva avversione a sostenere
pretese non riconosciute legittime dalla propria
coscienza, e che lasciava liberi i vescovi di pubblicare la scomunica con tutta la solennità, nello stesso tempo che spediva ambasciatori al principe scomunicato (3). Secondo il monaco Matteo Paris (4)
e gli Annali del monastero di S. Pantaleone di
Colonia (5), scritto contemporaneo, il principale

cundi, t. VI, p. 19. Quod si ad preterita mentis vestre o-
culos vultis reflectere, Penestrinum episcopum et alios legatos Ecclesie in preiudicium vestrum volentes subsidium nostrum implorare, manifeste repulimus, nec in regno nostro
contra maiestatem vestram potuere aliquid obtinere.

(1) *Historiae Fran. Script. Vet.* p. 411.
(2) *Acta Sanctorum mensis Augusti*, t. V, *Vita S. Ludo-
vici*, n. 412.
(3) Wallon, *Saint Louis et son temps*, t. I, p. 127.
(4) M. Paris, *Historia maior*, p. 517-518.
(5) Pertz, *Monumenta historiae Germaniae*, t. XXII, Scri-

incarico del Prenestino presso S. Lodovico re di
Francia sarebbe stato di dichiarare caduto dal
trono Federico e di offrire la corona dell' Impero
al conte Roberto fratello del re; anzi il suddetto
monaco aggiunge che per un affare di tanto momento il legato portava un'altra lettera, oltre
quella da noi superiormente allegata, da leggere
per ordine del Papa innanzi al re e ai baroni di
Francia, del qual documento riferisce il contenuto: ossia l'annunzio della condanna contro l'imperatore, la deposizione del medesimo, l'elezione
in sua vece del conte Roberto, e un appello al
re e ai baroni di accettare l'offerta dignità e di
saperla difendere (1). A detta degli storici che
accolgono come puro oro quanto contro i Papi
lasciò scritto Matteo Paris, come sono il Fleury (2)
e il Sismondi (3), alla seconda lettera Papale re-
cata dal cardinale legato sarebbesi risposto nel
modo più insolente e ingiurioso alla dignità pontificia, portandosi a cielo le azioni di Federico e
attribuendosi la causa di tutto il male a papa
Gregorio. I Bollandisti (4) nel secolo passato e

pt. *Annales S. Pantaleonis Coloniensis*, p. 531. Mittit (Gregorius IX) etiam in Galliam legatum Prenestinum episcopum,
qui metu imperatoris mutato habitu regnum Francie ingressus proponit ad mandatum Pape Romanum imperium, quod
dicebat vacare, a Germanis transferre in Gallos, ad hoc re-
cipiendum sollecitando regnum Francorum.

(1) M. Paris, *Historia maior*, p. 517-518.

(2) *Histoire ecclesiastique*, t. XVII, liv. LXXXI, p. 218,
219. Bruxelles 1723.

(3) *Histoire des Français*, t. V, p. 23-24.

(4) *Acta Sanctorum mensis Augusti, Vita S. Lodovici*,
p. 422, 424.

testè il professore Balan (1) trattarono a lungo intorno al secondo documento messo fuori dal Paris, e si può dire ne mostrarono ad evidenza la falsità da argomenti intrinseci ed estrinseci. Ma l' Huillard-Breholles; storico accuratissimo di quanto riguarda Federico II e per nulla parziale alla Sede Romana, non accetta nè il contenuto della lettera papale nè la risposta dei Franchi. ammettendo però nella sostanza che sia stata fatta dal Prenestino la suddetta proposta alla corte di S. Lodovico; cioè non in modo officiale, sibbene a maniera di conversazione e per tastare il terreno, come si direbbe oggidì. Lo stesso autore però assegna la cosa sino verso la fine dell' anno 1240 (2). E press'a poco si esprime in siffatta guisa anche il dotto Wallon (3). In questa storica questione, noi crediamo non esservi alcun dubbio che il legato, per ordine del Papa consigliato dai cardinali, s'adoprasse di far prendere

(1) *Storia di Gregorio IX*; vol. III, p. 312-313.

(2) *Historia diplomatica* cit. *Introduction*, p. CCC, CCCI. Nous pensons avec le Nain de Tillemont que se fait, d'ailleurs tres-vraisemblable, ne doit pas être rejeté, et que sans admettre tous le détails des récits declamatoire de Mathieu Paris, le fond de ce récit est pourtant conforme à la vérité... Après une comparaison attentive des documents, des dates et de l'ensemble des événements, nous pensons, à propos de cette question controversée, qu'il n'y eut pas de négociation officielle, que des pourparlers sans resultat furent antamés par le cardinal de Palestrine, légat en France, et que le fait doit être placé aprés la convocation du concile et pendant le siége de Faenza, c'èst-à dire vers le dernier mois de l'année 1240.

(3) Wallon, *Saint Louis et son temps*, t. I, p. 127.

dal conte d'Artois la corona dell'Impero; dopo
che Federico II per tante offese fatte alla Chiesa
e per tante ingiustizie contro i Lombardi erasi
reso indegno di portarla e dopo che fu scomunicato, e dopo che la stessa corona era stata offerta
ad Abele figlio del re Valdemaro di Danimarca,
e ad Ottone di Brunswick che entrambi la rifiu-
tarono. Imperocchè, oltre Matteo Paris e Alberico
delle tre Fontane chiaramente, e in modo indiretto Alberto di Beham, addotti dall'Huillard Bréholles (1), ci danno questa notizia i sopra citati
Annali di Colonia; ai quali, secondo l'editore Ermanno Cardauns, nessuno può negare grandissi-
ma fede (2), e che non furono ancora adoprati
per dilucidare l'argomento in questione, essendo
venuti in luce da poco tempo. Conferma la cosa
un brano di lettera di Federico spedita ai principi
ecclesiastici e secolari della provincia di Treveri,
nel quale documento l'imperatore si esprime in
questo modo: « Il presente Pontefice della Chiesa
offrì ai re ad uno ad uno lo scettro dell'Impero
Romano e ad essi il consegnò quasi fosse suo proprio » (3). La lettera che contiene queste parole
essendo del giorno 16 marzo 1240 ci obbliga a porre
le trattative del Prenestino circa l'affare pel conte
Roberto non dopo quella data, contrariamente a

(1) Huillard-Bréholles, *Historia* cit. *Introduction*, p. CCC.
(2) Pertz, *Monumenta Germaniae historiae*, t. XXII, Script. p. 529, 530.
(3) Huillard Bréholles, *Historia* cit. t. V, p. 840,846 in nota. Presens Ecclesie pontifex... Romani sceptrum imperii re-
gibus singulis optulit, et quasi proprium remisit.

quanto vorrebbe l'Huillard Bréholles. Di siffatto
contegno contro Federico voluto dal Papa, ed in
Francia usato dal Prenestino fanno un delitto al
capo della Chiesa e al rappresentante di lui gli
storici partigiani dell'Impero, a noi sembra ve-
derne la ragione non solo nel diritto pubblico
allora vigente sibbene ancora nei mezzi di una
legittima difesa contro dell'avversario col quale
si combatteva. Accertata pertanto l'offerta della
corona di re d'Alemagna e d'imperatore de' Romani pel fratello di S. Lodovico, fatta alla Corte
di Francia dal cardinale Giacomo, e il tempo in
cui ciò avveniva, ed esclusa l'insolente risposta
del Paris, possiam dire dell'esito di questo negozio colla scorta di testimonianze autorevoli. Il cistercense Alberico narra che « non se ne fece
nulla per consiglio e prudenza della regina Bianca » e l'ignoto benedettino scrittore degli Annali del monastero di S. Pantaleone in Colonia che
« rinunciando il re de' Franchi, il legato nello
stesso modo sollecitò altri re e principi che tutti
dopo maturo consiglio a riguardo della magnani-
mità dell'imperatore ricusarono egualmente » (1).
I documenti e le altre fonti sinora conosciuti non
ci dicono i nomi degli altri grandi a cui ricorse
il Prenestino, tuttavia si può ritenere quasi con certezza che, non essendosi egli mosso dalle Gallie o
al più recato nei luoghi di confine da questo tem-

(1) Pertz, *Monumenta* cit. t XXII, p 531. Rege autem
Francorum renuente, legatus similiter sollecitavit quosdam a-
lios reges et principes: qui omnes, consilio cum deliberatione
habito, pro magnanimitate imperatoris hoc item recusarunt.

po sino all'aprile 1241, l'offerta non venne fatta
che ai grandi di cotali luoghi. L'invito a Valdemaro e ad Ottone su ricordato si fece molto
prima di quello a cui qui si accenna dagli Annali
Coloniesi; e poi certamente ne trattarono altri
legati.

Ancorchè il cardinale ricevesse dalla corte di
Francia una negativa alla sua proposta, vi fu però
accolto onorevolmente; se ne ha argomento nell'essere il medesimo stato chiamato a presiedere nel-
l'estate del 1240 il concilio Bituricense ossia di
Bourges, convocato dal re Lodovico per deliberare contro i ribelli eretici della terra degli Albigesi. Trencavel figlio di Raimondo Rogero, viscon-
te di Bézier e di Carcassona, con Oliviero di Ter-
mes, Bernardo di Ortail, Bernardo di Serra-Longa
Bernardo di Villanova, Ugo di Remoges e Giorda-
no di Saissac i quali tutti erano stati proscritti
perchè eretici, in questo tempo venuti di Spagna
entrarono nella diocesi di Narbona e in quella di
Carcassona, dove prima avevano comandato: nelle
terre che ora dipendevano dal re di Francia. Alla loro comparsa i castelli di Monreale, Montolino,
Saissac, Limose ed altri per sorpresa o per timore si diedero nelle mani di Trencavel. La parte contraria agli invasori, cioè l'arcivescovo di
Narbona e il vescovo di Tolosa e parecchi baroni e chierici e terrieri avevano domandato soccorso dal re Lodovico, e per difendersi colle famiglie
e colle robe che potevansi trasportare si rifuggia-
rono in Carcassona, confidando nella sicurezza della
città e del borgo vicino; tanto più che il vescovo

Tolosano, valente nella parola, faceva sentire spes‑
so la sua voce agli abitanti di Carcassona e del bor‑
go di tenersi fedeli alla Chiesa e al re, il quale mol‑
to a lungo non avrebbe permesso che così durassero
le cose; e aveva persuasi quegli abitanti a giurare
di difendere i ricoverati, giuramento che tutti pre
starono nella festa della Natività di Maria Vergi‑
ne. Ma poi alcuni del borgo tradirono, e si dovet‑
te fare forte e risoluta resistenza in Carcassona,
sotto cui stavano gli insorti. Per cotali avvenimen‑
ti si tenne l'assemblea di Bourges, a cui prese
parte il cardinale legato, ed esso realmente vi
aveva diritto, essendo stato spedito in Francia se‑
gnatamente per ciò che riguardava gli Albigesi.
Contro costoro nel concilio si deliberò che il re
Lodovico manderebbe tosto buon numero di sol‑
dati condotti dal bravo e fedele ciamberlano Gio‑
vanni di Beaumont. Il Trencavel all'arrivo di
queste truppe cedette il borgo di Carcassona, e si
trincerò in Monreale; ma infine fu costretto a capitu‑
lare, e in tale guisa terminò la ribellione e tutto si
ristabilì nello stato di prima, uscendo i capi dell'e‑
resia dalla Francia e ritornando in Catalogna (1).
A difendere la parte della Chiesa e del re cooperò
assai il Prenestino, che dopo la vittoria non avrà

(1) Albericus monachus, *Chronicon*, ad ann. 1240, p. 576; *Hi‑
storiae Francorum Scriptores Veteres;* De Nangis, *Gesta S.
Lodovici*, p. 408‑409; *Annales seu Historia rerum Belgi‑
carum;* Meyer, *Annales Flandriae*, ad ann. 1240, p. 86. Fran‑
cofurti 1590; Muratori, *Rer. ital. Script.* t. III, Bernardus
Guidonis, *Vita Gregorii IX*, p. 574; Sismondi, *Histoire des
Français*, t. V, p. 40‑42; e Balan, *Storia di Gregorio IX*,
vol. III, p. 595.

mancato di esercitare il suo sacro ministero di pace,
cercando colla predicazione e colle esortazioni di
convertire gli erranti. Che questi mezzi di persuasione in tale bisogna fossero i preferiti dal
legato nelle terre degli Albigesi lo rileviamo, dacchè l'inquisizione, al dire degli stessi protestanti
Sismondi e Basnage in quel tempo non fece alcun
atto contro gli eretici nella Linguadoca (1).

Allo stesso nunzio pontificio in Francia toccava
dirigere grave ed importante faccenda, l'elezione del
vescovo di Liegi. Essendo divenuta vacante nel maggio 1238 la sede episcopale di quella città, alcuni
volevano a vescovo Ottone preposto di Mastricht e
canonico della Chiesa Maggiore, parente di Federico II; altri volevano Guglielmo fratello del conte
di Savoia, maestro del re d'Inghilterra, amico del
re di Francia, cognato d'entrambi, zio di regine e
congiunto con molti altri grandi del secolo, uomo
fatto più pel mestiere dell'armi che per guidare
le anime. Il primo era sostenuto dal re Corrado
figlio dell'imperatore e con tale aiuto aveva usurpato la sede il dì primo novembre 1239; ma i
fedeli non lo accettarono, dicendo che avrebbero
ricevuto quel vescovo che la Chiesa riconoscereb-
be. Il secondo era confermato dal Papa e difeso
dal conte di Fiandra, ma aspettato circa un anno
e prima di arrivare alla diocesi morì presso Viterbo, si dice di veleno. Nel frattempo di tali contrasti dai principi vicini a Liegi, o meglio da la-
dri, tutta quella regione veniva devastata, e gran-

---

(1) *Histoire des Français*, t. V, p. 9; e *Histoire de l'Egli-*
se, t. II, p. 1430. Rotterdam 1699.

di mali vi si commettevano (1). Alla notizia certa
della morte dell' eletto Guglielmo non conveniva
lasciare all' imperiale Ottone libero il campo; perocchè allora Federico in Liegi avrebbe avuto un
vescovo dalla sua parte, e padrone di un principato che, in quelle circostanze di guerra col Papa, poteva giovargli assai. Il legato perciò, sotto
pena di sospensione e di scomunica subito proibì a quei di Liegi di eleggere il vescovo se non
per suo consiglio, e dispose che fosse rimessa la
cosa al canonico Giovanni decano e ad altri canonici di quella Chiesa; onde l' eletto poi fu Roberto vescovo di Langres, uomo che aveva governato
l'abbazia di Chiaravalle ed era stato spedito da San
Luigi presso il Papa e l' imperatore affinchè si
pacificassero. L' eletto, che passava alquanto per
avaro, voleva tenere temporariamente l' una e
l' altra Chiesa, e pare che al suo disegno avesse
favorevole il legato; ma acciocchè la cosa fosse
regolare e certo per suggerimento dello stesso
legato, Roberto ne informò il Pontefice. Questi
nel giorno 10 agosto scrisse al Prenestino, che
non era nel potere della legazione affidatagli l'accordare quella cosa, e che pensando più giustamente gli sembrerà indegno l' aver ciò procurato
col suo consiglio; che accordava al vescovo Ro-

(1) M. Albericus, *Chronicon*, ad ann. 1238, p 566 567, ad
ann. 1239, p. 568, e ad ann. 1240, p 574; M. Paris, *Historia maior Anglorum*, ad ann. 1239, p. 517, e ad ann. 1240,
p. 529; e Martene et Durand, *Veterum Scriptorum et Monu-
mentorum Collectio*, t. IV, *Historia monasterii S. Laurentii
Leodiensis*, p. 1099-1100.

berto di passare alla Chiesa di Liegi quando rinunciasse a quella di Langres, perchè il tenere tutte e due per qualche tempo tornava di danno alle anime, non poteva piacere al re di Francia, appartenendo a questo Langres, e Liegi all'Impero, e non avvantaggiava per nulla la condizione temporale della prima sede molto indebitata. E la rinuncia venne fatta e l'intruso Ottone devette ritirarsi, e quindi l'eletto rientrò in Liegi colla più grande solennità dopo le feste del Natale (1). Nella chiesa di questo vescovo il legato diede la dignità allora vacante di arcidiacono al proprio cappellano Tedaldo Visconti, sollecitato dai canonici Lionesi, e ne lo investì egli stesso: con simile onore riconosceva e manifestava il merito di colui che sarebbe poscia scelto a reggere l'intera cristianità sotto il nome di Gregorio X (2).

Ebbe mano il Pecoraria nell'eleggere un altro vescovo, e non ne incontrò l'approvazione della

(1) *Notices des Manuscrits de la bibliothéque impériale de Paris*, t. XXI; Hauréau, *Quelques lettres de Gregoire IX*, p. 219 221; M. Albericus, *Chronicon*, p. 575 e 576; e *L'arte di verificare le carte*, trad. it. t. XIV, p. 264.

(2) Campi, *Historia*, ecc. Par. II, p. 169 e 343. Il Pothsst (*Reg. Pont. Rom.* p. 1651) nel preambolo al Regesto di Gregorio X riferendo: *In ecclesia Leodiensi archidiaconatum obtinuit*, aggiunge: *Sed quando Leodium petierit quave de causa Thedaldus nusquam invenio traditum*: ripete le parole dell'Oldoini (*Ciaconius Vitae* PP. RR. et Cardin. t. II, p. 185) cangiando *proditum* in *traditum*. Ci sembra che questi e quegli, se avessero letto interamente il Campi e anche la Vita antica di Gregorio X avrebbero trovato che l'una e l'altra notizia fu tramandata, che il *quando* e il *quave de causa* si possono sapere benissimo.

Sede Apostolica, e gliene furono fatti forti rimproveri. I canonici di Noyon, alla morte del loro
pastore Niccolò, elessero vescovo Carlo zio pater-
no di re Lodovico, propriamente detto Pietro. E-
ra costui un bastardo di Filippo Augusto, nato
da donna libera, mentre Filippo aveva moglie, e
sebbene fosse stato dispensato dal difetto de' natali per salire agli onori e dignità minori della
chieresia, e così ordinato suddiacono della Chiesa
Romana; i sacri canoni per quel difetto vietavangli
di salire alle dignità maggiori e massime all' episcopato. Il cardinale, fattasi l' elezione di tale soggetto, sembra la confermasse e di più promuovesse
il medesimo all' ordine del diaconato. Forse con
quell' atto, credendolo nelle sue competenze, intendeva usare un riguardo ed una condiscendenza alla famiglia del re di Francia, per avere quel
sovrano meglio disposto a venire in aiuto della
Chiesa tanto tribolata da Federico. Gregorio IX
saputa la cosa, a dì 5 luglio scrisse all' arcivescovo Iubello di Reims, dal quale Noyon dipendeva
come chiesa suffraganea, e gli ingiunse di depor-
re l' eletto e privarlo del proprio beneficio e d'impedire che della dignità ottenuta avesse alcun
diritto, ed anzi, se di quanto era successo fosse stata
causa la malizia di Pietro, di punire il medesimo
con castigo maggiore. E al legato scriveva: « Ci
maravigliamo, nè senza ragione, poichè abbiamo
sentito che per tua insinuazione Pietro, figlio na-
turale del re di Francia di chiara memoria, nostro suddiacono eletto a vescovo di Noyon, non
avuta da noi licenza e neppur chiesta, hai pro-

mosso all' ordine del diaconato col titolo della Chiesa di Noyon, la qualcosa non ti era permessa. »
E facevagli i comandi già dati all' arcivescovo di
Reims (1), non temendo Gregorio di disgustare
la corte di Francia e di averla meno favorevole,
perchè quivi trattavasi di tener salda l' osservanza de' sacri canoni coi potenti della terra. La scuola del famoso Ianus si corriva ad accusare i Papi di avere per la grandezza terrena sacrificata
la giustizia, qui può vedere che per una legge
disciplinare, cui Gregorio IX poteva derogare, non
cede neppure nel bisogno: e Pietro fu deposto e
non otteneva da Roma la conferma di sua elezione
che sotto Innocenzo IV. Agli ordini pontificii intorno all' elezione del vescovo di Noyon come a
quella per Liegi, è da credere fondatamente che
subito si conformasse in tutto il legato, avendo
ancora continuato nell' istesso ufficio coll' ag-
gradimento sempre maggiore della Sede Apostolica.

Di altri affari che brevemente accenneremo ebbe ad occuparsi il cardinale Giacomo durante
l' anno 1240 nel suo soggiorno in Francia. La
rilassatezza de' monaci benedettini richiamava le
cure del legato, e non potendo dedicarsi a tutto
eleggeva il vescovo Michele per riformare i monasteri d' Augers (2). Lo eccitava pure il Papa
a questo santo ufficio di ristabilire la monastica
disciplina, scrivendogli ai 25 luglio di citare a

(1) Raynaldus, *Annoles Ecclesiastici*, ad ann. 1210, n XXX,
XXXI e in *nota* Mansi.
(2) *Gallia Christiana*, t. XIV, p. 574.

Roma i monaci di Grand-mont di Limoges (1).
Sui primi di giugno trovavasi a Rouen; e delle
cinquanta procurazioni, ossia diritto d' ospizio che
teneva l' arcivescovo di Bourges nella provincia
di Bourdeaux, per provvedimento papale assegnò
un numero alle diverse diocesi della stessa provincia, e di cotali ordini affidò l' esecuzione al
decano e all' arciprete di Tours (2). Arrivando in
Provenza Riccardo di Cornovaglia, fratello del re
d' Inghilterra, in viaggio per Terra Santa, il legato andò a trovarlo coll' arcivescovo di Arles nella città di S. Egidio a fine di persuaderlo a rimanere in Occidente pe' bisogni presenti della
Chiesa, e non avendo potuto indurlo, l' esortò a
non passare ne' dominii dell' imperatore, il che
neppure ottenne. Matteo Paris nel riferire siffatta
visita aggiunge che il principe britannico avrebbe
risposto alle esortazioni del Prenestino con parole di
accusa e d' insulto al Papa e alla Chiesa Romana,
perchè con simili esortazioni disdicevasi quanto
prima erasi comandato e predicato in tanti modi (3): ma, come in molti altri fatti, egualmente
in questo crediamo che quel monaco, o gli interpol-

(1) Campi, *Gesta beati Gregorii IX*. MS. presso il conte
B. Pallastrelli. Ci serviamo di questa fonte con sicurezza
perchè lo stesso Campi in altro suo lavoro egualmente inedito dice che quanto risguarda a questa legazione del Pecoraria tutto ha desunto dal Regesto di Gregorio IX negli Archivii Vaticani da lui consultati nel 1629.

(2) Baluzius *Miscellanea novo ordine digesta opera Mansi*,
t. 1, *Acta visitationis provinciarum Burdigalensis et Bituri-
censis*, p. 268.

(3) *Historia maior Anglorum*, p. 537.

latori della sua storia, usino la solita falsità. Non
è verosimile che quel principe tenesse col legato
modi superbi e insultanti verso la Chiesa, sapendosi che dall'Inghilterra il Papa aveva grandi
aiuti, e si lasciava liberamente pubblicare la scomunica contro Federico, del che questi lamentavasi; e che tra Riccardo e il suo fratello Enrico III,
sovrano di quell'isola, si conservò sempre perfetto accordo. L'aver preferito il conte di Cornovaglia l'andata in Siria era per lui un divisamento troppo maturato e a lui caro per tardarne l'e-
secuzione; nè la Chiesa facevagli uno stretto dovere di restare. A venire ne' dominii imperiali nel
suo viaggio forse potè muoverlo la speranza di
adoprarsi che tra Cesare e Gregorio si facesse pace,
della quale fu sempre desideroso ed impegnato
quel principe.

Dal monaco delle Tre Fontane Alberico, sempre
esatto nelle sue notizie, si rileva che il legato o-
ra per una faccenda ora per l'altra non godeva
mai quiete, ed era di continuo in giro per la Francia e pel Belgio (1). In Senlis radunò un concilio
di prelati della provincia di Reims, e vi ottenne in
aiuto del Pontefice la vigesima parte di tutte le rendite ecclesiastiche di quella provincia; ed eguale
contributo gli fu poi accordato da tutte le chiese
della Gallia (2). Il Paris compone un racconto che
tocca cosiffatto aiuto, e che se fosse vero torne-
rebbe a disonore del legato e del re di Francia;

(1) *Chronicon* ad ann 1240, p. 575.
(2) Mansi, *Conciliorum nova Collectio*, t. XXIII, p. 523-
524; e Maynerus *Anuales Flandriae*, p. 86.

noi lo riferiremo aggiungendovi alcune considerazioni che ne mostrano l'insussistenza. « Nella
fine della state il legato, venendo a sapere che
Gregorio IX aveva accettato una tregua coll'imperatore da durare sino al celebrarsi del Concilio
nella prossima Pasqua, e forte adiratosene signi-
ficò alla Sede Apostolica che con quell'atto il
Pontefice perdendosi di speranza cadeva d'animo
e diveniva debole e fiacco. E non con ragione,
perchè nella sola Francia egli aveva riunito tanto
danaro da potere senza tema continuare per un
anno intero con sicurezza la guerra intrapresa
contro l'imperatore. Laonde il Papa sentendo queste notizie pentito e dolente della tregua accettata chiamò a sè il maestro Giovanni Colonna e
Raimondo, cardinali cospicui, mediatori della tregua e intercessori presso l'imperatore. E disse a
Giovanni: « Resto confuso in me stesso d'aver accordato tregua al nemico della Chiesa Federico.
Va dunque presto da lui tu stesso che fosti in-
terprete intorno all'affare fra di noi, annunciando
ch'io non la voglio accettare, che gli sarò come
prima nemico da questo momento, coll'attestar-
gli coraggiosamente della nostra diffidenza. » E
narra il monaco che per questo Giovanni Colonna
si risolvette a non più riconoscere per Papa Gregorio, e a seguire la parte imperiale: e poi continua: « Le quali cose conte al re di Francia,
questo principe ordinò che tutto il danaro raccolto ne' suoi dominii con melati discorsi e ama-
re minacce presso tutto il clero per sua permissione, danaro estorto per opera del legato, fosse

TONONI.   14

conservato in Francia, finchè si vedesse a terminare
la faccenda; e così il Papa, che si dice vicario
di Cristo, sebbene a malincuore non mancasse alla data fede » (1). I dotti benedettini della Congregazione di S. Mauro dicono anch'essi che quel
sequestro si facesse per non dare motivo di lagne
all'imperatore (2).

Il rispetto, e la venerazione che in tutte le
circostanze mostrò sempre il cardinale Giacomo
al capo della Chiesa rendono inverosimile che
egli scrivesse nel modo suddetto a Gregorio IX;
e manca totalmente il motivo per cui l'avrebbe
fatto. Lo stesso Federico in una sua lettera da
Ascoli 18 luglio scriveva essere stata cercata la
tregua da alcuni cardinali e da altre persone, ed
egli non averla accordata perchè il Papa voleva
ne godessero anche i Lombardi, condizione non
accettata dall'imperatore (3). Le opere poi dello
Svevo intento ad occupare continuamente le terre
e i dominii pontificii dimostrano essere stati quei
giorni tutt'altro che giorni di tregua (4). La di-
ceria del Paris che Gregorio cangiasse risoluzioni per opera del legato a noi sembra piuttosto una
prova che riconoscevasi la grande influenza del Prenestino negli affari della Chiesa; per cui al medesimo si attribuiva dagli imperiali anche quello che

(1) *Historia maior Anglorum*, p. 541.
(2) *L' arte di verificar le date*, t. V, p. 64.
(3) Huillard-Bréholles, *Historia* cit. t. V, p. 1014.
(4) Raynaldus *Annales Ecclesiastici*, ad ann. 1240 n. LII;
e *Monumenta historica ad provincias* etc. Anonymus, *Chronicon*, p. 161.

non era vero. Del re Lodovico si può dire con
certezza che, quantunque non la rompesse apertamente coll'imperatore e cercasse di tenersi con
questo e col Papa, non mise sequestro alcuno sul
danaro raccolto nel suo regno a favore della Chiesa; perocchè tanto il legato quanto Gregorio a-
vrebbe reclamato della ingiusta misura, e di ciò
non si ha memoria alcuna: ed anzi il Pontefice
e il re di Francia fra di loro mantennero gli antichi vincoli di amichevole corrispondenza; e in
seguito si vedrà che il Pecoraria disponeva liberamente del danaro della sua legazione secondo
gli ordini avuti da Roma. L'accusa di estorsione
di quel danaro non ha fondamento più sodo
che abbiano le altre parti del racconto, sapendosi
che il soccorso alla Chiesa Romana fu deliberato
da conciliari unioni di vescovi e abbati, nelle
quali era pienamente libero il votare. Che poi il
cardinale ottenesse molto a favore della Chiesa colla
forza della sua parola, per animosità dal succitato monaco di S. Albano detta melata e acremente
minaccevole, non è ad esso di disonore ma di merito, essendo egli come sopra già si fece cenno,
assai stimato nell'arte del dire. Fa d'uopo avvertire che lo scrittore anglosassone in tutta la
sua grande storia si mostra sempre contrario che i Papi mettessero collette sulle chiese
delle diverse nazioni pei bisogni della Chiesa
universale, e da tali imposizioni induce l'avi-
dità del danaro negli uomini della Sede Romana; e non s'accorge che, scrivendo a quel
modo, rivelava il rincrescimento de' ricchi pre-

lati, abbati e monaci a sacrificare qualche cosa
pel vantaggio comune, e quindi, la loro tenacità
dei beni terreni; perocchè quello che dettava egli
l'avrà raccolto dai lamenti che muovevano i suoi
contemporanei a dover contribuire a que' pesi.
E perciò non fa maraviglia che intorno a consimile materia calunnii un legato pontificio.

Mentre il cardinale Giacomo travagliava nelle
Gallie, Federico insolentiva sempre più contro il
Papa. Nel gennaio 1240, l'imperatore dimorando
nella Toscana, per quanto potè ravvivò ed esaltò
da per tutto il suo partito, in guisa che pochi
erano que' luoghi, ne' quali dove più e dove meno
non fosse la sua fazione; è vero per altro che
pure nelle città imperiali non mancavano i devoti alla cattedra di Pietro. In febbraio l'irrequieto
alemanno ebbe nelle sue mani Spoleto, Foligno,
Spello, Orte e Viterbo; e in marzo Toscanella,
Civita Castellana, Montalto, Corneto, Montefiasco-
ne e Sutri (1). In mezzo alle sue vittorie non sapeva dimenticare il rancore contro del Pecoraria,
non ignaro di ciò che questi nello stesso tempo
faceva in Francia a danno dell'Impero. In una
lettera del giorno 16 marzo al re d'Inghilterra
in difesa della sua condotta col Papa e coi Lombardi diceva: « Gregorio quanto seppe e potè, in-
ceppò il nostro avanzamento nell'Italia di riformarvi l'Impero, con lettere e con nunzii, e segnatamente col vescovo Prenestino che con o-
gni frode di astuzia ci levò Piacenza e Manto-

_____

(1) Muratori, *Annali d'Italia*, all'ann, 1240.

va » (1). In quelle distrette non scoraggiavasi
l'intrepido Pontefice e anch'egli sapeva avvivare
i suoi. Degno di memoria è l'espediente che la
fede viva nella giustizia della causa da lui sostenuta gli suggerì; nel 22 febbraio festa della Cattedra di S. Pietro, allorchè gli ambasciatori di
Federico giunti in Roma erano acclamati dal popolo che gridava: venga, venga l'imperatore e si
prenda la città. Egli trasse fuori il santo legno
della Croce e le teste dei santi apostoli Pietro e
Paolo, accompagnato da cardinali e prelati, colla
maggiore solennità si portò dove la moltitudine
corrotta dall'oro di Cesare più tumultuava, e con
una calda esortazione parlò al popolo: « Ecco le
reliquie per le quali si venera la vostra città, nè
io posso fare di più d'un altro uomo. » E levan-
dosi la corona dal capo la pose sopra le reliquie
dicendo: « Voi, o Santi, difendete Roma, se i Romani non vogliono difenderla » (2). L'effetto che
il venerando sacerdote ne ottenne ci è detto in
una lettera narrativa del fatto: lettera che ripor-
tiamo interamente, affinchè serva ad intendere
meglio la lotta impegnata tra Federico e la Santa Sede, in cui ebbe tanta parte il Pecoraria.

(1) Huillard-Bréholles, *Historia* cit. t. V, p. 842. Processum nostrum deinde in Italiam ad reformandum imperium
in eadem per litteras et nuntios suos, presertim episcopum
Prenestinum, qui Placentiam et Mantuam omni qua potuit
calliditatis fraude subduxit, prout scivit et potuit, prepedivit.
(2) *Monumenta historica ad provincias*, etc. Anonymus *Chronicon Placentinum*, p. 159; Muratori, *Rer. Ital. Script.* t. III;
Cardinalis De Aragonia, *Vita Gregorii IX*, p. 587; e Huillard-Bréholles, *Vie et correspondance de Pierre de la Vigne*,
p. 181.

« Attendete alla pietra dalla quale foste staccati
e alla cava da cui per mano di supremo artefice
foste estratti. Attendete al vicario di Cristo padre
vostro e al soccorso della madre la Chiesa che
vi rigenerò nello spirito e nell'acqua. Compren-
dete, o figli, l'ingiuria della madre e accingetevi
al più presto alla vendetta. Imperocchè il degene-
re figlio Federico, che pupillo nei primordii del-
l'età puerile e privo dell'altrui aiuto il seno della Chiesa raccolse coll'attenzione di nutrice e
colla pietà di madre, e preservatolo dai nemici nei
diritti del Regno di Sicilia con travagli e spese
innumerevoli, finalmente atterrato l'avversario,
recò al sommo fastigio dell'Impero; Federico erede ingrato ricompensando col fraintendere i fatti,
subito cangiato in nemico, facendo morire con
diversi generi di pene e con vario intento i prelati delle Chiese e coloro che professano l'ecclesiastica religione, si sforza ridurre alla servitù in
molteplici modi le Chiese stesse, donate alla libertà dal sangue di Cristo. Per le quali cause e colpe, e per altre più evidenti, che già crediamo
note al mondo, col consiglio dei nostri fratelli lo
abbiamo colpito colla spada dell'anatema, non
irragionevolmente sperando che l'aiuto di quella
medicina procurasse l'effetto della dovuta corre-
zione. Ma lo stesso dal colpo non fu umiliato sotto la verga del pastore; che anzi alzatosi sopra-
tutto che si dice e si onora per Iddio, presi a testimonii di sua perversità frate Elia e Enrico non
profeti, ma mondani apostati, trasformatosi per
colmo di superbia in angelo di luce, vilipendendo

le chiavi di Cristo e il privilegio di Pietro, ardisce, sforzando per cumulo di sua dannazione sotto pena della testa o sotto editto di esilio perpetuo i ministri della Chiesa a profanare le cose divine, e pronto a punire con simile editto coloro che pregano pel pastore della suprema Sede, o che non si danno cura di pregare pubblicamente per lui. In oltre poi, infuriando con amari insulti contro Cristo e la sua sposa, quel patrimonio del beato Pietro che infra gli altri diritti dell'Impero la sacrosanta Chiesa commise al principe secolare, siccome a difensore, ma che riserbò alla propria giurisdizione in segno di suo universale dominio, tale patrimonio egli, spergiuro e dimentico de' beneficii, non paventa di occupare coll'inganno non meno che colla violenza, adoperandosi a tutt'uomo con abbondanti doni e promesse per allontanare dal seno della madre anche i Romani figli speciali della Chiesa, minaccia di rovesciare la Sede di Pietro e di sostituire alla fede i riti antichi della gentilità, e come sedente nel tempio del Signore, osando assolvere i vassalli della Chiesa dal vincolo del giuramento e sciogliendo i luoghi dall'interdetto; e anelando con manifesta intenzione al sangue nostro e a quello dei nostri fratelli, come attestano alcuni suoi scritti segreti trasmessi a certuni, poscia venuti alle nostre mani, che conserviamo quali prove, e come pure lo attestano le sue opere pubbliche. Egli che sarebbe infamando per la maledizione del padre deriso, niente spaventato dell'appiccamento di Assalonne che aspirava al trono del padre, nè considerando il comandamento trasmesso a noi nel Deuteronomio che il disobbediente all' ordine del sacerdote, per decreto del giudice, deve morire. Ancorchè poi l'autorità della Sede Apostolica, sorretta abbastanza dalla difesa di molti principi e di altri fedeli, poteva a suo presidio e più diligentemente invocare la spada temporale; eleggendo noi rimettere all' esame del giudizio divino la nostra giustizia piuttosto che respingere la forza con la forza, nel giorno della Cattedra del principe degli apostoli abbiamo fatto trasferire alla Basilica Vaticana col dovuto onore il legno della Croce fonte di vita e le teste dei santi apostoli Pietro e Paolo, pei meriti dei quali congregatasi ivi una moltitudine innumerevole di popolo, esponendo noi fra le lagrime gli affronti fatti alla Chiesa, mietemmo covoni e manipoli di allegrezza. Imperocchè Dio apportatore di giustizia e giusto conoscitore, pesando con giusto esame la nequizia del figlio parricida e l'innocenza della genitrice, ritornò i cuori dei Romani, raggirati in certo qual modo dalla malizia di quello, all' affetto della madre; e correndo essi con incredibile divozione per la causa di Cristo, in segno di votivo proseguimento e in assicurazione di irremovibile proposito vollero munirsi del segno della croce fatto sopra le loro spalle dalla nostra mano per ricevere la generale indulgenza accordata dalla Sede Apostolica: succedendo tosto tale instanza di fervore che nè il vigore giovanile nè l'affranta età dei vecchi nè la debole condizione delle donne si ristette dal prender la croce; ma quelli i quali,

corrotti dall' uomo causa dello scandalo, erano
venuti a gridare in suo favore, tosto mutati di
mente e di lingua contro lo stesso correvano i
primi a prender la croce e dietro a loro una grande moltitudine di popolo accorse ciascuno dì come a banchetto. E quale più duro cuore non in-
tenerirà quasi cuore di madre, o quale più arido
occhio non si riempirà di abbondevoli lacrime al-
l'irrompere con insperata novità di tanto improvviso miracolo della divina potenza? Qual uomo
non si accingerà alla difesa della fede, quando ad
armeggiare per la croce intrepidamente accorre
il debole sesso femmineo? Congioiscano adunque,
lo preghiamo in Dio, della materna letizia i figli
devoti; e contro il vero prenunzio dell'anticristo
munitevi del segno della croce, dell'armatura della cattolica fede, sicchè quella pudicizia della madre, cui temerario violatore attenta, sia difesa in
quella vece dalla figliale reverenza, e, delusa l'a-
stuzia d'Erode, il seno dell'orbata Rachele di
nuovo non deplori i suoi figli. Per il che assu-
mete con reverenza dalla mano nostra il segno
della croce, onde contro l'astuzia dell'anzidetto
persecutore siate per via maggiormente proteggere con fedeltà e forza la vostra fede » (1).

Federico, sebbene bandisse ai quattro venti che
il Papa, colto dalla disperazione, con questo non
aveva saputo ragranellare che alcuni ragazzi e
vecchie donne e pochi soldati avventurieri a prender la croce contro di lui, fu costretto a desiste-

(1) Vedi Documento X.

re dall'impresa di occupare Roma; e si ritirò nel
regno di Sicilia per fornirsi di forze maggiori
con cui combattere la parte della Chiesa, e si
diede ad esercitare le crudeltà più inaudite contro i novelli crociati e ad impedire con più vigore ogni comunicazione del Papa coi fedeli (1).
Uno storico che nello scrivere di Federico II ne
prese segnatamente le difese contro le accuse dei
guelfi ci racconta: « A molti crociati presi faceva dare quattro ferite in modo di croce, a molti
fendette la testa in croce in quattro parti, alli
preti faceva tagliare la cotenna della chierica » (2).
Un altro storico scrisse che ai crociati secolari
faceva imprimere la croce in fronte con ferri ro-
venti e ai sacerdoti nella nuca (3). In giugno il
crudele sovrano veniva ad assediare Ascoli, e tentava raggiungere quello che prima non aveva potuto ottenere. Chiamava la Sede Romana « emu-
la dei re e principi della terra, impaziente di a-
vere eguali, e poc'anzi dominata dalla superbia
del secolo. » E vilipendeva il Papa scrivendo di
esso le seguenti parole; « si dice principe de' sacerdoti, Gregorio detto Papa, perverte i precetti
della legge, de' quali dovrebbe essere il maestro,
rende biasimevole in faccia al mondo la spesa di

(1) Huillard-Bréholles, *Historia diplomatica Friderici secundi*, t. V, p. 845-846; Muratori, *Rer: Ital Script.* t: III, Cardinalis De Aragenia, *Vita Gregorii IX*, p. 587; Balan, *Storia*
cit. vol. III, p. 355.
(2) P. Collenuccio, *Compendio della Storia del Regno di
Napoli*, p. 99. Venezia 1613.
(3) Messia, *Le Vite degli Imperatori Romani*, p. 744. Venezia 1664.

Cristo colla cui autorità segue il proprio beneplacito, come se tutto gli fosse lecito, esercitando la
vendetta del santuario. » E minaccia che « spun-
terà le spade de' sacerdoti, delle quali, eglino get-
tate la stola, vergognosamente si cinsero i fian-
chi » (1). E accusava il Papa d'essere la cagione
che non si porgesse aiuto dagli occidentali all'impresa di Terra Santa. Nella guerra contro Gregorio l'imperatore aveva seguaci fra laici e fra i
vescovi e massime fra quelli di Germania (2), che
non sapevano intendere perchè gli Italiani non
volessero obbedire a quel tiranno.

In mezzo alla guerra suscitatagli, il capo della
Chiesa per rannodare d'intorno a sè la parte sana ed eletta della Cristianità, e per pronunziare
un giudizio più solenne intorno a tante cose da lui
già riprovate, stimò opportuno di tenere un concilio
ecumenico; tanto più che quegli, il quale era la
causa principale della persecuzione lo aveva innanzi invocato; e lo desideravano i re di Francia
e d'Inghilterra (3); e la cura di unire i Greci
alla Sede Romana, impresa tante volte e tentata
indarno, mostravalo conveniente. Daremo i tratti
principali dell'Enciclica, con cui Papa Gregorio
il dì 9 agosto da Grottaferrata invita i prelati e
i principi di trovarsi in Roma per la prossima festa di Risurrezione a generale concilio; e li estrar-
remo dalla copia di quell'atto, spedita all'arcive-

(1) Huillard-Bréholles, *Historia* cit t. V, p. 1014, 1016-1017
(2) Balan, *Storia* cit. vol. III, p. 368.
(3) F. Blondus, *Historiae ab Incarnatione Romanorum Imperii*, t. I, p. 291. Basileae 1531.

scovo di Sens e al re di Francia, presso i quali
stava tuttora in legazione il cardinale Giacomo
Pecoraria. In tal modo notifica il Pontefice la sua
risoluzione scrivendo: « La Provvidenza eterna
del Creatore sin dal principio che fondò la sua
Chiesa santa ed immacolata volle che fosse governata con siffatto ordinamento che all' unico pastore il quale tiene la pienezza di potestà, tutti gli
altri, prendendo parte alle stesse cure, come membra al capo fossero congiunti in unione indissolu-
bile, a vicenda comunicandogli i casi che soprav-
vengono, per la quale unione resi saldi dal mutuo
consenso, il capo prendesse vigore essendo servito
dalle membra, e lo stato delle membra fosse rin-
forzato dalla robustezza del loro principio. Perchè
adunque non conviene che tu, quale necessario
sostegno della madre la Chiesa, ignori i grandi
eventi e le cause della Sede Apostolica, per questo giudichiamo in mezzo all' urgente necessità la
presenza tua e di altri moltissimi opportuna, preghiamo ed esortiamo assai premurosamente la tua
fraternità, mandandoti per queste lettere apostoliche l' ordine di venire personalmente alla nostra
presenza per la prossima festa della Risurrezione
del Signore, togliendo ogni scusa, affinchè la madre Chiesa nella tua visita abbia nel figlio lo spe-
rato sollievo e grato sostenimento di provvido
consiglio » (1). E al re Lodevico: « La Chiesa, ba-

(1) Huillard-Bréholles, *Historia* cit. t. V, p. 1020. Eterna
providentia conditoris sanctam et immaculatam Ecclesiam a
sue fondationis exordio eo voluit ordine gubernari ut uni
pastori potestatis plenitudinem obtinenti ceteri partem solli-

gnata da flutti amari e agitata da turbini, aspetta
dai prelati e dai sudditi e dai principi del mondo
la protezione di un braccio che la rialzi. La madre Chiesa adunque fra le tempeste del secolo
occupata da gravi affari, avendo decretato di chiamare a sè i re della terra, i prelati della Chiesa
e gli altri principi del mondo, affinchè circonda-
ta dalla loro moltitudine e sorretta dai loro consigli possa spedire più facilmente i gravi affari
che sopraggiunsero; col consiglio dei nostri fratelli, t' invitiamo, o figlio carissimo, acciocchè mandi
fedeli e provvidi nunzii che in tuo luogo ci appor-
tino utile consiglio per distrigare le cause della
Chiesa universale » (1).

citudinis assumentes tanquam membra capiti, comunicatis alte-
rutrum emergentibus casibus, unione indissolubili cohererent
per quam eis consensibus mutuis solidatis caput famulantibus
membris vigorem assumet et membrorum conditio de sui principii robore firmaretur. Quia igitur grandes apostolice sedis e-
ventus et causas te ignorare non convenit tamquam necessarium
matris Ecclesia munimentum, propterque necessitate urgente
tuam et aliorum videmus presentiam plurimum opportunam
fraternitatem tuam rogamus et hortamur attentius per apostolica tibi scripta precipiendo mandantes quatenus usque ad
proximum festum Resurrectionis dominice ad nostram presentiam personaliter venire procures, omni occasione cessan-
te, ut habeat ecclesia mater in filio speratum in sua visi-
tatione solatium et gratum providi consilii fulcimentum.

(1) Raynaldus, *Annales Ecclesiastici*, ad ann. 1240, n.
LIV. « (Ecclesia) amaris conspersa fluctibus et turbinibus agitata de praelatis et subditis et principibus orbis praesidium
dexterae sublevantis expectet. Cum igitur mater Ecclesia inter turbines seculi gravibus occupata negotiis reges terrae,
Ecclesiae praelatos et subditos ac alios mundi principes de-
creverit advocare, ut eorum varietate vistita et munita con-

Al Pecoraria in Francia non dovette essere spedita unicamente la lettera comune ai prelati di
recarsi al concilio nel tempo prefisso, ma di più
un'altra particolare di sforzarsi a raccogliere
molti che vi accorressero: lo si induce da quanto
fece in quelle circostanze. Dopo gli ordini pertanto della Santa Sede lavorò indefessamente
a togliere gli ostacoli frapposti da Federico per
impedire alla Chiesa di riunire il concilio e a disporre alla partenza per Roma arcivescovi, vescovi, abbati e principi. Congregò quindi i prelati
di Francia nella città de' Meldensi, ossia di Meaux,
per avere consiglio in negozio così arduo e trattare con esso loro di altre cose; e impose che
lasciata ogn'altra faccenda, in virtù d'obbedienza
al Pontefice, eglino andassero a Roma nel tempo
stabilito, promettendo a tutti mezzi e sicurezza
di trasporto per la via di mare. Gli convenne
usare di molta prudenza e sagacia a far risolve-

silio gravia, quae successerunt negotia, valeat felicius expedire, te, fili carissime... de fratrum nostrorum consilio ad hoc
fiducialiter invitamus... quatenus .. ad nos fideles et providos
nuntios tua celsitudo transmittat, qui super expediendis causis universalis Ecclesiae utile nobis consilium vice regia lar-
giuntur. » Documento questo e l'anteriore citato, di dottrina
e di storia, che disegnano colla maggiore esattezza e preci-
sione teologica nell'economia della Chiesa l'ufficio del Romano Pontefice, dei vescovi e de' principi, allorché sono cattolici; e dell'opera di Cristo mostrano la mirabile costituzione,
cioè di un tutto non disgregato ma vivo e armonico nelle
sue parti, com'è il corpo umano, quantunque l'eresia, il so-
fisma, l'esagerazione e l'ignoranza tentino indarno di scom-
porlo ed alterarlo. L'opera di Cristo, la Chiesa, dura quale
il suo fondatore l'ha istituita, nè gli sforzi del male varran-
no mai contro di essa.

re parecchi di allontanarsi dalla loro sede; mentre
Federico cercava tutti i modi d'infermare il diritto del Pontefice di tenere concilio, faceva conoscere ed esagerare i pericoli a concorrervi,
mandava ordini e minaccie ai capi delle diverse
chiese e abbazie, i quali avrebbero corrisposto al-
l'appello del Papa, scriveva a re Lodovico che
impedirebbe il passaggio a quelli di Francia che
fossero condotti dal Prenestino, diffondeva pel
mondo che Gregorio colla sua condotta attentava
ai regii diritti di tutti i sovrani, e prometteva
sino a chi avesse fermato per via i padri del concilio robe e cavalli che questi tenevano (1). Se
il re di Francia, eccitato in tante maniere dall'imperatore, non vietò ai suoi vescovi di andare a
Roma lo si deve in particolare modo all'accortezza del cardinale legato (2). Quest'uomo indefesso
nel suo ufficio, in mezzo a tante cure riceveva
l'ordine dal Papa di soddisfare, col danaro raccolto nella sua legazione, ai nunzii genovesi in-
combenzati di condurre a Roma per mare i padri
del concilio e ai creditori della Sede Romana. E
prima del dicembre aveva spedito mille marche
d'argento al nunzio Gregorio di Romania al quale doveva consegnarne altre quattro mila e cin-
quantasette (3). Il Papa riponeva in lui molta

(1) *Historiae Francorum Scriptores Veteres;* De Nangis,
Gesta S. Lodovici, p. 410, e Huillard Brèholles, *Historia* cit.
t. V, p. 1027-1029, e 1075-1085 e 1089-1090.

(2) Daniel, *Abbrégé de l'Histoire de France*, t. II, p. 502.
Paris 1731.

(3) Huillard Bréholles, *Historia* cit. t. V, p. 1053-1054,
1061-1062.

speranza di avere soccorso nelle calamitose circostanze in cui si trovava. Ai 5 dicembre informa-
valo delle gravi condizioni, alle quali aveva dovuto sottostare la Chiesa per avere preso in prestito grossa somma di danaro con cui sostenere la
difesa della fede, e che sinora non erasi potuto
pagare i creditori. Manifestavagli aver creduto
bene di pregare gli abbati e religiosi de'monasteri
di S. Benedetto, di Cluny e de' Premonstratensi,
affinchè ciascuno di essi desse a mutuo una somma di danaro a frate Riccardo de' Templarii con
che soddisfare a que' creditori. E pregavalo ed e-
sortavalo, se al termine prefisso coll' aiuto mandato dall' Inghilterra non avesse potuto corrispondere ai creditori, di interporre tutta la sua mediazione presso gli abbati e monaci suddetti, acciuc-
chè ne' presenti bisogni aiutassero la Chiesa col
prestito indicato (1). E cotali inviti e premure
non mancava di secondare il legato.

Raggiunse un altro importante intento di tirare dalla parte della Chiesa Raimondo di Tolosa;
così quegli, che prima aveva tanto favorito l'Impero nelle Gallie e gli eretici Albigesi, trattò col
legato pontificio e promisegli con giuramento in
Clermont obbedienza in tutto alla Sede Apostolica
e ai comandi del suo rappresentante e di aiutare
fedelmente ed efficacemente il Papa in singolare
modo contro Federico e contro quelli che conti-
nuassero a riconoscerlo per imperatore; e lo stesso
conte fece giurare eguali obblighi con suo ordine

(1) Potthast, *Regesta Pontificum Romanorum*, p. 928.

dell'11 marzo 1241 ai consoli e alle comunità dipendenti dalla sua contea (1). Verso la metà dell' anzidetto mese potè infine il cardinale, dopo stenti e
fatiche innumerevoli, riunire d'intorno a sè buon
numero di prelati e di altri cospicui personaggi; e
dopo molto dispendio mettersi in viaggio alla volta di Roma pel concilio, promettendo a quanti
lo seguivano che a Nizza marittima avrebbero trovato uomini e navi che li difenderebbero dalle
insidie e dalle armi di Federico e li condurrebbero
sicuri al luogo desiderato (2). Con ciò attenevasi
pienamente alle istruzioni pontificie, che animava-
no i vescovi nelle presenti necessità della Chiesa
a preferire la voce di Dio a quella dell'uomo e
anteporre il merito dell'obbedienza alle difficoltà
che insorgevano (3); ma nello stesso tempo andava incontro ad una disgrazia quanto mai deplo-
rabile, che avrebbe impedito a tant'altri, già disposti alla partenza, di seguirlo. A Tedaldo Viscon-

(1) Huillard-Bréholles, op. cit. t. V, p. 1101-1102.
(2) *Rerum Gallicarum et Francicarum Scriptores*, t. XX,
Guillemus de Nangiaco, *Gesta S. Lodovici*, p. 330. Il de
Nangiaco è lo stesso che il De Nangis più volte citato: qui
ci serviamo dell'edizione fatta nella raccolta allegata, che
così scrive il cognome di quel cronista, edizione moderna
assai corretta; avvertendo che quella di Francoforte avuta
da noi più alle mani, come pure quella del Chesne, invece di
Nizza per luogo, dove i padri del concilio avrebbero trovato
mezzi di trasporto, mette Vienna sul Rodano. Nell'assegnare
Nizza concordano gli Annali Genovesi del Caffaro continuati
da Bartolomeo Scriba, che citeremo in seguito.
(3) Raynaldus, *Annales Ecclesiastici*, ad ann. 1240, n. LVII-
LVIII.

ti maggiordomo del legato fu impedito di dividere col suo signore il pericolo del viaggio e le dolorose conseguenze, e costui restò in Francia per causa d'infermità (1). Qui finisce la legazione del Pecoraria in Francia durata quasi un anno e mezzo. Il Ciaconio e l'Ughelli estendono la medesima non solo presso i Francesi ma anche presso gli Spagnuoli: non è inverosimile che il Prenestino, stando per tanto tempo nelle Gallie, andasse in Ispagna, massime ne' luoghi di essa confinanti colla Francia. E Papa Gregorio glielo avrà comandato, che nel vedere crescere tuttodì il predominio di Cesare a danno della Chiesa e dei popoli italiani cercava da ogni parte aiuti per abbattere l'imperatore tiranno. Il biografo antico di Gregorio X e il Giustiniani annalista Genovese la estendono eziandio alla Germania; devono costoro aver ciò scritto perchè il cardinale Giacomo andò a Liegi per gli affari già sopra indicati, città che apparteneva come si disse all'Impero; ma lo speciale legato della Germania allora era Alberto di Beham. Nelle Gallie il Pecoraria aveva assestato molti affari, giovato grandemente alla Chiesa e saputo tenere que' popoli uniti di spirito e di opere al sommo Pontefice, in un tempo che tante erano le arti e le seduzioni e le forze ed i pericoli per separarneli; e da quelle contrade partiva, forse lieto e contento, nutrendo le speranze di nuovi trionfi per la causa da lui sostenuta con tanto amore, sebbene poco dopo dovessero sopraggiungere rovesci i più disastrosi.

(1) *Vita Gregorii X* in Campi *Historia Ecclesiastica*, Par. II, p 343.

LIBRO SESTO

1241-1243

La comitiva de'prelati Francesi guidata dal Prenestino, dopo un viaggio tempestoso di molti giorni, sul finire del marzo 1241 pervenne a Nizza, presso cui alcune galere imperiali tenevano il mare per sorprenderli e catturarli. In quella città il cardinale si riunì coi due legati Ottone ritornato dalla Brettagna e Gregorio di Romania dal-

la Lombardia, e coi vescovi e abbati inglesi e spagnuoli. Il legato Gregorio, scelto dal Papa a preparare tutto che occorreva pel trasporto sicuro
degli invitati al concilio, era appunto venuto a
Nizza con galere e taride per condurre a Genova
i due nunzii, i prelati e principi colle loro robe.
Alcuni di loro fra' quali gli arcivescovi di Tours
e di Bourges e il vescovo di Chartres, scusando-
si che l'apparato di navi e d'uomini non era
sufficiente a difenderli e impauriti dalle minaccie
di Federico, non vollero continuare il viaggio e
in loro vece mandarono procuratori. Ma i due
cardinali Giacomo e Ottone con Gregorio e molti
altri prelati, quali valorosi soldati nel momento
più incerto della battaglia si misero in mare col
loro seguito e coi cavalli e con molte altre cose che
seco portavano, ed avendo fatto felice navigazione,
in aprile approdarono a Genova. Vi furono accolti col maggior onore ed ospitati nel palazzo del-
l'arcivescovo (1).

Mentre gli arrivati da Nizza fermaronsi per alcuni giorni nella capitale della Liguria, la moltitudine in viaggio per Roma accrebbe degli ambasciatori e prelati di Milano, Piacenza, Brescia e
Bologna; e tutti i fedeli alla Chiesa, invitati al
concilio, convenivano a questo porto di mare
per imbarcarsi e condursi a Civitavecchia, e di
là poi recarsi presso il Papa. Il Pecoraria in
Genova trovava soldati della sua patria a dife-

(1) Muratori, *Rer. Ital. Script* t. VI, Caffarus, Annales
Genuenses, lib. VI, Bartholomeus Scriba, p. 485-486; e *Rer.
Galic. et Franc. Script.* t. XX, De Nangiacò, *Gesta S. Lo-
dovicii*, p. 350.

sa di quella celebre repubblica, e podestà della medesima il piacentino Guglielmo Sordo valoroso sostenitore delle ragioni pontificie e della Lega Lombarda e fedelissimo ai trattati. Quest' integro magistrato aveva saputo resistere alle insinuazioni dei Pisani, i quali avevano mandato ambasciatori a pregare i Genovesi di non condurre i prelati a Roma; e fece loro rispondere: Il Comune di Genova in ogni tempo onorò la Chiesa Romana e servì alla medesima come a madre, e il Comune di Genova ha proposto di servire per la difesa della libertà ecclesiastica e della fede cristiana, e ha dato la parola di condurre secondo il proprio potere alla Curia Romana i prelati, i principi, i baroni e gli altri devoti alla Chiesa e di osservare l'ordine del Papa. E proprio a quei giorni il Sordo scoprì una congiura ordita dal partito imperiale, che era in Genova incoraggiato da lettere secrete dello stesso Federico, per impedire la partenza de' prelati; e ne ruppe le fila, facendo arrestare i capi ed assalire le case dove s'erano rifugiati; e gli avversarii furono ridotti all'impotenza di nuocere. Il popolo in quel caso fatto consapevole dei perfidi consigli nudriti dai ribelli prestò il maggiore aiuto al proprio capo; e così dopo si attese totalmente alla spedizione delle navi destinate a trasportare gli invitati al concilio. Ventisette galere, condotte dal Papa, sotto il comando di Guglielmo il Nero, di casa Embriaco furono allestite, e portavano que' personaggi, fra' quali il vescovo Prenestino, molti nobili Genovesi, e danari e tesori inviati alla Sede Romana dalle diverse parti della Cristianità, e il giorno di S. Marco salparono dal porto. Tutta quella moltitudine s'imbarcava piena di fiducia che il Signore assisterebbe i suoi fedeli contro il nemico della Chiesa, ma ne' disegni della Provvidenza era ben altro disposto. Arrivarono le navi prima a Portofino, poi a Levanto. E sentendosi in questo luogo la notizia che Oberto Pelavicino assediava il castello di Zolasco, i Genovesi dalle galere volevano discendere a terra per resistergli e costringerlo a levare l'assedio; ma i cardinali Giacomo e Ottone e il legato di Lombardia nol permisero, e le navi occuparono le acque di Portovenere. Quivi l'ammiraglie Guglielmo, ancorchè ricevesse avviso da Genova che grossa armata nemica avrebbe incontrato, e che fra breve riceverebbe in soccorso altre undici galere, e dai cardinali e dagli altri illustri viaggiatori fosse pregato a non arrischiarsi, ricusò soprassedere presso Portovenere e seguì la navigazione (1).

Nel tempo che la parte del Papa tutto disponeva per aprire solennemente il concilio nella festa di Pasqua, come erasi stabilito; Federico raddoppiava gli sforzi per impedirlo, temendo con ragione che dovesse essergli contrario, e per raggiungere il suo pravo intento studiavasi specialmente di fermare coloro che vi si recavano. Voleva che non andassero a Roma per mare ma per terra, passando nei luoghi di suo dominio e prima portandosi da

---

(1) Muratori, op. cit. p. 485-489; e Guglielmotti, *Storia, della Marina Pontificia*, vol. I, p. 431.

lui, il quale avrebbeli, diceva, istruiti della giustizia delle cose da trattarsi, ed avrebbe impedito
che fossero raggirati dal Papa. Nessuno de' prelati, e de' principi che stava colla Sede Apostolica
die' retta allo Svevo, quantunque promettesse o-
gni sicurezza: erano abbastanza note le sue opere
e le sue intenzioni per potersene fidare. Stando
all' assedio di Faenza l' Augusto fece allestire in
Sicilia e Puglia molte galere, e le mandò col re
Enzio suo bastardo a Pisa, affinché si congiunges-
sero colle navi di quella repubblica sua alleata.
E in tale maniera si formò una grande armata
di sessantasette galere, di cui ventisette imperiali
comandate da Andreoli de' Mari genovese, e quaranta Pisane dal conte Ugolino Bazzuccarini, e
tutte si misero in cerca per assalire l' armata Genovese (1).

Il comandante Guglielmo Embriaco spregiatore
dei Pisani, non volendo andar cauto nè tenersi
largo a mare verso la Corsica, anzi impigliatore
sconsigliato, condusse i vescovi in mezzo alla rete
tesa dall' armata imperiale e Pisana. Le navi delle due parti nemiche s'incontrarono il giorno di
santa Croce ai 3 di maggio, verso l' isola del Giglio
fra questa e l' isoletta di Monte Cristo presso lo
scoglio della Meloria. Si fece aspro ed accanito
combattimento; i Genovesi a principio presero
tre galere, uccidendone i difensori, ma essendo
in minor numero degli imperiali e dei Pisani, e

_____

(1) M. Paris, *Historia maior*, ad ann. 1241, p. 561; Roncioni, *Istorie Pisane*, all'ann. 1241, p. 500-501. Firenze 1844.

impacciati dalle persone inutili a guerreggiare e dal grosso carico che trasportavano; mentre l'avversario non teneva che uomini per navigare e per combattere, rimasero pienamente sconfitti. Tre delle loro galere affondarono, e per annegamento o per ferro perirono due mila uomini, fra' quali molti vescovi ed abbati e superiori di ordini religiosi; e venti galere, sopra cui stavano il Prenestino e Ottone e Gregorio di Romania e il maggior numero d'ambasciatori, arcivescovi, vescovi, sacerdoti e chierici d'ogni grado, e le cose di soccorso al Papa, vennero in potere degli imperiali e dei Pisani; e quattromila uomini furono fatti prigionieri. Soltanto quattro galere che portavano i vescovi di Spagna si poterono salvare (1). Pisa nelle acque della Meloria, dove commette una grande violenza ed un'enorme ingiustizia, appena passati quarantatrè anni, dai Genovesi ora vinti e dopo vincitori (6 agosto 1284) avrà il meritato castigo, perdendo battaglia maggiore di questa che vinse, ed essendo umiliata col vedere undici mila de' suoi concittadini schiavi oltre tre lustri, e distrutta per sempre la navale sua potenza. Nel luogo della colpa scontò la pena. Re Enzio pagò pure il fio, rinchiuso per ventitre anni (1249-1272) nelle carceri Bolognesi, fabbricate a bella posta per lui, vi morì.

(1) Muratori, luog. cit. Baluzius, *Miscellanea historica digesta studio Mansi;* De Curbio, *Vita Innocentii IV,* p. 195. Lucae 1761; Roncioni luog. cit.; Guglielmotti luog. cit.; *Monumenta historica ad provincias Parmensem et Placentinam,* Anonymus *Chronicon Placentinum,* p. 162-163; Pertz, *Monumenta Germaniae historica,* t. XIX; *Annales Senenses,* pag. 229-230; e Bulan, *Storia di Gregorio IX,* vol. III, p. 432-433.

Nel micidiale disastro fatto prigioniero il Pecoraria col suo compagno Ottone, e per ordine di Federico, avvinto di catene fu condotto per mare prima a Pisa poi a Napoli, esposto agli oltraggi de' marinai e ai patimenti di un viaggio il più incomodo. Matteo Paris, tutt' altro che storico esagerato in quanto poteva ridondare a disonore di Federico, narra che lo stato del vescovo di Preneste era infelicissimo, e che nondimeno convenne a quel cardinale sostenere un viaggio di circa tre settimane, seduto sopra d' una nave stipata di prigionieri, colpito dai più ardenti raggi del sole; tormentato da mosche innumerevoli, che pungevano come scorpioni, e dalla fame e dalla sete, e provocato e rimproverato a volontà della ciurma, anzi dei pirati più ostili. Era un lungo martirio che subiva per l' obbedienza al Pontefice. Il carcere sembrava un riposo, sebbene di riposo sarebbe stato privo. Non manca però di chiamarlo un avversario ostinatissimo dell' impero (1). E dacchè lo stesso storico nota che fra i

---

(1) M. Paris, *Historia maior*, ad ann. 1241, p. 563-564, 575. « Jussu igitur Imperiali ducti (praelati) per mare cursu diuturno, per spacium circiter trium hebdomadarum, donec venirent Neapolim in Apulia: et in castro, quod est vicinum civitati, et mari circumdatum, tutelae certissimae mancipantur. Sed non omnes aeque damnabat calamitas carceralis. Prenestini enim miserrima erat conditio. Et omnes iam vel morbus, vel lethalis invaserat imbecillitas. Cum enim diu navigaverant, sedentes glomeratim vincti et oppressi, cecideratque super eos aestus intollerabilis, muscis circumvolitantibus, et more scorpionum pungentibus, fame et siti cruciati, et ad arbitrium nequissimorum nautarum, imo hostilium piratarum, lacessiti

prigionieri, i più gracili specialmente consumavan-
si di tabe e di languore, si può indurre quale
malessere e quali dolori cogliessero Giacomo Pecoraria, il cui stato era infelicissimo a detta del
medesimo Paris. De Curbio biografo d' Innocenzo
IV aggiunge che i prelati erano fatti vedere al
popolo in Pisa e in molti luoghi del regno di Sicilia affinchè fossero insultati e derisi (1). Quegli
infelici, spogliati di tutto senza pietà, ignudi e
scalzi, lungo il viaggio furono messi a terra per
alcuni giorni in Pisa; e il vescovo Prenestino venne condotto con molti altri nella prigione del
castello di S. Miniato, detta la Camera dell' Imperatore, e sempre avvinto di duri ceppi. Dividevà-
no col Pecoraria la cattività gli abbati di Citeaux
di Cairvau e di Savigny, suoi confratelli cistercensi; e questo dovea essergli di qualche conforto

et obiurgati, longum martyrium protraxerunt quod per obedientiam subierunt. Videbatur carcer requies, licet requie
caruissent. Tabuerunt ergo praecipue delicatiores, et variis
infirmitatibus languerunt. Unde quidam religiosi, et multi
alii, animas afflictas exalantes, ex miseria huius mundi ad
Dominum, non sine palma martyrii migraverunt. Et cito post,
dominus Prenestinus, obediens domino Papae usque ad
mortem a nequam saeculo transivit ad requiem.. obiit Prenestinus Episcopus Jacobus, Imperatori obstinatissimus ad-
versarius, habitu Cistercensis. » Il Paris nel dire che Giacomo
Pecoraria morì prigioniero nel 1244, commette un grave errore, e vedremo che sopravisse ancora tre anni.

(1) Baluzius, *Miscellanea historica*, t. I, p. 195: Primo ad
maiorem verecundiam deducti fuerunt Pisas, et exinde de
loco ad locum per regnum Siciliae opprobriose deducti, ac
ibidem diris carceribus mancipati, quorum aliqui macerati
squalloribus et inedia pressi miserabiliter defecerunt.

nell'amarezza in cui si trovava. Que' monaci, dal
carcere di Pisa verso la metà di maggio, scrive-
vano della loro lagrimevole condizione ai religiosi de' proprii monasteri, ricordando i cardinali
Giacomo ed Ottone che erano nella stessa condanna in catene (1). Al dire di altra antica memoria (2) questi due illustri prigionieri erano stati messi nella canonica nuova del capitolo Pisano
e tenevano ceppi d'argento; forse così aveva disposto il vincitore, dopo qualche giorno dall'arrivo dei prigionieri in Pisa, per raffinatezza di
barbarie, e per meglio trarre i curiosi a vedere
i vinti, dando spettacolo alle plebi della sventura
altrui. L'uomo è ben cattivo e vile anche nel colmo
della vittoria. In mezzo all'infortunio il Prenestino col compagno Ottone cercò danaro; e loro pre-
stollo l'arcivescovo Vitale di Pisa, che subito ne
ebbe l'equivalente da Martino abbate del monastero di S. Michele del Borgo (5). Consola che
non mancavano anime compassionevoli e genero-
se, sollecite di alleviare alquanto le pene di quei
disgraziati. I prigionieri, dopo la breve fermata di
Pisa, vennero trasportati a Napoli, e quivi messi
nel castello di S. Salvatore, ora forte dell' Uovo (4);

(1) Huillard-Bréholles, *Historia diplomatica Friderici secundi*, t. V, p. 1121-1122
(2) Roncioni, *Istorie Pisane*, p. 502, in nota; dove si cita
un documento preso dagli Archivii degli Ospedali Pisani, ri-
portato dal Del Borgo *Diss* I.
(3) Huillard-Bréholles, *Historia* cit. t. V, p. 1135.
(4) De Cherrier, *Storia della lotta tra' Papi e gli Imperatori della casa di Svevia*, vol. II, p. 218.

e da questa città per ordine imperatorio, Andrea
di Cicala capitano giustiziere del regno nel luglio
li fece condurre a Salerno da Riccardo di Monte-
negro, giudice della Terra di Lavoro, e mettere in
varii castelli (1). Al Prenestino secondo alcuni (2)
sarebbe toccato la rocca di Melfi, e secondo altri
Amalfi; dove i castelli di Pogerola e Scalella ser-
vivano di carcere (3). E così tanti prelati e ambasciatori delle città amiche alla Chiesa furono
rilegati chi in un luogo chi nell'altro, e molti
finirono i loro giorni senza riacquistare la libertà e rivedere la patria.

   Federico da Faenza si gloriava della preda fatta alla Meloria, motteggiando egli stesso le sue
vittime coi seguenti versi, mandati in risposta al
figlio Enzio, il quale chiedeva al padre che dovesse fare dei prigionieri:

   Omnes praelati Papa mandante vocati
      Et tres legati veniant hucusque ligati.

   (1) Muratori, *Rer. ital. Script.* t. VII, Richardus de San
Germano, *Chronicon*, p. 1046-1047; Pandolfo Collenuccio,
Compendio delle storie di Napoli, p. 84 retro; Venezia 1541.
Monumenta historica ad provincias etc. Anonymus, *Chro-*
nicon Placentinum, p. 163.

   (2) Roncioni, *Istorie Pisane*, all'ann. 1241, p. 502; Campi
Historia ecclesiastica, Par. II, p. 172.

   (3) P. Collenuccio, *Compendio cit.* p. 84 retro; F. Capecelatro, *Istoria della città e regno di Napoli*, vol. I, p. 622;
Monumenta historiae patriae iussu regis Caroli Alberti e-
dita Scriptores, t. IV; Schiavina, *Annales Alexandrini*, p. 222.
C'indicò il nome dei Castelli, destinati a carcere in Amalfi
a quel tempo, il cav. Matteo Camera amalfitano dotto culto-
re della storia di sua patria. Crediamo che siasi notato dagli storici della prima sentenza Melfi invece di Amalfi per
errore, facile a commettersi, perocchè in passato si scriveva
Malfi per Amalfi.

L' annalista Alessandrino Schiavina per questo racconta che carichi di catene furono condotti i prigionieri a Faenza dinanzi al superbo imperatore e di poi mandati altrove (1), come sopra fu narrato; e la stessa cosa racconta anche Matteo Paris (2). Vantandosi Federico del successo col re Enrico III d'Inghilterra, dalla stessa Faenza che aveva costretta ad arrendersi, scriveva il giorno 18 maggio che una turba di prelati col Prenestino e col maestro Ottone, per contrariare gli imperiali progressi, ma per loro sventura, era giunta a Genova. *Ubi conveniente cum eis Gregorio de Romania addito legato legalis ut simul ligarentur; e che prepotens dominus... legatos ligatos simul tradidit et prelatos*: che teneva nelle sue mani oltre cento persone tra arcivescovi, vescovi, abbati e molti altri prelati e nunzii e procuratori di prelati, e gli ambasciatori delle città ribelli di Lombardia. E del cardinale Giacomo segnatamente parlava: « La sorte di quel Prenestino che contro di noi ovunque suscitava l'odio maggiore, crediamo non essere stata senza divino consiglio; affinchè non confidi, sotto la forma di lupo in pelle di pecora e in manto d'agnello, di tenere racchiuso Iddio, è sappia che Iddio è con noi sedente sul trono e giudica dell'equità: Iddio che non solo pel sacerdozio ma per il regno e il

---

(1) *Monumenta historiae patriae iussu regis Caroli Alberti edita*, Script. t. IV, p. 222.

(2) *Historia major*, ad ann. 1241, p. 562. Captis et praesentatis praelatis et legatis cum suis Januensibus domino imperatori.

sacerdozio stabilì di governare la macchina del
mondo » (1). Linguaggio consimile anche moder-
namente si usò e si ripetè dai fortunati della ri-
voluzione e della forza contro gli oppressi della
Chiesa; quasi che l'esito felice d'una causa ne
fosse sempre prova della giustizia; e il diritto e
il fatto fossero equivalenti. La lettera dell'altez-
zoso Hohenstaufen manifesta quale era il suo
sistema intorno ai Papi e alla Chiesa Romana; di
non volere dai medesimi essere giudicato, di mettere sè stesso sovra tutti e di aspirare al pieno
dominio sui corpi e sulle anime: punti assai
bene dimostrati dal dottissimo Huillard-Bréholles (2). Scrivendo l'augusto anche ai conti, principi e nobili suoi partigiani della resa di Faenza
e della vittoria riportata sui Genovesi, parla ancora del Pecoraria, accusandolo in questo modo:
« Detrattore del nostro nome e della nostra fama,
il quale essendo lupo rapace sotto la pelle di
pecora, per poter fuggire dalle nostre mani, quasi
consapevole delle offese fatte a noi, spesso cangiò
forma a seconda delle circostanze e delle rela-

<hr>

(1) Huillard-Brébolles, *Historia* cit. t. V, p. 1123-1125.
Et de Prenestino illo qui summum contra nos ubilibet odium
incitabat, divinum non defuisse iudicium arbitramur, ut sub
latentis lupi specie in ovina pelle ac agni clamyde Deum
inclusum gerere non confidat, et sciat quia Deus nobiscum
est, sedens super thronum et diiudicans equitatem, qui non
solum per sacerdotium sed per regnum et sacerdotium mundi machinam statuit gubernandum.

(2) *Historia* cit. *Introduction* ch. IV. §. III, p. CDLXXV-
DXIX.

zióni » (1). Con queste parole alludeva forse l'imperatore all' essersi il cardinale vestito da pellegrino per recarsi nella Provenza, a dispetto degli
ordini più crudeli che lo vietavano. Dalla storia
precedente si comprende che valore abbiano in
bocca di Federico le suddette accuse, e piuttosto
fanno vedere che l' uomo di Chiesa più temuto
dal sovrano scomunicato era il Prenestino e che
lo stesso s' era esposto più di tutti gli altri suoi
colleghi cardinali e vescovi per sostenere i diritti del papato; e quindi aveva incorso l' ira
maggiore di colui che mostravasi apertamente
nemico della Sede Romana. Nell' allegata lettera,
cosa indegna d' un imperatore, di bel nuovo ritorna all' insulto contro i due cardinali e contro
Gregorio di Romania suoi prigionieri. *Capti sunt
duo legati . . . tertius insimul legatus . . . ut
cum iisdem legatis firmiter ligaretur . . . in fu-
gitivo equore captis legatis, pariter et ligatis* (1).

Siffatti motteggi rivelano l' animo di Federico,
che, quantunque attento ne' documenti pubblici
ad occultare sè stesso e a tenersi in certa gra-
vità e temperanza di modi, mancava di generosità
ed era inumano. Nè poteva avvenire altrimenti
in un cuore dato alla lascivia raffinata degli

(1) Huillard-Bréholles, op. cit. t. V, p. 1127. Quod cum
Prenestinus episcopus nostri honoris et nominis obtrector,
qui rapacem lupum sub ovina pelle tegeris, quod possit ef-
fugere manus nostras, patratarum velut suarum in nos conscius offensarum, frequenter species hominum ex alterna rerum et commerciorum varietate contraxit,..

(2) Ivi, p. 1128.

orientali; e la voluttà ne' potenti assai volte è
compagna della tirannia, e l' una stuzzica l'altra.
Si sa di questo principe che manteneva un harem
permanente a Lucera, di dove ritraeva le fan-
ciulle da fornirgli harem ambulanti che si ti-
rava addietro nelle spedizioni, e che ebbe la
taccia di vizii ancor più turpi. Esempi di sua
crudeltà e principalmente contro il clero fedele
al proprio condottiere e contro i ribelli alla sua
maestà sono moltissimi, registrati da storici a
lui devoti; d' alcuni se ne fece cenno, ne see-
gliamo altri che servano a disegnare il carattere
dell' uomo nelle cui mani erano caduti il Prenestino coi suoi compagni di sventura. Fece deca-
pitare il vescovo d'Arezzo, dopo averlo fatto tra-
scinare a coda di cavallo in mezzo agli insulti
de' Saraceni nemici giurati de' cristiani; fece tor-
turare in diciotto maniere diverse il padre Simone
di Montesarculo dell'ordine de' Predicatori (1).

Dopo la battaglia della Meloria, il podestà Guglielmo Sordo, il Consiglio e la Comunità di Genova scrissero subito nel dì 10 maggio a Gregorio IX la nuova della sconfitta disgraziatamente
incontrata: gli esprimono il loro profondo dolore
pel fatale successo; ma non punto abbattuti di
animo offronsi risoluti e pronti a difendere la
fede, la Chiesa del Signore e il popolo cristiano,
e a vendicare le ferite, le stragi, gli oltraggi
degli innocenti. Nominano il primo fra i Padri

---

(1) Huillard-Bréholles, op. cit. *Introduction*, p. CXC-CXCII
e CXCVI-CXCVIII.

condotti sui loro navigli il vescovo Prenestino,
al quale danno i titoli onorifici di venerabile e
padre santo, e cui credevano scampato dalle mani
dei nemici, che pur troppo non era. Lo supplica-
no a non desistere per causa dell'infortunio dalle
prese risoluzioni, perocchè essi sono obbedienti
in tutto ai voleri e agli ordini del capo della
Chiesa (1). Notificarono a Roma nell'istesso giorno la triste novella anche i prelati di Spagna,
salvatisi sopra le cinque galere scampate dalla
strage, e nella loro lettera ricordano in particolare il cardinale Giacomo, in compagnia del quale
sprezzato avendo qualunque difficoltà, paura e
pericolo venivano alla presenza del Papa, ed esprimono il loro cordoglio a Gregorio IX col protestar-
gli obbedienza illimitata, col cercare che si proceda
dopo questo nuovo delitto più fortemente contro
il tiranno Federico, e coll'attestare la fedeltà e
il fervore più grande di prima del podestà e dei
cittadini Genovesi per la Sede Apostolica (2).

Allo spargersi pel mondo la nuova infausta,
non poteva nascere universalmente in mezzo dei
fedeli alla Chiesa che scoraggiamento; per togliere questo cattivo effetto il Papa scrisse ai
Veneziani, ai Lombardi, ai Bolognesi e ad altri
popoli una lettera la meglio acconcia a rinfran-
care gli animi nel momento d'esser presi dal
timore e dalla sfiducia. Ecco come fu la scritta
ai 18 maggio al doge e al podestà di Venezia.

(1) Campi, *Historia* cit. Par. II, *Registro* n. LXXXIV.
(2) Ivi, n. LXXXIII.

« La navicella di Pietro posta nel mare di questo
mondo talvolta è qua e là respinta da venti contrarii e talora è percossa dalla furia delle pro-
celle; ma alla fine, il Signore comandando la
calma ai flutti e sostenendo l'impeto dei turbini
succede la tranquillità alla tempesta, e innanzi
alla medesima navicella che solca il piano del
mare ritraggonsi le stesse onde perchè comunque, spinta alcune volte da flutti improvvisi, sia
agitata, non è sommersa; e se, ripercossa da onde
frementi, è sbattuta, non resta infranta. La Chiesa infatti, innalzata sopra la pietra della fede,
frequentemente è assalita dagli avversarii della
religione cristiana e spesso impugnata dai perse-
cutori dell'ecclesiastica libertà; ma alla fine, l'Altissimo rivolgendo ad essa il suo sguardo di clemenza e stendendo tutrice la destra di sua potenza, i detrattori della fede sono costretti al
silenzio; e domata la violenza, le mani dei per-
secutori stese sopra i diritti della Chiesa restano
contratte; e così dopo l'oscuro del turbamento
segue il sereno della pace, e alla stessa Chiesa
per comando di Dio è assoggettato il mare del
presente secolo, infranto l'impeto delle insorgenti
tempeste. Se dunque i fedeli della stessa Chiesa
a seconda dell'instabilità terrena alle volte sono
amareggiati dagli eventi e alle volte raddolciti
dalle cose desiderate, il successo avverso non deve
deprimerli, come i prosperi incontri non devono
insuperbirli; ma tutta la speranza e la fiducia
va riposta in colui che ai suoi confidenti apre il
seno di sua misericordia, e dopo la sofferenza

della tribulazione nelle contrarietà, adopera il rimedio della consolazione col far succedere cose prospere. Federico pertanto, sedicente imperatore, persecutore della Chiesa, avendo già prima inviato lettere ai nostri fratelli e ai prelati delle Chiese e ai principi del mondo, dimandò che fosse convocato un concilio, perchè vi si trattasse de' suoi meriti; e noi finalmente col consiglio dei nostri fratelli credemmo opportuno di convocare presso questa Sede Apostolica i prelati e i rappresentanti dei re e dei principi. Ma quegli inteso ciò, perocchè agli orecchi degli empii sempre rumoreggia il terrore, la mala coscienza prevedendo i danni futuri, spediva in seguito lettere in senso contrario; e, non volendosi umiliare col rimettersi all'esame del concilio, palesò con varii scritti il suo interno pieno di inganni.

« Accedendo pertanto a questa Sede alcuni prelati, e un maggior numero essendo ritornati alle loro case per timore del viaggio in mare, lo stesso, saputo dell'arrivo vicino dei rimasti, con premeditate insidie li fece arrestare insieme al venerabile nostro fratello il vescovo di Preneste e al diletto figlio Ottone di S. Nicolò in carcere Tulliano cardinale diacono, legati ambidue della Sede Apostolica, quasi non fosse contento d'avere assai volte danneggiato la Chiesa, se non le arrecava altresì inapprezzabile offesa. Ma ancorchè tali cose turbino la mente de' fedeli, non però deve cangiarsi la costanza dei loro cuori, nè il loro animo sincero deve piegarsi; devono anzi tanto

meglio favorire la stessa Chiesa contro il persecutore per quanto eglino sentono in sè medesimi
aver colui con tali fatti arrecato alla stessa una
più grave ingiuria. E perciò colla maggiore attenzione avvisiamo, preghiamo ed esortiamo la
vostra comunità, ordinando siccome a gente di
costantissima devozione alla Chiesa e confidente
nel Signore e nella potenza della sua forza, che
facciate forte e virile resistenza ai suoi nemici,
quali fortissimi guerrieri di Cristo. Nè l'iniquità
dell'improvviso accidente faccia costernati dallo
stupore i vostri cuori, ma piuttosto lo zelo del
Signore li infiammi per la difesa della Chiesa.
Perocchè noi, sotto la scorta di Dio, ci studie-
remo di provvedere intorno a tali cose, confidando sia per essere con noi la potenza del suo
soccorso, perchè depressi gli sforzi degli empii
ne verrà onore all'Altissimo e ne deriverà forza
alla cattolica fede e aumento dell'ecclesiastica
libertà e ne susseguirà vantaggio vostro e degli
altri fedeli » (1).

Il Papa non dimenticavasi degli infelici, caduti
prigionieri per aver obbedito alla Chiesa; e loro,
a dì 14 giugno, dal palazzo Laterano mandava
una lettera di conforto, indirizzandola prima che
agli altri al vescovo di Palestrina; ed è la seguente: « Di questi giorni a stento avrebbe potuto accaderci qualche prosperità; la quale se
accaduta ne fosse sarebbe stata gradita ai singoli
o a tutti accettevole senza che i più avessero a

(1) Vedi Documento XI.

discorrerne e a diversamente pensarne. Ben adunque ne consegue che intorno alla lugubre disgrazia, la quale per divina permissione si conosce essere testè avvenuta, siavi materia presso taluni a parlarne con diversità di opinione e di apprezzamenti a seconda della varietà delle passioni: di che nè dovete maravigliare nè deve turbarsi l'animo vostro, nè smuoversi la vostra costanza; essendo che comunque, come sapete, così sia fatta la natura degli uomini, che a tutti sia dato il parlare, ma a pochi sia concesso il savio intendere, è tuttavia a noi chiarissimo e alla mente di chi saggiamente discerne che voi con ogni diligenza e a prezzo di vostre fatiche procuraste l'onore di Dio e dell'Apostolica Sede e la salute della Chiesa universale, non che il merito dell'obbedienza, nella quale consiste la perfezione d'ogni virtù, avendo avuto specialmente di mira di affrettarvi, colla moltitudine dei devoti a voi unita, al seno della madre Chiesa; sebbene intralasciato quello che meritamente potevasi fare, e debba deplorarsi che Gregorio di Romania, informato da noi per lettere quali si fossero le forze della parte contraria, non abbia allestite giusta il nostro comando sufficienti galere, sicchè resa impossibile l'aggressione dei nemici, il passaggio vostro, Cristo precedendovi, fosse sicuro d'ogni pericolo.

« Essendo che adunque, o venerabili fratelli, la lucerna di vostre virtù non istà sotto il moggio nascosta, ma risplende sul candelabro al cospetto di tutti, noi vi preghiamo che, dispre-

giando le ciarle e i pazzi supposti dei vitupera-
tori e solo respirando in colui che mite e umile
di cuore ingenera affetto di continua pietà; a
riguardo di que' suoi servi che sono in preda
all' afflizione, questo di noi e dei fratelli nostri
riteniate per fermo che, sebbene differiamo da
voi per la qualità de' luoghi e per le catene,
siamo nulladimeno partecipi di vostre pene che
e spesso ci effondiamo in sospiri e assai volte ci
facciamo molli di lagrime; comunque a noi siccome a voi provvenga molta consolazione da ciò
che nutriamo fiducia nell' ineffabile clemenza del
Redentore, e che cioè egli, che ha piantato col
suo sangue la Chiesa e fecela gloriosa colle tribulazioni de' suoi eletti, sia per rischiarare su di
essa la faccia di sua benignità per quanto è am-
pio il mondo; e che intanto a noi e ai medesimi
fratelli che vi accompagniamo come cogli affetti
della commiserazione così coi sussidii delle orazioni, e che a voi stessi i quali soffrite nel suo
nome l'onta della cattività, egli siccome padre
delle misericordie e Dio d'ogni consolazione si
offra grazioso nell' abbondanza di sua pietà pei
meriti della gloriosa Vergine e dei beati Apostoli;
e ne conceda che circa la tranquillità della Chiesa e la pace del mondo, in conformità a quanto
piamente e lodevolmente ne persuadeste per lettere, di tale guisa ne sia dato provvedere che
dopo il turbine della tristezza possa susseguire
il sereno della letizia, e che la cattolica fede, la
quale, come apprendemmo da lettera e relazione
fede degne, con cui ci vengono significate quelle

irruzioni immani di Tartari, de'quali per lo innanzi erano ignoti il nome e il furore, è assalita
oltre ogni credere per le scorrerie di quelle orride
genti, inviolabilmente si conservi a gloria della
superna maestà e a salute dei fedeli. Del resto
avendovi noi, siccome carissimi in Cristo continuamente in cuore, e non trascorre mai giorno
che imaginaria visione non ne rappresenti con
pianto il vostro stato; non fate le maraviglie se
non dirigemmo alla purità vostra nè scritti nè
nunzio, nè che il vostro dolore sia stato per
qualche rimedio di nostra previdenza mitigato;
specialmente che, siccome bene il sa colui che è
scrutatore di tutti, questo non intralasciamo di
fare sotto pretesto di occupazioni o a cagione di
negligenza, ma principalmente per ciò che era
sorto in noi fondato timore che circa tal debito
di nostra visita a voi, il nostro desiderio non
avesse potuto sortire effetto alcuno » (1).

Siffatto documento, oltre essere un conforto al
Prenestino e ai compagni di lui nella cattività,
che spiega le alte ragioni insegnate dalla religione
Cristiana intorno alle prove più dure della tribulazione; serviva mirabilmente a produrre e ali-
mentare la speranza più viva negli oppressi, e a
tenerli fermi e costanti nell'amore della Chiesa.
Dal medesimo ricaviamo alcune notizie importanti per la storia di que' tempi. Accennando
papa Gregorio nella sua lettera a persone che
biasimavano i padri dell'essersi messi in viaggio

(1) Vedi Documento XII.

per recarsi a Roma non allude soltanto a quelli
di parte imperiale che, si sa, non avrebbero potuto fare diversamente, ma a quella turba non
del tutto cattiva e di buoni, e d'uomini di Chiesa,
ignoranti od illusi, o superbi, i quali la condotta
del Papa vòrrebbero modellare secondo la corta
veduta della loro mente o secondo la prudenza
del secolo; come molti abbiamo eziandio ne' di
che corrono. A questo numero apparteneva il
cardinale Colonna, che nel momento del maggior
pericolo abbandona il suo capo per darsi in braccio
al persecutore della Chiesa, e il padre Bartolomeo dell' ordine de' Predicatori, che in quei
giorni diffondeva lettere in lode ed encomio di
Federico, e delle vittorie imperiali; e il compagno di S. Francesco, frate Elia, che s' era sot-
tratto all' obbedienza di sua religione. Dal dire
poi il Papa che confidava in Dio di poter provvedere alla tranquillità della Chiesa e alla pace
del mondo in conformità di quanto gli avevano
scritto il Prenestino e gli altri prigionieri, si conosce che gli stessi in mezzo ai loro dolori, e
a dispetto della sorveglianza de' carcerieri imperiali avevano trovato la maniera di scrivere al
Papa e che si curavano più dei bisogni della
Chiesa che di loro pene. Impariamo un' altra cosa
da questa lettera, che il padre era in angustie,
perchè se gli proibiva di consolare i proprii figliuoli. A che dure prove Iddio secondo le sue
vie inscrutabili assoggetta la Chiesa sua sposa!
Sapeva Gregorio quanto aspramente e inuma-
namente si trattassero da Federico i prigionieri,

e perciò con altre lettere sempre piene di affetto
e di confidenza nel Signore cercava di lenire i
loro affanni; e anche queste seconde rivolte pri-
mamente al Prenestino. A dì 22 luglio scriveva:
« La deplorevole disgrazia del nuovo accidente,
sorta da infelicissimi successi, testè avvolse nel
dolore i figli del nostro seno, disgrazia che per
la considerazione di loro gesta e per la nequizia
dell' audace novità veramente angustiando il cuore
della Chiesa universale, accresciuta dai nostri dolori raddoppia i tristi nostri gemiti e accresce i
motivi dell'angoscia; e oltre l'enorme offesa della
Sede Apostolica e quella rovina dell' esempio di
cui il volgo si dimostra tanto cupido a danno
del clero, l' ingiuria de' figli ferisce l' animo del
padre, la malizia non è senza tristi conseguenze,
e l' angustia accora il vigilante affetto di chi
ama. Imperocchè il legame non tollera che pa-
tendo le membra non languisca il capo, o sia
senza dolore l' agricoltore vedendo l' albero ta-
gliato. Chi darà dunque al padre orbato de' figli
tale abbondanza di lagrime che valga a degna-
mente piangerli perduti? Imperocchè più non
vive Giuseppe, Simeone è tenuto in carcere, ci è
tolto Beniamino il più giovane, gli incliti figli di
Sion, principi venerandi delle chiese vestiti di
fino oro essendo caduti in mano nemica, sono
considerati quali vasi di argilla. Chi potrà lenire
il dolore del padre o temperare con acconci rimedii la tristezza de' fratelli, mentre per la pace
del mondo si affrettavano alla culla della madre,
Satana insidiatore ricercò que' figliuoli; così di

improvviso un sol giorno ne tolse quelli che la Puglia, regione di morte, ebbe accolti; l' infesto Egitto, il carcere di Faraone racchiude i padri coscritti, e gli autori dell' altrui libertà, i giudici del secolo e i legittimi successori degli Apostoli obbligati dalle leggi della necessità sono costretti obbedire al giudizio dei secolari!

« Infatti, o carissimi, che di nuovo generiamo finchè Cristo sia formato in voi; noi e i nostri fratelli, ce n' è testimonio la coscienza, ci pasciamo del pane del dolore, beviamo al calice dell' afflizione e raccogliamo manipoli di tristezza dalla semenza delle vostre lagrime. Alla mancanza di vostra libertà risponde la nostra angustia, alla vostra penuria i nostri digiuni, ne è di supplizio il vostro terrore, di tormento la esasperazione vostra; è tristo quello che diciamo, lamentevole quello che proviamo: i giorni di festa si convertono in lutto, sospendiamo ai salici gli istrumenti di letizia, mentre voi sedete lungo i fiumi di Babilonia soggetti agli Egiziani, esposti al giudizio di Faraone. Volesse Dio che si facesse innanzi il braccio di Mosè; in ossequio del quale Israele fosse libero di offrire coll' animo desideroso le solite primizie de' sacrifizii. Per altro ci sia lecito riandare i principii della Chiesa nascente, che cosa per le patrie leggi soffrì la costanza de' padri, che cosa incontrò il travaglio degli Apostoli, il trionfo de' martiri. Nè sia che pretermettiate i virili esempi delle femmine prudenti, cui la delicata natura negava ardimento: esempi che saviamente meditati e dal dito di Dio

scolpiti ne' cuori, ben valsero a rendere forti i
deboli e a tornar loro accettevole il calice dei
patimenti.

« Laonde, preghiamo ed esortiamo nel Signore
la vostra sincerità che rettamente, apprezzando
colla solita devozione la causa della Chiesa e la
ingiuria all' Apostolica Sede, contro il diritto e
il dovere vessata da diverse molestie e provata
da offese, mettiate innanzi alle angustie che ora
patite l' affetto a quella madre, che carezzandovi
benigna in sulle ginocchia vi strinse al suo seno;
affinchè l' esperimento della vostra fede, la quale
è trovata assai più preziosa dell'oro, abbia nella
tentazione guadagno, nè il tiranno rinvenga in
voi qualche cosa che per sinistra interpretazione
egli stimi di rilievo, o almeno degna d' essere
inserita nelle sue diffamazioni, dovendo voi nutrire
fiducia di certa speranza che noi ci stiamo studiando le vie da condurre alla liberazione vostra e da togliere anzi noi stessi alla nostra confusione, e che stiamo pensando ai rimedii siffat-
tamente uguagliando i nostri desiderii con sì
grande sollecitudine che ci affatichiamo pel vostro
soccorso senza paura d' essere tacciati meritamente
di negligenza, nè biasimati di dimenticare i figli;
a meno che per avventura la rarità di nostre vi-
site a voi non dia luogo a calunnie; rarità che,
contrariamente al nostro volere procedendo dalla
malagevolezza delle strade e affatto opposta ai
nostri e vostri desiderii, può da giusti motivi
essere scusata; perocchè noi non sottrarremo il
corpo nostro a fatiche, nè ritrarremo le mani dal

soccorrervi, sinchè veniamo ad essere consolati
del vostro volto di figliuoli esulanti omai restituiti alle brame del padre. Piacesse al cielo che
il pietosissimo Signore, del quale è proprio dirigere a buon fine ogni passo, si ricordasse con
misericordia della sua legge e del suo popolo » (1).

Dalla lettera allegata, tutto affetto e tenerezza,
veramente sublime per le idee e pei sentimenti, si
è certi che il Prenestino nel luglio trovavasi cattivo
nella Puglia; nella medesima però non indicasi in
quale castello di quella regione fosse confinato. Se ne
induce che l'imperatore cercasse di mettere discordia tra i prigionieri e il Papa, e come continuasse
ad impedire che a que' poveri gettati nell'afflizione
arrivassero la parola e i conforti del capo della
Chiesa. Ma Federico lavorava inutilmente d'astuzia
e di crudeltà e massime contro il cardinale Giacomo, monaco da non ismentire la fermezza di
carattere, sebbene esposto ai più duri cimenti; e
la parte della Chiesa sapevasi mirabilmente sostenere anche in mezzo alle sconfitte. Può dirsi
che la persecuzione rinforzasse gli animi de' guelfi
alla più eroica resistenza.

Gregorio non cessava dalle sollecitudini e premure pe' suoi figli e cooperatori più fedeli in balìa
del nemico, e non solo collo scrivere lettere; tentava altri mezzi, voleva pur togliere l'ingiustizia
per via d'accordi ed evitare quella dell'armi.
Inviò a Federico il padre Bartolomeo priore de' frati Predicatori, già sopra nominato, devoto a Ce-

(1) Vedi Documento XIII.

sare, affinchè più agevolmente si potesse ottenere la liberazione de' prigionieri. Ma siccome l'imperatore per accordarla esigeva che il Papa gli cedesse in tutte le sue prepotenze e assecondasse la sua ambizione, non si venne a conclusione alcuna; e Federico rispose che non desisterebbe dal perseguitare i partigiani di Gregorio (1). Così non cangiavasi per nulla la sorte del Prenestino, e ben presto al medesimo mancava il conforto del padre de' fedeli.

Gregorio IX oppresso dagli anni e più dal dolore di tante disgrazie toccate alla Chiesa negli anni del suo pontificato, ed ora amareggiato per la dura prigionia de' cardinali e prelati e di altri nobili personaggi, a cui non poteva recare soccorso; amareggiato per l'invasione de' Tartari Cumani, o Tattari come vuole che si chiamassero Fra Salimbene (2), in Ungheria in Polonia e ai confini della Boemia e della Sassonia, e per la baldanza dell'empio Federico oramai alle porte di Roma, morì il giorno 21 agosto 1241 (3). Il Gregorovius, storico tutt'altro che benevolo ai Papi, non potè a meno di ammirare la virtù di questo Pontefice, annunciandone la morte colle seguenti parole: « Quel vecchio indomito e d'animo focoso prese congedo dal mondo, come un generale che, incalzato d'ogni parte, cade sulla brec-

(1) Huillard-Bréholles, *Historia* cit. t. V, p. 1147, nota terza.

(2) *Monumenta historica ad Provincias* etc. Fr. Salimbene *Chronica*, p. 83.

(3) Raynaldus, *Annales Ecclesiastici*, ad ann. 1241, num. LXXXIII.

cia guardando in faccia l'inimico » (1). Dal Hohenstaufen, che diceva il Papa non voler pace e
neppure trattarne e aspirare a generale dissensione, l'addolorato Gregorio era stato accusato di
tutto il male della guerra fra l'Impero e il Sacerdozio. Ora che questo vecchio tanto temuto e
potente più non viveva, se egli veramente cagionava il disordine, e se l'imperatore era così innocente come vantavasi, dovea tosto sorgere la
più perfetta concordia fra le due maggiori potestà
della terra. In vece il tiranno calunniatore, ben
altro che disposto a lasciare quieta e libera la
Chiesa, l'avea contro Gregorio e contro quanti
s'erano mostrati coraggiosi a sostenere i diritti
della Sede Apostolica. In settembre scriveva a re
Lodovico di Francia, il quale avevagli cercato
la liberazione de' prelati suoi sudditi: « La mirabile provvidenza di Dio racchiuse nelle nostre
mani i cardinali e i prelati tanto di Francia come
delle altre provincie, i quali tutti ratteniamo come
nostri nemici e avversarii. Nè si maravigli la
regia altezza se l'Augusto tiene in luogo angusto
i prelati di Francia che sforzavansi a procurare le
angustie di Cesare » (2). Si scorge da questa lettera che non dismetteva la maledetta usanza d'insul-
tare alle sue vittime. Nè meglio de' prelati trattava le repubbliche fedeli alla Chiesa. Il marchese
Uberto Pelavicino coi Pisani devastavano a levante,
e i Pavesi e loro amici a ponente il territorio di

---

(1) F. Gregorovius, *Storia della città di Roma nel medio
evo*, vol. V, trad. ital. p. 228. Venezia 1875.

(2) Huillard-Bréholles, *Historia* cit. t. VI, p. 3 e 4.

Genova; il marchese Lancia podestà di Cremona entrava nel contado di Piacenza e vi abbruciava Paderna, Piacentino e altri luoghi (1).

Dopo la morte di Gregorio, dai cardinali si pensò tosto ad eleggere il successore, ma essendo essi nella curia appena in dieci e trattando fra di loro intorno alla scelta del soggetto non poterono convenire d'accordo sopra di alcuno. Mandarono pertanto a chiedere umilmente dall'imperatore che mettesse in libertà i due loro confratelli il Prenestino e Ottone e li lasciasse venire a Roma sotto qualunque condizione avesse voluto, affinchè per opera sua non s'impedisse alla Chiesa di crearsi il proprio capo. Dallo Svevo, reso alquanto mite per le preghiere del conte Riccardo di Cornovaglia suo cognato, si accordò la chiesta facoltà, col patto però che i due cardinali nel tempo della liberazione dessero ostaggi, ed eletto che che fosse il Papa ritornassero in carcere (2). Per questo, il vescovo di Preneste in compagnia del cardinale Ottone, sotto la custodia di Tiboldo del Dragone, in settembre, dal carcere di Puglia fu condotto a Tivoli per andare a Roma ed entrare nell'elezione suddetta. I due cardinali furono però trattenuti alcun tempo a Tivoli nelle mani degli imperiali che stavano a difesa di questa città; forse sino a che si convenne delle condizioni per accordar loro la ristretta libertà. Così accresciuto il numero de' cardinali, dopo varie proposte de' con-

(1) *Monumenta historica ad provincias* etc. Anonymus *Chronicon Placentinum*, p. 163.

(2) M. Paris, *Historia maior*, ad ann. 1241, p. 574-575.

gregati, verso la fine d'ottobre, salì sulla cattedra
di S. Pietro Goffredo Milanese, appartenente alla
famiglia de'Castiglioni, vescovo della Sabina e prima
monaco Cistercense, col nome di Celestino IV; i
due cardinali Giacomo e Ottone fedeli alla parola
data ritornarono nelle mani del loro carnefice (1), affinchè fossero liberati gli interposti ostaggi. E Federico, ritornati, li fece condurre di bel nuovo nel
regno e tenere prigionieri. La causa che fece u-
scire di carcere il Pecoraria una volta esisteva di
bel nuovo e quasi subito. Papa Celestino, vecchio
ed infermiccio, appena potè mandare nunzii di pace a Federico senza sopravvivere il tempo necessario a riceverne la risposta: morì in novembre
l'anno 1241, quindici o diciasette giorni dopo la
sua elezione, non avendo ancor messo il pallio e
l'infula (2). V'era quindi la necessità di prima che
fossero lasciati liberi tutti i cardinali di riu-
nirsi; ma molti di essi avendo paura di Federico
non ancora sepolto il Papa, se ne partirono da
Roma e rifugiaronsi in Anagni come luogo più

(1) M. Paris, o. c. p. 576; Campi, *Historia* cit. Par.II, p 175
176; Si gonius, *Opera*, t. II, *De regno Italiae*, lib. XVIII, p. 777;
Raynaldus, *Annales Ecclesiastici* ad ann. 1241, p. LXXXV-
LXXXVI; Muratori, *Rer. Ital. Script.* t. VII; Richardus de
S. Germano, *Chronicon*, p. 1047-1049; e *Annali d'Italia*,
all'ann. 1241; e De Cherrier, *Storia della lotta* etc. vol. II, p.
252. Il Paris non nomina che Ottone ritenendo che il Pre-
nestino fosse morto, ma ciò che quello storico racconta di
Ottone dopo l'elezione di Celestino, meglio deve dirsi di
Giacomo, e sono di questo parere tutti gli storici sullodati.

(2) Potthast, *Regesta Pontificum Romanorum*, p. 940-941.

sicuro (1), e al Prenestino toccò sospirare assai tempo la libertà.

L'imperatore, vacando la Sede di Pietro ed essendo dispersi i cardinali, sperava di riescire meglio nel suo ambizioso intento di dominare sopra la Chiesa, e mostrava di voler cessare dai modi crudeli coi prigionieri, purchè fosse assecondato nelle sue pretensioni dalla Curia Romana. Mandò quindi nel febbraio 1242 presso la medesima il maestro dei Teutonici, l'arcivescovo di Bari e Rogerio Porcastrella suoi legati per trattare di pace; e l'Huillard-Breholles inclina a credere che aggiungesse per maggior prova di sua volontà la promessa di mettere in libertà i cardinali che teneva in prigione. Fatto è che nel marzo 1242 scrisse ai cardinali residenti in Roma che egli s'adoprava perchè si eleggesse il Papa, e loro diceva: « Qual Cesare Romano e principe cattolico, mi« rando noi all'unanime e salutare provvedimento « della Chiesa universale, per togliere affatto ogni « difetto e motivo di scandalo all'elezione del nuovo « Pontefice, siamo pronti ad inviarvi liberi il vene« rabile vescovo Prenestino e Ottone... per nostro « ordine dimoranti in Capua, affinchè intervengano « all'elezione predetta in luogo sicuro e addatto, « e affinchè nissuno, essendo essi assenti fuori di « Roma e non chiamati, possa notare di difetto « l'elezione » (2). Forse a più miti consigli mo-

(1) Messia, *Le Vite degli Imperatori Romani*, p. 744. Venezia 1604.

(2) Huillard-Bréholles, *Historia cit.* t. VI, p. 35-36 e nella nota. « Cum ad unanimem et salubrem provisionem Ecclesie ge-

TONONI.   17

mentaneamente persuadevalo la fresca morte, avvenuta ai 12 febbraio, del figlio natogli da Costanza, Enrico che, preso da tedio e tristezza di
quella vita schiava e dolorosa a cui l'avea dan-
nato il duro padre, si gettò in un precipizio col
suo cavallo, mentre era trasferito da Neocastro a
Martorano. Dalla surriferita testimonianza abbiamo
che il cardinale Giacomo di que' giorni stava in
carcere a Capua. E quivi il luogo particolare della
sua sforzata dimora era una delle torri del Castello
Reale fatte fabbricare dallo stesso Federico l'anno
1238, sul fronte delle quali fu scritto: *Infidus ex-
cludi timeat vel cercare trudi* (1). In aprile, da
Capua sotto la scorta di Tiboldo del Dragone, come la prima volta, l'Augusto fece venire presso
Tivoli i due cardinali (2), senza però che ottenes-
sero la tanto sospirata libertà, perchè la Curia Ro-

neralis tanquam Romanus Cesar et princeps catholicus inten-
damus, ut omnis defectus et materia scandali in substitutione
novi pontificis auferantur, venerabilem Penestrinum episcopum et Ottonem Sancti Nicolai in carcere Tulliano diaconum
cardinalem, qui de mandato nostro Capue commorantur, offe-
rimus nos paratos ad vos mittere liberos, ut intersint electio-
ni predicte in loco tuto et idoneo, ne, ipsis absentibus et
intra provinciam commorantibus nec vocatis, defectus possit
aliquis in electione notari. "

(1) Ebbi per mezzo d'un amico queste notizie intorno alle
carceri di Capua dalla gentilezza dell'abbate Gabriele Iannelli
Capuano, il quale ci scrisse che que' luoghi di pena furono
memorabili anche dopo, per avere rinchiuso quaranta delle
più belle dame Capuane, prese nell'orribile saccheggio dato
a Capua dal perfido duca Valentino, Cesare Borgia.

(2) Muratori, *Rer. ital Script.* t. VII, Richardus, *Chronicon*, p. 1050.

mana non si sentiva di cedere alle imperiali prepotenze.

Dal contrasto, tutt'altro che ad usare mitezza
verso i prigionieri, il nipote del Barbarossa pigliava
coraggio a recare ancora maggiori danni alla parte
della Chiesa; devastava Rieti, Narni, Ascoli e i dintorni di Roma e ne faceva sino levare i monumenti più
preziosi (1). Ed eguale devastazione portava nel Piacentino per opera del marchese Lancia, che nel
marzo con soldati Cremonesi e Bergamaschi abbruciò S. Giorgio, Godi, Centovera, S. Damiano
e altri luoghi; e per opera di Malaspina Obizzo
che abbruciò Gabiano, Moraggio, Monteperuvano,
Vidaliano e Pomaro (2); e per opera del figlio Enzio,
che colle milizie dategli dal padre, e altre reclu-
tate di Parma, Reggio e Cremona, e in compagnia
del Lancia in luglio poneva accampamento da
guerra a Fontana Fredda in luogo chiamato Brai-
da, alla distanza di nove miglia da Piacenza, di
dove le truppe continuamente facendo sortite presero ed abbruciarono le ville di Chiavenna e Paderna. Lo storico Boselli dice che questo bastardo
di Federico « a parlar giusto può dirsi l'ira di
« Dio sopra de' Lombardi. » E non si va lontani
dal vero, supponendo che di questi i Piacentini fos-

(1) Collenuccio, *Compendio della Storia del Regno di Napoli*, p. 85.

(2) Il Boselli (*Storie Piacentine*, t. 1, p. 150), assegna tutti questi fatti sotto l'agosto e settembre dell'anno 1241; ma
il *Chronicon Placentinum* dell'Anonimo dei *Monumenta historica* ecc. tante volte cit. p 164 dopo aver narrate molte cose
dell'anno 1241 fino al novembre registra i fatti suddetti
premettendo: *Et in proximo mense martii*, che vuol dire dol-
l'anno seguente 1242.

sero i più maltrattati, perchè fra i più perseveranti
e forti nell' opporsi alla tirannia sveva, e nel sostenere i diritti della Chiesa e le comunali franchigie.
Enzio trasferì poi il campo da Fontana Fredda a Pontenure, e di qui diede lo sterminio alle terre di Mon-
tale, di Mucinasso, di S. Bonico, di Turro, di Poden-
zano, di Vigolzone e altri lunghi circostanti. Di poi
dipartendosi abbruciò il borgo di Pontenure e pose
le sue tende d'intorno al castello di Roncarolo, situato all' imboccatura della Nure nel Po; e dopo
otto giorni di assedio lo prese, ma fu costretto a
dare sicurezza alle persone che eranvi dentro. Finì
Enzio per quest' anno le sue imprese di distruzione
nel contado Piacentino col far rovinare le torri
delle chiese di Sparavera, Roncaglia e Albiano, e
passò a Cremona lasciando ben munito Roncarolo.
La stessa barbara condotta tenne scorrendo pel
territorio Bresciano, Milanese e Cremasco. E Genova
per mare e per terra continuava a soffrire assalti
e scorrerie dall' ammiraglio Ansaldo De Marì, da U-
berto Pelavicino e dai Pisani tutti ancora di parte
imperiale e assoldati da Cesare (1). Con tale guerra di sterminio, il maggiore potente della Cristianità, sovrano che per l' incremento del suo Impero e il bene del mondo cristiano doveva rivolgere
le armi contro i Tartari conquistatori in Ungheria e in Germania, dilacerava il seno della Chiesa
e la misera Italia.

Dalla prigione di Tivoli a dì 8 giugno il Pecoraria spedì lettere di raccomandazione al colle-

(1) *Monumenta ad provincias* etc. Anonymus *Chronicon Placentinum*, p. 164-165.

gio de' cardinali, acciocchè fosse confermata l'elezione, a vescovo di Piacenza, di Americo Caccia,
sebbene nè questi nè i nunzii del Capitolo Piacentino potessero recarsi a Roma, essendone im-
pediti dalla mala sicurezza delle vie a tutti nota.
E pregava i suoi colleghi a dar presto al gregge di sua patria il pastore secondo i desiderii del
Capitolo e colla mira alla gloria di Dio, perocchè
egli stesso avrebbe ritenuto valido quanto essi a-
vrebbero creduto espediente di fare (1). Doppiamen-
te era interessato in tale affare, cioè per amore alla
Chiesa de'suoi natali e per avere avuto ripetutamente
l'incarico di decidere a chi appartenesse il diritto
di nominare il vescovo Piacentino. Accennando il
cardinale alle vie malsicure a praticarsi per venire a Roma, concorda esattamente col racconto che
di quel tempo ci danno le memorie più vetuste,
come sopra fu notato.

La vedovanza della Chiesa cattolica continuava
per causa della guerra, e sventuratamente a cagione della discordia entrata eziandio nel sacro collegio, e per le subdole promesse di pace e le minaccie di Federico; e di più perchè i cardinali
prigionieri protestavano che l'elezione del nuovo
Papa non sarebbe legittima se essi non vi concorressero (2). L'erudito Oldoini dice che appunto

(1) Campi, *Historia* cit. Par. II, *Registro*, n. LXXXVIII.
(2) Flavius Blondus, *Historiae ab incarnatione Romanornm
Imperii*, t. l, p. 291. Basilea 1531. Lo attesta sulla testimonianza del teologo Parmense minorita, che vide le cose da
lui scritte intorno a Federico, teologo che non può essere che
fra Salimbene; e la suddetta notizia è pure confermata dalla
lettera di Federico, marzo 1242, diretta ai cardinali superiormente riferita.

era questa la sentenza degli uomini che avevano
autorità nella Chiesa. Quello che non ci sembra
esatto intorno a tale punto è quanto riferisce sulla testimonianza d'altri: cioè non volere i cardinali prigionieri l'elezione del nuovo Pontefice
nè crederla grata all'imperatore senza il loro voto, sotto pretesto d'essere liberati dall'ergastolo
o di rendersi accetti all'imperatore (1). Del Pecoraria noi abbiamo prove in contrario; egli non
mendicò mai il favore e la clemenza di Cesare; e
si vedrà in seguito essere stato l'ultimo cardinale
ad ottenere la libertà, e con quale coraggio rispondesse alle lusinghe imperiali. In mezzo a tante
difficoltà che nascevano da ogni parte per potere dare un capo alla Chiesa, lo Svevo e i suoi
partigiani avevano l'audacia di scrivere lettere,
contenenti i più amari rimproveri e sino minaccie,
ai cardinali perchè non se ne faceva nulla. Era
intanto comune sentimento che se il vescovo Prenestino non pigliava parte all'elezione non si sarebbe provveduto a tale bisogna (2). Sembra che
l'imperatore di nuovo si offrisse a mettere fuori
di carcere i due cardinali, ma a patto di avere

(1) Ciaconius, *Vitae Pontificum*, t. II, *Additio* p. 98. Qui
tunc in Ecclesia autoritate pollebant, existimarunt neminem
in Pontificem eligendum esse quoadusque Cardinales a Friderico in carcere detinerentur. Aliqui in Cardinales carceribus conclusos causam reiiciunt, quod ei electionem futuri
Pontificis minus ratam Ecclesiae et minus gratam Friderico
existimarent, si suffragia sua in eum non contulissent; id vero praetexabant, sive ut se ergastulis excluderet, sive ut
Friderico ea ratione gratificarentur.

(2) Huillard-Bréholles, *Historia* cit. t. VI, p. 44, 59 61 e
70-71; e *Vita Gregorii X* in Campi *Historia*, Par. II,
p. 343.

un Papa a suo beneplacito, cosa che a ragione gli fu sempre negata (1).

Tedaldo Visconti maggiordomo del tanto stimato prigioniero, essendo ritornato di Francia, studiavasi quanto poteva di procurare la liberazione del proprio padrone e sollecitava i cardinali a grandemente interessarsene. E questi non ne erano meno desiderosi ed impegnati; perocchè mandarono a Federico ambasciatori, dimostrandogli che dalla cattività in cui teneva il Pecoraria incontrava infamia e dal farlo libero acquistava favore presso la Chiesa (2). Ma anche dopo tante istanze l'infelice continuò a gemere nello squallore d'una prigione. Degli strazii che soffrivano i prelati caduti nelle mani degli imperiali e massime il Prenestino mosse vivi e forti lamenti un cardinale, di cui non c'è rimasto il nome, sibbene una lettera mandata a Pier della Vigna nel principio d'agosto del 1242; nella quale si esorta il confidente di Cesare a persuadere la clemenza al sovrano. È importante il brano seguente, che rivela il genere di schiavitù toccato a que' disgraziati e la barbarie usata col cardinale Giacomo. « Tante volte « indarno abbiamo abbondato in suppliche a voi « pei nostri carissimi e per gli altri che ancora « sono detenuti nel carcere del principe: volesse « Dio che ora a noi si aprisse l'adito della desi- « derata concessione. Più volte il collegio de' car- « dinali pregò che fossero restituiti i figli alla

(1) Muratori, *Rer. ital Script.* t. VII, *Annales Genuenses*, Bartholomæus Scriba, lib. VI, p. 502.
(2) Campi, *Historia* cit. Part. p 343.

264

« madre. Chiese pure instantemente che fossero
« trattati con più umanità e principalmente il
« signore di Preneste, rimesso come si dice al-
« la vostra custodia. Ora poi, come è fama, lo si
« tiene più serrato, si chiude alle strette, si trat-
« ta in una maniera più dura ed aspra, gli s'im-
« pedisce il sollievo di parlare con anima viva,
« così che da lui nessuno può accedere. Pertanto
« privo de' proprii servi e de' compagni grande-
« mente si affligge, e di sovente soffre mancan-
« za nel vitto egualmente che nel vestito » (1).
Di qui si scorge che il famoso segretario di Federico II era creduto carnefice del vescovo Prenestino: *Penestrinus.... vestre, ut dicitur, custodie deputatus.* Il luogo di prigionia indicato in
questa lettera col nome *carcer principis* dovea
essere certamente una delle torri del castello di
Capua, di cui sopra già si è parlato.

In que' giorni che erano tante le instanze presso l'imperatore a favore de' prigionieri fu messo
in libertà il cardinale Ottone, il quale si guadagnò l'amicizia dell'Augusto, forse con qualche
promessa o condiscendenza. Certo è che dopo Federico in molti atti chiamò quel cardinale suo amico,
e l'ebbe per molto accetto nel 1244 sotto Innocenzo
IV. Invece il Pecoraria, che era irremovibile nella
sua condotta di sostenere i diritti della Chiesa
contro le usurpazioni dell'Impero, in compagnia
del maestro Giovanni Toletano, da Tivoli venne
tradotto dal castellano Filippo de Santo Magno
nella rocca di Giano o Gianola sopra S. Germano,

(1) Documento XIV.

ed il cardinale e il maestro furono affidati alla custodia di due baroni (1). Ignorasi se in questo luogo vi passasse tutto il resto di sua prigionia; ma sembra probabile che l'imperatore, tanto mal affetto verso l'invitto prelato ed ora deposto il pensiero di liberarlo, il facesse poscia da Gianola condurre in una carcere più distante dai siti della guerra; e il luogo fissato dovette essere Melfi nella Basilicata, perocchè di là appunto dicono gli storici che il Prenestino si partì quando finalmente arrivò il giorno sospirato della sua totale liberazione (2).

Dal succedersi di tanti fatti gli uni agli altri favorevoli ai ghibellini, la parte della Chiesa non si perdeva di coraggio, ed accresceva di numero; Genova nel 1243 non s'occupava solo a difendersi, univa maggiori forze di prima per assalire, e riceveva milizia a piedi e a cavallo, e danaro da Piacenza. Vercelli per l'opera di Gregorio Montelongo, legato de' cardinali in Lombardia, e di Bonifazio marchese di Saluzzo, ritornava alla divozione della Chiesa Romana e accoglieva soldatesche milanesi; e altrettanto faceva il popolo di Novara (3). Non cessava tuttavia Federico di resistere all'avversario che tentava la rivincita, e contro i Genovesi mandava con molte galere i Pisani; ed egli in persona teneva assediata Roma e ne' dintorni

(1) Muratori, *Rer. ital Script.* t. VII, Richardus de S. Germano, *Chronicon,* p. 1050; e Campi, *Historia* cit. Par. II, p. 176.

(2) Collenuccio, *Compendio della storia del regno di Napoli,* p. 85 retro.

(3) Muratori, *Rer. ital. Script.* t. VI, *Annales Januenses,* Bartholomeus Scriba lib. VI, p. 502; e *Monumenta ad provincias* etc. Anonymus, *Chronicon Placentinum,* p. 165.

266

faceva atterrare le torri e distruggere più che poteva, e decretava che fosse dato il guasto ai possedimenti e alle chiese dei cardinali e città del
dominio Pontificio. E in quell'occasione Saraceni
da lui assoldati, gente barbara e tutto odio verso
i cristiani, presero la città di Albano e vi eserci-
tarono le maggiori sevizie, vi spogliarono le chiese, profanarono le cose più sante e ridussero gli
abitanti all'esterminio. Non avendo l'indomabile
imperatore potuto vincere, e lasciata ad altri de'suoi
questa superba impresa, da oltre due anni riuniva
tutti gli sforzi ad usurpare interamente il dominio temporale della Chiesa e ad assidersi sovrano
in Campidoglio; voleva ripristinare l'antica grandezza di Roma pagana: ma la maggioranza de'sudditi della città eterna perseverò nel resistergli,
onde non pervenne mai ad attuare pienamente i
suoi sacrileghi ed ambiziosi disegni (1).

Cercava nondimeno l'Hohenstaufen scusarsi della condotta feroce e barbara col dire che intendeva spaventare i Romani, che per la loro ambizione
e discordia impedivano l'elezione del nuovo Papa.
Questa scusa non regge contro molti fatti indubitati. Fra Salimbene lasciò scritto: dopo la morte
di Celestino « cessò l'episcopato di Roma dall'an-
« no 1241 al 1243; perchè e i cardinali erano
« discordi e dispersi. E Federico aveva chiuso le
« vie affinchè fossero presi molti. Temeva che
« passasse alcuno il quale fosse fatto Papa. Ed io
« stesso allora fui preso spesse volte » (2). Per

(1) Raynaldus, *Annales Ecclesiastici*, ad ann. 1243, n. I-II.
(2) *Monumenta historica ad provincias* etc. Fr. Salimbene,
Chronicon, p. 58.

le devastazioni enumerate e per siffatti ostacoli i principi della Sede Apostolica erano tutt' altro che in condizioni di potersi congregare. E i pochi rimasti in Roma riconoscevano che, essendo vicino l' imperatore coll' armi alla mano e pronto ad imporre quello che voleva, non potevasi fare una elezione libera del capo della Chiesa; e quindi lo pregarono ad allontanarsi, ed egli infine si arrese alle loro suppliche e si ritirò nel regno (1). In quelle difficili contingenze, essendo più che necessaria una guida e un condottiero alla Cristianità, venivano da tutte le parti instanze al sacro collegio di compiere la tanto desiderata elezione. Ne scriveva Federico e il re di Francia, e grandemente se ne curava l'imperatore d'Oriente Balduino II allora in Parma, al quale importava moltissimo l' ordine e la pace in Occidente per avere in Oriente aiuto contro gli infedeli (2). E tale era il desiderio di altri principi e di tutti i buoni.

La risposta che davano i cardinali era che si ridonasse prima alla libertà il vescovo di Palestrina e dopo si farebbe la scelta. Perciò tra Federico e i cardinali vi furono trattative; e quegli per accordare la liberazione universalmente voluta domandava alla Chiesa Romana il richiamo del legato Gregorio di Montelongo, il più valente in armi a sostenere in Lombardia le ragioni dei guelfi. Intorno a che non si fece promessa dai car-

(1) Muratori, *Rer. ital. Script.* t. VI, Richardus, *Chronicon*, p. 1050, e Huillard-Bréholles, *Historia* cit. t. VI, p. 96-97.
(2) Collenuccio, Roseo e Costo, *Compendio della storia di Napoli.* p. 102, Venezia 1613; e Ciaconius *Vitae Pontificum et Cardinalium*, t. II, p. 99.

dinali, ma soltanto alcuni di essi risposero che esaudirebbero le dimande imperiali come potrebbero in faccia a Dio, quando se ne presentasse il tempo opportuno (1). Vogliono alcuni storici che in favore del cardinale e degli altri prigionieri s' adoprasse Lodovico re di Francia: pe'suoi prelati è certo, e facendosi il santo re sentire fortemente, lo Svevo superbo che contava tenerli ancora in angustie si risolse poi a lasciarli andare alle loro sedi: ed è pur certo che Lodovico scriveva ai cardinali che non temessero di fare l' elezione del Papa, offrendo in loro difesa regno, persone e danaro, e ad essi dicendo che non facevagli paura alcuna l' odio o l' inganno di un principe, il quale non sapeva come chiamare, dacchè costui vuol essere re e sacerdote, intendendo parlare senza dubbio di Federico (2). Ma che s' impegnasse il re franco in modo particolare a favore del cardinale Giacomo e degli altri prigionieri italiani non sappiamo da alcun documento.

(1) Huillard-Bréholles, *Historia* cit. t. VI, *Epistola Innocentii IV*, p. 114... nec ab ipsius Ecclesie Romane cardinalibus ea vacante fuit ei (Friderico) prefati (Gregorii) revocatio promissa legati, sed cum de venerabili fratre nostro Prenestino episcopo aliisque leberandis captivis haberetur tractatus, et ab eisdem cardinalibus ut legatum revocarent eumdem ex parte principis peteret)r ipsius a quibusdam eorum responsum extitit quod petitiones eius, quantum cum Deo possent, cum adesset opportunitas temporis, adimplerent.

(2) Huillard-Bréholles, op. cit. t. VI, p. 68-70... nec pro tuenda ecclesiastica libertate de Francorum subsidio dubitetis, quia regnum, personas et pecunia, vestre committimus potestati. Non enim timemus alicuius principis sive odium dici oporteat sive fraudem, quem nescimus quo nomine appellemus cum rex esse postulet et sacerdos.

Sui primi di maggio 1243 avvenne finalmente
che Federico diede la libertà al Pecoraria e ai
famigliari del medesimo, cioè ai cappellani del suo
servizio: erano passati due anni interi di carcere
e duro; e il coraggioso difensore della Sede Romana era stato condotto ora in un luogo ora in
altro; in questo tempo sembra che fosse detenuto a
Melfi(1), come sopra fu accennato. Riccardo di S. Germano racconta che l'imperatore in quella occasione
colmò di onori il cardinale (2): e l'anonimo cronista
piacentino raccoglitore de' fatti sotto gli anni 1154-
1284 segna che gli offrì molti doni (3). Il biografo antico di Gregorio X narra che l'Augusto dopo aver
messo in libertà il Prenestino, gli chiese supplichè-
vole se in avvenire voleva congiungersi con lui in
amicizia. Ed è fama che rispondesse: Imperatore,
se opererete bene come s'addice a principe cattolico
mi troverete pieno di zelo pel vostro onore e pro-
muoverò la grandezza imperiale; e se farete altrimenti, lo tolga Dio, sono irremovibile nel mio
divisamento circa alla maniera di favorirvi (4).

(1) Collenuccio, *Compendio della Storia di Napoli*, p. 85,
retro.

(2) Muratori *Rer. ital. Script* t. VI, p 1050.

(3) *Monumenta ad provincias* etc.; *Chronicon Placentinum*
p. 166.

(4) *Vita Gregorii X*, in Campi *Historia* cit. Par. II, p.
343. Ipsum Episcopum... liberatum multa honorificientia Imperator ipse prosequitur, suppliciter ab eo deposcens, ut sibi
vellet in posterum foedere dilectionis coniugi. Cui tale fertur
exibuisse responsum: « D. Imperator, si vos tanquam Catho-
» licus Princeps bene gesseritis, invenietis me vestri zelan-
» tem honoris et Imperialis culminis promotorem, et, si
» (quod absit) secus egeritis, qua conscientia vobis favere
» valeam, non adverto. »

L' annalista Bzovio riferisce una risposta consimile
ma ancor più chiara: ed è la seguente: « Se tu
« presterai obbedienza alla Chiesa e darai la pace
« all' Italia e rispetterai i diritti della Sede Apo-
« stolica e userai riverenza al supremo Pontefice,
« lo farò più che volontieri, ma se avverrà diver-
« samente non mi cangerò per nulla e ti condan-
« nerò con tutto il rigore » (1). Mostrava il Pecoraria con tale risolutezza di parlare l'amor sincero
che nudriva verso la Chiesa, e il suo coraggio ad
incontrare ancora lo sdegno del despota; per la difesa della giustizia non voleva dare neppure ombra del tradimento, di aver convenuto per la propria libertà con chi era stato e continuava ad essere persecutore della Chiesa. Il carcere non l'a-
vea per nulla infiacchito, pare piuttosto che l'avesse rattemprato a maggiore fortezza: e sì che allora
il cardinale dovea contare forse oltre settant'anni
di vita, ma neanchè l'età facevagli difetto a mo-
strarsi pronto a soffrire nuovi tormenti e all'e-
sercizio di maschia virtù. Per ordinamento speciale della Provvidenza appaiono di quando in
quando lungo i secoli personaggi di tanta fermezza e coraggio, affinchè ne' grandi pericoli servano d'esempio ai deboli e rinfranchino i timidi

(1) *Annales Ecclesiastici*, ad ann. 1240, n. II. Ferunt Fride-
ricum, cum post biennium Iacobum Cardinalem dimitteret,
multis donis ornatum rogasse, ut sui rationem haberet, et
eius amicitia perseveraret, hoc a Cardinale audivisse. « Li-
» bentissime fecero; si tu tantum in Ecclesiae obedientia per-
» sisteris, et pacem Italiae, Sedi Apostolicae iura, Pontifici
» supremo reverentiam praestiteris, sin secus ego nihil mutabo,
» teque diris omnibus devovebo. »

e tengono alta la bandiera della giustizia, sebbene
sia conculcata dai potenti del mondo, Il tratto usato
da Federico di colmare di onori e di doni il prigioniero messo in libertà, e il cercarne l'amicizia spie-
gasi di leggieri, perchè temeva che Giacomo divenisse Papa, e con que' modi studiava di accaparrarsene
l'animo per l'avvenire. Ma s'ingannava a partito,
perocchè aveva a fare con uomo di carattere fermo
e costante ne' principii e nelle azioni, con uomo
cui non regolava il favore o la persecuzione bensì
la giustizia e il dovere verso la religiosa società,
al governo della quale pure esso entrava.

LIBRO SETTIMO

1243-1244

L'Hohenstaufen menò gran vanto in molte sue lettere di avere liberato dalla prigionia Giacomo Pecoraria. A Balduino II ne scrisse una tutta su tale argomento. Fa mestieri riferirla, perocchè dalla medesima, sebbene dettata da un avversario, si chiarisce in qual conto era universalmente tenuto quel cardinale, quanta fosse la sua potenza morale, e come dalla parte della Chiesa si credes-

TONONI.   18

se necessaria l'opera sua in tempi così disgraziati. Federico, dopo avere promesso che per togliere la vedovanza della Chiesa, causa di tanti mali
nel mondo, aveva spedito nunzii ai cardinali e
messo in libertà il loro collega Ottone ed altri
prelati, così la discorre. « Ora poi questa nostra
lettera viene innanzi per annunciare a voi e agli
altri principi del mondo un nuovo fatto degno
non solo d'incertezza ma altresì di stupore; che
cioè fuori del pensare di tutti abbiamo testè assolto e messo in libertà il reverendissimo vesco·
vo Prenestino, che si oppose tanto apertamente
e resistette contro la maestà e il nome imperiale. Ne stupiranno in vero, come noi crediamo, i
potenti guerrieri, gli uomini forti. Si svolgano e
scrutino le memorie de'Cesari, splendide per ma-
gnificenze incomparabili, scritte nei libri degli
antichi annali e delle cronache; si ricerchino la
vita e le gesta di ciascun principe, qualunque in-
dagatore diligente non troverà atto alcuno di tanto insperata clemenza eguale al nostro. Sebbene
leggansi forse di molti principi tratti di nobile
ira, di manifesta clemenza e di luminosa umanità, conciossiacchè la destra del vincitore ornata
di vittorie e di trofei abbia perdonato ai debellati
nemici, e così gli stessi principi con tanta benignità abbiano lasciato liberi quelli che si oppose-
so al loro innalzamento e siansi astenuti dall'u-
sare la spada della severa giustizia contro i con-
dannati; nondimeno ciascuno di essi li lasciò andare volentieri solamente, quando giudicò qualcuno debole e gli stessi rei di niun conto e valore,

o perchè in occasione di guerra imminente aveva
posto fine a qualunque difficoltà per mezzo di tale
liberazione di rei la quale egli aveva promessa.
Che poi, durante tuttora la inimicizia, lasciassimo
in libertà un membro così nobile della Chiesa,
uomo di tanto senno e di chiara fortezza e virtù
che avversa gratuitamente. e si oppone ai nostri
divisamenti: come si sperava da tutti, sebbene tale, non fosse affatto la nostra credenza; non ce
lo consigliava la memoria delle cose passate e la
sicurezza e la cautela delle presenti; tuttavia nella bilancia de' nostri pensieri la clemenza fece
declinare la severità della giustizia, e ruppe e
vinse l'impeto del nostro sdegno: e la compassione che abbiamo per le dissensioni del genere umano ci frenò e rattenne, e il pubblico vantaggio
della cristiana Repubblica prevalse alla causa del
nostro particolare interesse, non dubitando che
per l'assoluzione e la liberazione del detto vescovo Prenestino (i cardinali) avrebbero cura di eleggere a bene della Chiesa, rimasta senza il conforto
del proprio pastore, un ottimo pastore non disag-
gradevole a noi e all'Impero. La qual cosa contro
il pensare di tutti e il consiglio e l'intenzione
di molti riuscirebbe la più lieta fra tutte quelle,
che noi come i più bramosi della pace e della
quiete desideriamo grandemente. Non crediamo
per alcun patto indecoroso per noi o inutile, se
colla nostra madre la Chiesa affermiamo di bra-
mare fortemente la pace e confessiamo di gareg-
giare nel volere la concordia de' fratelli, alla quale sogliono fingersi spesso affezionati i principi,

mentre contendono fra di loro. Compatiamo frattanto ai travaglii e alle calamità del mondo, che
in certo qual modo minaccia rovina a cagione
delle universali dissensioni e contrasti. Compatiamo alla nave di Pietro, che per la languida fede
degli uomini e per la fervida iniquità degli eretici, agitata dal furore e dall'impeto del mare e
delle onde, è abbattuta e sommersa. Nè si maraviglii vostra altezza, se dai sospiri usciti dal profondo del seno della madre restai impietosito, io
cioè il tutore della Chiesa, il principale figlio della madre vedova, in modo che, dimenticati i diritti ai quali forse la prudenza umana avrebbe
posto mente, decretai poscia segnatamente per la
speranza di tanto vantaggio di assolvere e lasciare
libero il figlio alla madre, il fratello ai fratelli.
Chi in fatto alla considerazione di tanti mali, chi
nella speranza del futuro gaudio per la detenzio-
ne o assoluzione e liberazione di una persona qualsiasi, comunque ragguardevole, potrebbe indurare
il proprio cuore, spezialmente poi dacchè tutti e
singoli i cardinali, che dimorano in Roma e con-
ducono una vita semplice e schietta, ci diedero
ferma e immanchevole speranza che, restituito il
fratello e il socio al proprio collegio, si delibere-
rà salutarmente e secondo i nostri desiderii e quelli di tutto il mondo intorno alla scelta del gran
sacerdote? Voglia Dio che, come noi ci mostram-
mo solleciti nella liberazione del predetto maestro
Ottone, e anche di altri che la nostra serenità
assolse per indubitata compassione: così pure non
restiamo delusi ne' nostri desiderii, e non sia pro-

fanata l'integrità della pubblica fede e la religio·
ne che per la costanza di tali padri concepiamo
nell'anima • (1).

È rimasta un'altra lettera di Federico dello
stesso tenore, scritta quasi colle stesse parole,
diretta ad un re, del quale manca il nome (2). Anche scrivendo al sovrano di Francia, l'imperatore
nel volere giustificare le sue passate e presenti devastazioni contro i Romani, trattava dello stesso argomento. Notevoli sono le seguenti parole intorno
al cardinale Giacomo. « Noi dunque indotti dal
sommo nostro zelo, avvegnachè per mezzo dell'u-
nità e concordia de'fratelli (cardinali) debbasi
provvedere al bene della Sede Apostolica, liberan-
do il maestro Ottone e il vescovo Prenestino dal·
la nostra custodia fuori d'ogni speranza e credenza da sembrare la grazia insperata più mira-
colosa, abbiamo rimesso ai detti fratelli che chie-
devano instantemente prima il maestro poscia il
vescovo, che nella sua coscienza non poteva con-
fidare di ottenere dalla nostra volontà la sua liberazione; e susseguentemente in vostro onore
abbiam concesso di andarsene liberi i prelati, gli
altri abbati e i chierici d'oltre alpe col loro seguito, pe'quali tutti accogliemmo le vostre preghiere » (3). Sebbene nelle allegate lettere l'Au-

(1) Documento XV.
(2) Documento XVI.
(3) Huillard-Bréholles, *Historia* cit. t. VI; p. 97. Nos igitur summo zelo clementer inducti, quia Apostolice Sedi per
fratrum unitatem et concordiam debeat provideri, primo magistrum Ottonem... ac deinde Penestrinum episcopum, de cuius liberatione vix a voluntate nostra propria obtinere con-

gusto ostenti tanto interesse pel bene della Chiesa e tanta generosità e clemenza; dal racconto che noi abbiamo premesso si vede che all'atto di liberare i due cardinali obbligavanlo molti altri motivi, sul suo animo guasto e corrotto più forti che la virtù. Siffatta apparente generosità d'animo cercarono innalzare a cielo gli scrittori imperiali. Lo storico Jamsilla, parzialissimo per Federico, scrive che l'imperatore avrebbe potuto procedere secondo la giustizia contro i prelati come nemici del suo onore, ma usando clemenza preferì assolverli, e soddisfacendo più a Dio che a se stesso permise che se ne andassero liberi (1). L'irrequieto dominatore aveva poi saputo bene approfittarsi della vacanza papale, consolidando la propria autorità nella Lunigiana, nella Toscana, nel ducato di Spoleto, nella Marca e nella Romagna, e togliendo le comunicazioni tra Roma rimasta guelfa e la lega Lombarda (2). Soltanto però, la lunga vacanza non avevagli aperte le porte dell'eterna città, a cui s'era avvicinato molte volte senza poterne varcare la soglia (3).

Ei si vanta d'esser stato sollecito di liberare i

scientia confidebat, preter spem et creditum, ut miraculosius accederet insperatum, ad fratres predictos petentes cum instantia remisimus, de nostra custodia liberantes; ac subsequenter prelatos ceteros, abbates et clericos transalpinos cum eorum familiis, pro quibus omnibus preces vestras recolimus accepisse, ad honorem vestrum liberos abire permisimus.

(1) Muratori *Rer. ital. Script.* t. VIII, *Historia*, p. 496.
(2) Huillard-Bréholles, *Historia* cit. *Introduction*, p. CDLX.
(3) Huillard Bréholles, *Vie et correspondance de Pierre de la Vigne*, p. 182.

prigionieri; ma il vescovo di Preneste era stato in
dura schiavitù, per imperiale comando, oltre due
anni, che non è un lasso di tempo niente breve 'per
chi penava; ed altri teneva ancora nelle sue mani.
Le opere in parte qui contraddicono alle parole.

Fatti consapevoli i cardinali radunati in Roma
dell' uscita di carcere del loro collega, e ottenu-
tosi per mediazione degli altri che dimoravano
in Anagni l' allontanamento dell' esercito imperiale dalle mura della città eterna (1), tutti si riu-
nirono in Anagni, dove accolsero il Prenestino
con grande onore e somma allegrezza (2), e in
questa città avuto nel loro seno quello cui tanto
desideravano, congregaronsi nella Chiesa maggiore per fare il nuovo Papa. La presenza di chi
con animo invitto aveva tanto sofferto per la
Chiesa, di un vero martire per la libertà ecclesiastica (3) e di chi era avvedutissimo ad impedire una scelta di un Papa imperiale, sembra che
apportasse in mezzo ad essi l' armonia e la concordia più completa; perocchè, come prima non
potevano mai concertarsi intorno alla persona da
eleggersi, così dopo con pace e tranquillità rivol-
sero tutti i loro voti al Genovese Sinibaldo dei
conti Fieschi di Lavagna, cardinale del titolo di
S. Lorenzo in Lucina, assai chiaro per virtù e
dottrina, quale lo richiedevano le condizioni dif-

(1) Huillard-Bréholles, Historia cit. t VI, p. 96-97.
(2) Collenuccio, Roseo e Costo, *Compendio della Storia
del regno di Napoli e di Sicilia*, p. 92, e *Vita Gregorii X*
in Campi, *Historia* ecc. Par. II, p. 343.
(3) Questo titolo di gloria dà ai prigionieri della Meloria
lo stesso Matteo Paris (*Hist. maior*, p. 564).

ficoltose ed infelici di quella età. Unanimemente
e concordamente a dì 25 giugno 1243 i congregati lo scelsero a reggere la Chiesa universale,
vedova del suo capo già da un anno sette mesi
e diciotto giorni (1). Gradì all' intera Cristianità
la scelta; e pubblicamente se ne mostrò soddisfatto eziandio l' imperatore; ma ai famigliari della
corte che seco lui congratulavansi per l'esaltazio-
ne di persona che gli era amica rispose attristato:
« Perdiamo il più grande amico, perchè fatto Papa difenderà fortemente i diritti cui protesta la
Chiesa avere contro di noi » (2). Nè s'ingannava, perocchè intendeva bene che il nuovo Papa,
custode della verità e delle ragioni della Chiesa
al pari de' suoi antecessori, non avrebbe potuto
trattarlo diversamente da Gregorio IX e non riconoscerlo per usurpatore e scomunicato, finchè
non riparasse al malfatto. Dalla suddetta risposta
s'induce che l'amicizia fra il Fieschi e l'Augusto era soltanto personale e in tutt'altro riposta
che nel tenere le stesse massime circa la Chiesa
e l'Impero; se pure non voglia ammettersi che
Federico riconoscesse a suo malincuore che, una
volta posto uno* sulla cattedra di Pietro, costui
non può a meno di sostenere la Chiesa nelle cose
essenziali alla vita di essa; verità che dalla storia

(1) Raynaldus, *Annales Ecclesiastici*, ad ann. 1243 n. V, e
Notae Mansi; Baluzius *Miscellanea*, t. I; De Curbio, *Vita Innocentii IV*, p. 195; e *Monumenta historiae patriae edita
iussu regis C. Alberti*, Scriptores t. III; Jacobus ab Aquis,
Chronicon imaginis mundi, p. 1584.

(2) Collenuccio, *Compendio della Storia del regno di Napoli*, p. 102.

del passato non potevano sfuggire alla sua mente perspicace e studiosa.

Chi più intensamente desiderava vedere il Prenestino uscito di carcere e chi maggiormente godette dell'avvenuta liberazione fu l'arcidiacono di Liegi Tedaldo Visconti, per cui un antico scrittore ci lasciò scritto: « Non potendosi esprimere a parole da quanto gaudio fosse preso Tedaldo al vedere liberato il suo vescovo, si giudicò conveniente passarlo sotto silenzio » (1). Il vecchio cardinale e il giovane levita suo concittadino, i quali avevano insieme sopportati tanti travagli nella legazione di Francia e forzatamente erano stati divisi per lungo tempo, ora ritornano a formare una sola famiglia. Quante cose imparava Tedaldo alla scuola di un maestro di sì eroica fortezza, educavasi mirabilmente a quelle virtù, in cui sarebbesi poi tanto segnalato. L'unione di queste due anime diveniva ancora più stretta che per lo passato; e il vecchio per disporre sempre meglio il giovane al servizio della Chiesa, quasi divinando che un giorno ne sarebbe il supremo gerarca, e il giovane per corrispondervi, preparandosi in tal guisa, come se fosse conscio degli alti disegni della Provvidenza sopra di lui.

Sotto il pontificato del Fieschi, Giacomo nel poco tempo che ancora sopravvisse godè la stima più grande, come avevala goduta sotto quello di

_____

(1) *Vita Gregorii X* in Campi, *Historia* cit. Par. II. pag. 344. Quanto vero gaudio, liberato viso Episcopo exhilaratus extiterit, quia hominis lingua in expressione non sufficit, diguum fuit, quod silentio committatur.

Onorio e di Gregorio; e il carcere subito con tanta annegazione e sacrifizio per la difesa della religione circondavalo di gloria la più giustamente meritata in faccia al mondo cristiano. Solamente che non poteva vedere spuntare giorni migliori per la Chiesa, nè c' era da aspettarsi altro, avendosi a trattare con Federico. Questo sovrano tutta prima a riguardo di quanto erasi fatto dal sacro collegio coll' elezione del Papa, compiva atti verso Innocenzo IV da suscitare speranza di qualche accomodamento; ma il male stava in ciò che ei non era sincero. Da Benevento intanto, dove allora dimorava, ai 28 di giugno scrisse al duca di Brabanzia, e gli notificò con soddisfazione la nomina del nuovo Papa e gli espresse di nutrire fiducia che il cardinale Sinibaldo, posto sulla cattedra di S. Pietro avrebbe zelato per l' unità e la pace dell' Impero. Vuolsi ancora che ordinasse preghiere di rendimento di grazie a Dio per l' avvenuta elezione; e ai 28 luglio mandò sue lettere ad Innocenzo IV, rallegrandosi dell' innalzamento di esso e gli mandò i suoi rappresentanti Gerardo di Malperg, maestro de' Teutonici, l' ammiraglio Ansaldo de Mari, i giudici Pier della Vigna e Taddeo di Sessa e il decano Messinese Rogerio Porcastrella in segno di devozione e interpreti che l' Augusto offriva la sua potenza, l' impero e i regni e i beni a volontà del Pontefice per onore della Chiesa e per favorire totalmente la libertà ecclesiastica quanto poteva, salvi però il diritto e l' onore del sacro Romano Impero. Ricordava tuttavia che prima la Chiesa eragli stata matri-

gna e che ora confidava averla madre, dacchè Innocenzo gli era amico e nato da nobili devoti
all' Impero (1). Ancorchè da siffatti segni di rispetto trapelassero già le intenzioni dello Svevo,
non sostanzialmente mutate, e inviasse al Papa
alcuni uomini, di cui la Chiesa non aveva che a
dolersi, il Fieschi non mancò di corrispondere
all'invito della pace; ma per non contraddire affatto alla condotta del suo antecessore Gregorio,
ricusò di ammettere alla sua presenza i messi
imperiali perchè scomunicati. Scelse a trattare
della concordia coll'imperatore personaggi a questo
accetti: Pietro arcivescovo di Rouen e Guglielmo
già vescovo di Modena e l'abbate di S. Fecondo;
e li spedì a Melfi colle seguenti proposte che e-
rano il desiderio e la volontà non solo del Pontefice ma ancora de' cardinali; e certo a stabilire
le medesime avrà avuto la massima parte il Prenestino, che degli affari di Federico era il meglio
informato. Espongono adunque Innocenzo IV e i
cardinali che da parte loro vogliono la pace col-
l'imperatore e con tutti, e fanno voti che la voglia eziandio l'imperatore e che non la impedisca.
Chiedono come condizione principale al trattato
di pace la liberazione de' prelati e nobili laici
presi alla Meloria e ancora cattivi, cosa già prima
promessa dallo stesso imperatore e da' suoi nunzii. Gli inviati del Pontefice sono pronti ad ascoltare e trattare della pace e sentire della soddisfazione che voleva l'Augusto circa le cose per
cui fu scomunicato. Egualmente il Papa e i car-

(1) Huillard Bréholles, *Historia* cit. t. VI, p. 98-99 e 101-105.

dinali si offrono a correggere e rimettere nel pri-
stino stato quanto si fosse leso dalla Chiesa, che
per altro non crede di aver fatto male consimile.
Se il principe dice che non ha danneggiato ingiustamente la Chiesa, e dice invece che la medesima danneggiò lui, sono disposti a chiamare
in luogo sicuro i re, i prelati e i principi sì ecclesiastici che secolari, affinchè o per sè o pei
loro nunzii vi concorrano; e la Chiesa secondo
il consiglio di tali persone soddisfarà al principe se mai lo avesse danneggiato, e rivocherà
la sentenza se ingiustamente contro di lui fosse
stata pronunciata, ed accetterà dal medesimo con
tutta mansuetudine e misericordia la riparazione
dell' ingiurie passate. E parimente la Chiesa vuole
che tutti gli amici e aderenti a lei abbiano pace
e sicurezza (1). Giustamente ad Innocenzo erano a
cuore i popoli che con tanti sacrifizii avevano sostenuto le lotte del ponficato, e perseveravano a difen-
derlo in mezzo alle calamità.

Non mancavano pretesti a Federico da addurre
contro le allegate proposte esplicite e chiare, ma
nello stesso tempo contenenti molti riguardi alla sua
dignità; era egli maestro nel trovarne per tirar in
lungo le quistioni, e poi avea d'intorno a sè confidenti come Pier della Vigna e Taddeo di Sessa, a
cui non difettava il talento per suggerire speciose
ed apparenti ragioni al loro padrone contro il vero
ed il giusto. Il secondo Federico, che odiava Milano al par del primo, male soffriva la permanen-
za in Lombardia del legato pontificio Gregorio

(1) Huillard Bréholles, *Historia* cit. t VI, p. 112-113.

Montelongo, che da Milano teneva uniti gli Insu-
bri e conservavali fedeli alla Sede Romana, e
guidavali saggiamente nel resistere agli sforzi
di re Enzio, devastatore anche in que' giorni del
territorio Lombardo e Piacentino. Insisteva Cesare perchè quegli non era ancora stato richiamato
dal Papa, mentre egli stesso aveva liberato il Prenestino ed altri prigionieri: ed Innocenzo rispondeva che la Chiesa non abbandona i popoli a lei
fedeli nel pericolo, perocchè condursi in tal maniera sarebbe tradimento; che l' Augusto non poteva
pretendere ciò nel tempo che egli opprimeva quasi tutti i dominii della Santa Sede, che vi era
motivo di gaudio col principe per avere esso ri-
donato a libertà il suddetto Prenestino e alcuni
altri, e motivo di dolersi assai perchè riteneva
ancora altri in cattività. Il Papa dopo avere ribat-
tuto vittoriosamente i pretesti imperiali ordinava
ai suoi nunzii che se Federico non inclinava a
salutari avvertimenti se ne ritornassero; e a mostrare ancor meglio il suo animo disposto alla
pace dava a loro facoltà di assolvere gli ambasciatori, che il principe avrebbe inviato presso la
Sede Romana (1). Tutte queste premure e repli-
cati riguardi non condussero ad alcun buon effetto e ben presto furono troncate le trattative. Federico si rifiutava a confessare le ingiustizie passate
e faceva tutti gli sforzi per umiliare la Chiesa e
le città italiane collegate e massime le Lombarde; ma il Papa e i nostri Comuni di parte guelfa
accettavano ancora la guerra, sebbene durasse

(1) Huillard-Bréholles, *Historia* cit. t. VI, p. 118-119.

286.

già da molti anni, piuttosto che rassegnarsi ad essere dominati come i Napoletani e Siciliani.

La città di Viterbo e altri luoghi vicini si sollevarono contro i governanti imperiali e li fecero prigionieri, e ritornarono colla Chiesa. Lavorò grandemente in questa impresa il cardinale di santa Maria in Cosmedin Rainerio nativo di quella città, il quale ebbe di poi danaro e uomini dal Papa per difendere la sua patria dai nemici che volevano espugnarla (1). In quel frattempo Innocenzo sollecitava il legato Montelongo a tenere fermi e costanti i Lombardi nella devozione e nel servizio alla Sede Apostolica, avvertendoli che il Papa non avrebbe mai stretto coll'imperatore alcun patto, il quale non fosse stato espediente alla Chiesa e ai collegati. Scriveva nel medesimo senso ai Trevigiani, e pigliava sotto la sua protezione il marchese d'Este che aveva sempre tenuta alta la bandiera contro l'Hohenstaufen (2). La parte guelfa, accorta a tenersi forte nella lunga vacanza del pontificato, ora la diveniva maggiormente guidata dai Fieschi. Con essa si schierarono i Sardi, il marchese di Monferrato, Guido conte Palatino di Toscana detto Guerra, il marchese Malaspina (3), gli Alessandrini, gli Astigiani, e i

(1) Raynaldus, *Annales Ecclesiastici*, ad ann.1243, n. XXIII XXVIII, e Baluzius *Miscellanea*, t. I; De Curbio, *Vita Innocentii IV*, p. 196.

(2) Huillard-Bréholles, *Historia* cit. t. VI, p. 123-124, e 131; e Raynaldus *Annales* cit. ad ann. 1243, n. XXII.

(3) Huillard Bréholles, op. cit. t. VI, p. 135-138; e Raynaldus, op. cit. ad ann. 1243, n. XXIV.

Vercellesi (1). Per due mesi e mezzo Federico stette all'assedio di Viterbo, ma indarno; perchè infine fu nella necessità di abbandonarlo; e il resto de'suoi soldati lasciativi furono pienamente sconfitti, e i loro lavori di difesa e offesa, e gli accampamenti divennero preda delle fiamme (2). De'suoi fortunosi successi scriveva al cardinale Ottone divenutogli amico, e al re di Francia lamentandosi, e accusando di violata fede la parte della Chiesa, e sdegnandosi della cooperazione prestata ne'fatti a lui avversi dal cardinale Rainerio e dai frati predicatori, che nei momenti perigliosi brandivano anch'essi la spada (3). Avrebbe voluto che i guelfi non si difendessero, e si rassegnassero ad accettarlo padrone negli stati della Chiesa e ad esperimentare la crudeltà, di cui dava prove continue negli altri luoghi di sua dominazione; eglino invece amavano meglio combatterlo all'ultimo sangue e morire da forti sul campo di battaglia.

Innocenzo IV trovavasi quindi in condizioni molto vantaggiose, ma non se ne approfittava che per sostenere i diritti della Chiesa e degli alleati, ed era sempre disposto a far pace; al contrario l'imperatore, come in tante altre occasioni non voleva punto cedere delle sue pretese. Si trattò prudentemente col mezzo di persone nobili ed assennate per istabilire concordia fra l'Impe-

---

(1) *Monumenta Historiae Patriae iussu R. Caroli Alberti edita;* Scrip. t. IV, Schiavina, *Annales Alexandrini*, p. 223.

(2) Baluzius, *Miscellanea*, t. I; De Curbio, *Vita Innocentii IV*, p. 196; M. Paris *Historia maior*, ad ann. 1243, p. 607-608.

(3) Huillard-Bréholles, *Historia* cit. t. VI, p. 140-145.

ro e la Chiesa: ma Federico non volle giurare
in alcun modo di assoggettarsi alla censura ecclesiastica se prima non fossero tutte definite le condizioni, nè restituire i dominii conquistati che
in antico appartenevano all' Impero (1); e più
gelosamente fece custodire le strade i porti i ponti, affinchè nessuno portasse danaro a Roma. Al
quale uffizio avendo posto il suo figlio Corrado,
con tale vigilanza si chiuse l'adito che qualunque volesse passare anche travestito era preso e
tormentato sino alla morte. E per tal guisa si
faceva vie più palese essere il torto dalla parte
di Federico e la ragione dalla parte della Chiesa.
Il merito della condotta saggia d'Innocenzo IV
verso lo Svevo ostinato, in mezzo a tanti pericoli,
condotta del tutto conforme a quella seguita da
Gregorio IX, si deve attribuire anche ai cardinali
che lo consigliavano, e di questi segnatamente al
Pecoraria che, come già si disse, godeva il maggior credito nel sacro collegio. In fatti costui non
abbandonava il Pontefice, ed era con esso in Anagni nel settembre, avendo sottoscritte le lettere
pontificie di speciale protezione, dirette all'abba-
dessa e di lei suore Cistercensi di Bersenbrugge,
e lo seguì in Roma, avendo cooperato a diversi
atti emanati dalla Santa Sede in gennaio marzo
e aprile dell'anno 1244 a vantaggio de' monasteri di S. Sisto della città, di S. Giorgio presso
Venezia, di S. Teodorico di Reims e degli Eremi-
tani in Toscana (2).

(1) M. Paris, *Historia maior*, ad ann. 1243, p. 608 e 611.
(2) Potthast, *Regesta Pontificum Romanorum*, p. 950, 955,
956, 961, 965 e 1284.

Dopo l'elezione del Fieschi il vescovo Prenestino ebbe agio finalmente di consacrarsi alquanto
ai bisogni della sua diocesi, da cui gli affari della
Chiesa universale e la prigionia avevanlo tenuto
totalmente lontano per tanti anni. In Pagliano terra di sua spirituale giurisdizione fece rifabbricare
un vecchio monastero vicino alla chiesa di San
Pietro, e nel medesimo vi chiamò le religiose Cistercensi, che nella sua patria di Piacenza conducevano vita esemplare ed edificante. Innocenzo IV con due diplomi dei 27 agosto e 5 settembre 1243, approvando la fondazione, accorda-
vagli di mettere il monastero in diritto della
cura, de' chierici e beni trasportati nella cappella di S. Nicola (1); e con altro atto, chia-
mando esso la fondazione novella piantagione nella
vigna del Signore, ad istanza e a riguardo del
venerabile Giacomo Prenestino, accordava all'ab-
badessa e convento di S. Pietro in Pagliano liberi
pascoli, e di prendere in determinate terre legnami
tanto da ardere come per lavori e l'uso di alcuni
possedimenti della Chiesa Romana (2). E al primo
di ottobre con altro diploma, ancora per istanza
dello stesso vescovo, concedeva a quelle religiose
un visitatore, che dovea essere l'abbate del monastero di Casemario, e due monaci che servissero
ad esse per la direzione spirituale e per l'amministrazione delle cose temporali (3).

(1) Potthast, *Regesta Pontificum Romanorum*, p. 947 e
948 e 1284.
(2) Ughelli, *Italia Sacra*, t. I, p. 208 209.
(3) Baluzius, *Miscellanea*, t. III, *Append* Mansi, p. 404.

TONONI   19

Dal carcere di Tivoli, sopra raccontammo, il Prenestino raccomandò ai cardinali in sede vacante di comporre le contese intorno all' elezione del vescovo di Piacenza; e il negozio al tempo, in cui è la nostra storia, non erasi per anco conchiuso, e l' opera del cardinale potè di nuovo giovare alla Chiesa della sua patria. L' arcidiacono Americo Caccia eletto vescovo di Piacenza dal capitolo della cattedrale e rifiutato dai canonici di S. Antonino e dal resto del clero della diocesi e città, non era pervenuto ad ottenere l' approvazione della Sede Apostolica; e questa ne aveva rimesso il giudizio al legato apostolico Gregorio Montelongo. A cotale arbitro, che valeva assai più in affari di milizia e di guerra (1) che a districare quistioni di ecclesiastica disciplina, ma pur troppo allora potente in tutto, dovette assoggettarsi l' eletto Caccia, che rinunciò ad ogni sua ragione; ed egualmente fece il capitolo della cattedrale. Gregorio per mezzo del suo delegato Delacorta arciprete di Padova, spedito a Piacenza, fece eleggere a quel posto frate Giacomo da Castellarquato dell' ordine dei Predicatori, priore del convento di S. Giovanni in Canale nella suddetta città. Contro il fatto appellò il capitolo della cattedrale; adducendo non potere il legato in tempo di vacanza del Papa eleggere alcuno a dignità episcopale; per questo e per molte irregolarità non fu la scelta riconosciuta canonica da Innocenzo IV, che inviò immediatamente un cursore ad intimare in Piacenza il monitorio di

(1) *Monumenta ad provincias* etc. Fr. Salimbene, *Chronica,* p. 197.

ritirarsi all' intruso frate Giacomo. Ma costui a-
veva in patria una fazione che il sosteneva, della
quale era capo il podestà Corrado Concesio di Brescia; e questi saputo della contrarietà al suo favorito fece per istrada fermare il cursore pontificio, togliergli le lettere, e persino maltrattarlo
con ferite. Il Papa, per tale delitto e per altre
ingiustizie commesse a danno della libertà ecclesiastica, ai 22 dicembre 1243 scrisse all' abbate
di S. Sepolcro e al priore di S. Savino in Piacenza che quali delegati apostolici scomunicas-
sero il Concesio. In mezzo a quei dolorosi contrasti cercò di comporre le cose il Prenestino,
consigliando al Papa di eleggere vescovo di Piacenza Tedaldo Visconti, uomo che avrebbe con-
tentato le due fazioni; perchè della stessa città e
appartenente a nobilissima famiglia e fornito di
di singolari virtù. Innocenzo accettò subito il consiglio; ma Tedaldo non volle quell' onore, segnatamente affinchè non si sospettasse di averlo ei
tolto a frate Giacomo che gli era amico (1).

La dignità di vescovo in Piacenza, rifiutata dal
maggiordomo del cardinale Pecoraria, toccò poi
ad un altro della casa dello stesso cardinale, cioè
ad Alberto Prandoni che aveva accompagnato ed
aiutato l' eletto di Preneste nella legazione d' Ungheria. In questa scelta, che Papa Fieschi fece a
dì 14 marzo 1244; dopo che frate Giacomo venne

(1) Boselli, MS. D. p 348 retro 357 presso l'archivio
della Cattedrale di Piacenza; Campi, *Historia* cit. Par. II, p.
177-178; Raynaldus, *Annales*, ad ann. 1243, n. XXIX; e Ughelli, *Italia sacra*, t. II, p. 224-225.

a Roma, giustificò la sua innocenza e rassegnò ogni
suo diritto al Pontefice, certamente s'intromise il
Pecoraria, conoscendo egli più di qualunque altro
vicino alla Sede Romana la persona da eleggersi
e il luogo da governàre. Alla diocesi Piacentina
col Prandoni toccò in sorte un buon pastore; nè
s'ingannava Innocenzo che nel mandarvelo il diceva
grato a Dio e accettevole agli uomini. Quegli fece
tanto bene nel governo di questa diocesi, come
nel governo dell'altra di Ferrara, a cui passò dopo,
che morto gli fu apposto l'onorifico titolo di beato.

I successi contrarii e le istanze di molti indus-
sero l'imperatore Federico a cercar pace dalla
Chiesa, e simular meglio di tante altre volte consimile intenzione. Per così importante incarico
spedì nel marzo 1244 alla Sede Apostolica il conte
Raimondo Tolosano, Pier della Vigna e Taddeo di
Sessa, ai quali prometteva di accettare quanto
essi avrebbero convenuto col Papa (1). E gli inviati nel giovedì santo col pieno di lui assenso
alla presenza dell'imperatore di Costantinopoli,
de' cardinali, di una grande moltitudine di prelati,
de'senatori, del popolo Romano e di molti forestieri,
trovatisi in Roma per la settimana Santa, giurarono che Federico restituirebbe tutte le terre pos-
sedute dalla Chiesa Romana, e da lui usurpate nel
tempo in cui egli fu scomunicato; ed egualmente
farebbe a riguardo degli alleati della Chiesa; che secondo l'ordine del Papa riparerebbe ai danni arrecati alla Chiesa e alle persone ecclesiastiche; e di-

(1) Huillard-Brèholles, *Historia* cit, t. VI, p. 169 172.

chiarerebbe nulli i bandi e le confische fatte a danno de'partigiani della Chiesa. Che sarebbe rimessa ogni offesa a coloro i quali si sono messi dalla parte della Chiesa dopo la scomunica e anche a coloro i quali erano in guerra con lui. Che que' di Romagna, i nobili della Marca Trevisana, il marchese di Monferrato ed altri, i quali seguirono la Santa Sede, non sarebbero obbligati a servire in persona l'imperatore, ma potrebbero mettere altri in loro luogo. Che gli esiliati sarebbero rimessi ne' proprii dominii e beni. Che Federico sceglierebbe per arbitri il Papa e i cardinali intorno le sue questioni coi Romani; che dichiarerebbe in una lettera essersi sottomesso alla scomunica, fulminata contro di lui non perchè avesse disprezzato l'autorità ecclesiastica, ma perchè non essendogli stato antecedentemente notificato quell'atto, col consiglio di prelati alemanni e italiani non credeva d'averla incorsa; e dichiarerebbe d'avere egualmente mancato e d'essere pronto a fare digiuni ed elemosine secondo gli ordini del Papa; che libererebbe tutti i prigionieri fatti nelle galere e gli altri Romani e Toscani presi dopo la scomunica e i di già messi in libertà avrebbe sciolti dai giuramenti e dalle obbligazioni a cui avevali prima astretti (1). Si fece grande festa per questo giuramento degli ambasciatori, e dicevasi per l'Italia che la pace era conchiusa. Molti però dubitavano di tanta buona volontà in Federico; e ben presto si conobbe che avevano ragione.

Innocenzo IV, innanzi di accordare l'assoluzione

(1) Huillard-Bréholles, op. cit. t. VI, p. 172-175.

allo scomunicato sovrano, voleva che si rimettesse
all'arbitrio della Santa Sede la questione de' Lombardi, e che si restituissero puramente e sempli-
cemente alla Chiesa i dominii. Alla prima domanda
l'Augusto rispondeva d'esser pronto a fare il compromesso, ma colle condizioni proposte dagli stessi
Lombardi prima e dopo la vittoria di Cortenova,
e intanto ricusava di liberare i prigionieri della
Lega e cercava che non si tenesse conto dei patti
stretti colla pace di Costanza, fattasi a suo dire
con danno evidente del diritto e dell'onore imperatorio. Intorno alla seconda domanda aveva già
mostrato le sue intenzioni precedentemente; cioè
che avrebbe restituite le terre della Chiesa, ma a
patto che le consegnassero ancora a lui ed egli a-
vrebbe pagato un annuo censo di maggior rendita
che quella ritrattane dalla stessa Chiesa. Federico
ammaestrato dal suo avolo, prima de'politici moderni, aveva concepito il modo di rendere i Papi sovrani di nome; ma come Innocenzo IV rispose e resistette al nipote del Barbarossa, così i successori
di Pietro venuti di poi fecero cogli altri usurpatori
che rinnovarono il tentativo. Il cameriere segreto
del Papa frate Bonvicino dell'ordine de'Templarii,
spedito per riprendere le terre della Chiesa, se ne
ritornò senza aver nulla ottenuto. Dall'imperatore
non si veniva mai ad alcuna riparazione di fatto,
nè all'adempimento di alcuna promessa, ora sotto
un pretesto ed ora sotto un altro. Lo stesso prima era andato innanzi nel promettere, e dopo re-
stringeva continuamente (1); usando però tutte le

_____

(1) Huillard-Bréholles, op. cit. t. VI, p. 204-222.

arti per guadagnarsi l'animo del Pontefice fino
col cercargli una nipote in isposa pel figlio Corrado; ma cotali arti erano troppo note alla Curia
Romana, che se ne sapeva schermire a meravi-
glia (1). E, vedute tornar vane tutte le sue astu-
zie, preso da furore disdisse il giuramento prestato
dai suoi legati e ogni compromesso di soddisfare
alla Chiesa (2). La resistenza d'Innocenzo IV allo
Svevo considerata anche solo nelle attinenze sociali e civili fu grandemente profittevole all'Italia, perocchè servì ad impedire che le città Lombarde perdessero la propria autonomia, cui godevano in molte parti della vita pubblica, e che
divenissero preda de' re di Alemagna, e a tenere
unita l'intera penisola per quanto lo permetteva
lo stato di que' tempi e di tante discordie. Ma il
vantaggio maggiore che ne veniva era per la religione cristiana, che non si legava al carro di
Cesare, e quindi rimaneva superiore alla politica,
e la sua azione benefica sui popoli, affatto libera
e indipendente dagli odii come dagli amori de'dominanti. Se dai Papi si fosse ceduto come volevano
gli Hohenstaufen zio e nipote, in Occidente la sorte
del Cristianesimo sarebbe stata eguale a quella
toccata ad esso nell'Oriente, di divenire istituzione
totalmente soggetta all'Impero per poi averne e-
guale la fine.

La Sede Apostolica intanto si premuniva d'uomini capaci per sostenersi nella guerra, che l'imperatore aveva intenzione di continuare contro la

(1) Baluzius, *Miscellanea*, t. I, p. 196.
(2) M. Paris, *Historia maior*, ad ann. 1244, p. 631.

Chiesa. Papa Innocenzo, avendo soltanto sette cardinali, ne creò altri dodici fra l'ottava di Pentecoste, che gli fossero consiglieri in tanti bisogni. Federico, sebbene nemico dei Papi e della Chiesa non aveva il coraggio di dichiararsi tale in faccia al mondo, studiava quindi sempre d'ingannare, se avesse potuto; ed ora, per far risolvere il Pontefice regnante ad accettare le sue proposte, l'invitava ad uscire di Roma e a recarsi in un luogo della Campagna. Diceva che, trovandosi ambidue a poca distanza, l'imperatore allora se ne stava a Terni, avrebbero per mezzo di nunzii o da loro stessi potuto conferire insieme; e prometteva sino di restituire alla Chiesa il luogo che sceglierebbe il Papa pel divisato convegno. E il Fieschi si risolvette finalmente il giorno 7 giugno ad uscire di Roma, dove stabilì suo vicario il cardinale Prenestino (1), e si recò a Civita Castellana. Al Pecoraria toccava la seconda volta il difficile incarico di tenere nella città eterna il luogo del Papa, e in un tempo niente. migliore del passato anzi divenuto più cattivo. L'imperatore in tali circostanze continuava a simulare tutte le buone disposizioni di far pace, e mandava ad Innocenzo di bel nuovo ambasciatori, Pier della Vigna e Gualterio di Sora; e Innocenzo mandava a Federico il cardinale Ottone, che ora aveva il titolo di vescovo di Porto. Ma l'astuto principe, sotto le apparenze di concordia, nascondeva un

(1) Iongelinus, *Purpura divi Bernardi,* p. 52; Eggs, *Purpura docta,* p 158; Ciaconius, *Vitae Pontificum et Cardinalium,* t. II, p. 87; e Ughelli, *Italia Sacra,* t. I, p. 208.

colpo di mano contro il vicario, di Cristo, voleva farlo prigioniero; e a questo effetto aveva spedito duecento uomini presso Toscanella. Di avere quegli tutt'altro che volontà sincera di pace manifestavasi ancora da quanto lasciava fare in que' dì nell'Italia superiore dal suo bastardo Enzio che sguinzagliava Cremonesi, Pugliesi, Tedeschi e Reggiani, in tutto tremila uomini, nella pianura e sul colle posti fra la Nure e l'Arda del Piacentino, portando dove passavano la desolazione e l'incendio (1). E dopo tutto questo l'Huillard-Bréholles, storico eruditissimo e per lo più imparziale, non trova ragioni per difendere Innocenzo IV, che cessa ogni trattativa collo Svevo, e gliene fa un biasimo (2); a noi sembra che le ragioni abbondano per sostenere il contrario.

Accortosi il Pontefice della trama che si ordiva a suo danno, e vedendosi chiusa oramai la via da ogni parte, dacchè tutti i luoghi erano occupati dagli imperiali, studiò il modo di sottrarsi alla violenza di Federico e di andare in luogo sicuro, dove liberamente potesse operare. Mandò a Genova il suo nipote Bojolo, religioso de' frati Minori, con lettere alla repubblica di sua patria e al podestà Filippo Vicedomini, scrivendo loro che credessero quanto il messo avrebbe riferito. E il frate giunto al suo destino raccontò che il Papa

(1) *Monumenta ad provincias* etc. Anonymus, *Chronicon Placentinum*, p. 168.

(2) *Historia diplomatica Friderici secundi*, *Introduction*, p. CDLXV; e *Vie et Correspondance de Pierre de la Vigne*, pag. 58.

era talmente circondato dai soldati di Federico che, se non venivasi in soccorso di lui, ben tosto sarebbe preso e posto nelle mani del tiranno, pregò che si armassero delle galere, che sopra le medesime ascendessero il podestà e il nipote del Papa, che questi legni fossero condotti al più presto a Civitavecchia, dove di notte tempo e celatamente verrebbe Innocenzo per essere trasportato lontano. Il podestà Vicedomini Piacentino, già altra volta in Genova deputato a quell'alto posto e uomo di provata fede per la Chiesa e per l'onore del paese che reggeva, chiamati alcuni pochi de' nobili Genovesi ne' quali aveva maggiore confidenza, e de' più affezionati al Papa e alla Sede Apostolica, manifestò loro le lettere ricevute, e quanto disse il messo Bojolo. E tutti unanimamente diedero il consiglio e il voto di soccorrere Innocenzo in quelle distrette; e come si deliberò, col più grande segreto e colla maggiore prestezza venne fatto. Il podestà e i tre nipoti del Fieschi Alberto, Giacomo ed Ugo con venti una galere ed altri legni, che la Repubblica aveva di fresco armato per resistere all'ammiraglio imperiale Ansaldo de Mari, navigarono per giungere al luogo designato, e il giorno 27 giugno erano a Civitavecchia. Nello stesso giorno Innocenzo IV arrivò a Sutri, e sentì subito la notizia dell'arrivo delle navi Genovesi. L'indomani, fingendo di voler celebrare solennemente la festa dei santi Apostoli Pietro e Paolo, fece preparare tutto che era necessario alla partenza; e vestitosi da militare, alla prima ora di notte, con alcuni de' suoi congiunti e famigliari, allontanatosi dai sentieri battuti, per dirupi e boschi si diresse a Civitavecchia, e vi giunse alla mattina circa all'ora di nona. A vespro si partì colle navi, che presero il largo per Genova; dove, sebbene la navigazione fosse burrascosa, giunse nell'ottava dei santi Apostoli (1). Federico, che oramai si teneva certo d'avere in suo potere il Papa e di costringerlo a fare quel che egli stesso avrebbe voluto, restò deluso nei suoi perversi disegni, e vide che andava incontro ad una resistenza ancor maggiore che sarebbegli fatta dalla Chiesa.

Dal tempo in cui s'allontanò da Roma Innocenzo sino all'avvicinarsi della festa degli Apostoli, pel Pecoraria che, come si disse, teneva le veci del Pontefice, e pei Romani passarono giorni di aspettazione e di timore intorno a qual modo andrebbero a finire le faccende della Chiesa con Federico. Sulla terra il cardinale Giacomo non dovea sapere la nuova della fuga sicura del santo Padre; perchè in un giorno vicino alla solennità dei santi Apostoli verso il tramonto veniva colpito da apoplessia, avendo la mattina celebrato i divini misteri nella basilica Vaticana, e infervorato con elegante e dotto discorso il popolo a mantenere la pace e l'obbedienza alla Chiesa, e quasi subito spirava l'anima. L'Eggs che dà tutti questi particolari della morte del Prenestino, assegna che il fatale caso avvenisse la vigilia della festa sopra

(1) Baluzius, *Miscellanea*, t. l; De Curbio, *Vita Innocentii IV*, p. 197; Muratori, *Rer. ital. Script.* t. VI; *Annales Genuenses*. Bartholomeus Scriba, lib. VI, p. 505-506; e Guglielmotti, *Storia della Marina Pontificia*, vol. l, p. 432-434.

indicata, cioè a'28 di giugno 1244 (1); l' Ughelli (2) ai 26, e parimente il Ciaconio, premettendo che il cardinale la mattina aveva annunciata la parola di Dio intorno alla grandezza umana (3). L' anonimo biografo di Gregorio X, più volte citato, non ne indica determinatamente il giorno, ma l' approssimarsi della festa di S. Pietro, e racconta che il Prenestino stava per celebrare coi Romani, assidui ai divini uffícii e attenti alle sue prediche, come se loro parlasse un angelo (4). Un vecchio calendario della cattedrale Piacentina ne stabilisce la morte ai 25 del mese suddetto. Alcuni scrissero che finisse i suoi giorni un anno dopo a Lione; ma si hanno tutti gli argomenti per ritenere certamente avvenuta in Roma la sua morte, come si è narrato. E di ciò dovette essere subito informato Innocenzo IV, poco prima che salisse sulle navi Genovesi, avendo incaricato il cardinale diacono Rainerio di S. Maria in Cosmedin a provvedere in sua vece agli affari (5), posto tenuto dal Pecoraria.

Curò gli estremi onori del celebre cardinale il maggiordomo e compatriota di lui Tedaldo Visconti, destinato a salire ancor più del proprio padrone. La salma fu provvisoriamente sepolta in Vaticano, e di poi, secondo l'ultima volontà dell' estinto, venne trasportata a Chiaravalle di Francia nella Chiesa del monastero Cistercense, dove da

(1) Eggs, *Purpura docta*, p 159.
(2) *Italia Sacra*, t. I, p 208.
(3) *Vitae Pontificum et Cardinalium*, t. II, p. 87.
(4) Campi, *Historia* cit. Par. II, p. 544.
(5) Huillard Bréholles, *Historia* cit. t. VI, p. 200-201.

arcidiacono avea vestito la bianca tonaca; e propriamente fu sepolta vicino al corpo di S. Malachia. Sopra la pietra mortuaria fu sculpito: *Hic jacet Dominus Iacobus de Placentia Archidiaconus Ravennae Postea Monachus Claraevallis deinde Trium fontium Abbas Demum Praenestinus Episcopus Cardinalis.* Nell'occasione di quel trasporto i canonici della cattedrale Piacentina vollero alcune reliquie del loro concittadino tanto rinomato da riporre nella patria Chiesa, ed ottennero una parte del capo e un dito, che fecero allogare in piccolo avello di marmo fisso nel coro con queste parole: *Hic requiescit pars capitis et digiti Iacobi de Pecoraria Epis. Prenestini Cardinalis Ecclesie Romane.* Ivi si mantenne l'avello per lo spazio di circa trecento sessant'anni, finchè il vescovo Rangoni, volendo dare altra forma al coro, lo fece traslatare nella cappella contigua di S. Martino (1), dove si trova tuttora.

Alla sua morte Giacomo Pecoraria legava memoria di sè alla terra in cui ebbe i natali, avendo ordinato ai parenti, come dice il suo nipote Isembardo maestro e notario apostolico di dare dei beni tenuti da lui nel Piacentino venti lire Turonesi e dopo cinquanta lire Piacentine al consorzio de' Rettori urbani per godere delle opere di

. (1) Campi, *Historia Ecclesiastica di Piacenza*, Par. II, p. 179, dove in margine si cita *Lib. Sepulch. Claraevall. MSS. Fascic. S. Ord. Cist.* lib. 2. diss. 41, c. 3; Manriques, *Annales Cistercenses* ad ann. 1231, cap. II, n. 6. Questo annalista porta l'iscrizione allegata, e in essa non sa leggervi che il monaco era Piacentino, dicendolo di Pavia e *de Pacentia!*

misericordia e di pietà, solite praticarsi da quel
sodalizio a suffragio dei defunti (1). Il sud·
detto nipote che portava lo stesso cognome
del cardinale, essendo figlio di Gerardo fratello
del Prenestino e di Beatrice, trovò grande fa·
vore presso lo zio, perchè le molte prebende da
lui godute nelle Chiese di Francia, oltre quelle
in Piacenza, non potè averle che per l'impegno
dello zio cardinale, che colà era stato legato; e certo
Isembardo di questo suo stretto parente raccolse
l'eredità. Lo si rileva dalle disposizioni in seguito fatte dal nipote che nell'enumerare le cose
sue, alcune ne nomina, dicendole del cardinale, e
nello stabilire alcuni legati fa intendere di adem·
piere la volontà dello zio; pesi che non gli sarebbero stati imposti senza lasciargli i beni per
sostenerli. Costui, sebbene dopo molti anni, ese-
guiva l'ordinazione del cardinale che voleva
essere suffragato dal consorzio de' parrochi Piacentini, eretto nella Chiesa di San Donnino; e oltre al danaro suindicato donò ai parrochi un calice d'argento con la patena indorata al peso di
un marco, e una pianeta preziosa con camice e
altri paramenti da messa; col carico di celebrare
ogni anno due officii da morto, l'uno per l'anima del cardinale suo zio nel giorno 25 giugno (2),
e l'altro per sè e pei loro defunti (3). Nell'anno
1276 ai 7 maggio dava al capitolo della cattedrale

(1) Campi, op. cit. Par. II, p. 158-159.
(2) Questo lascito conferma la data precisa della morte del Prenestino.
(3) Luogo cit.

di Piacenza alcune case poste nella parrocchia di
S. Stefano, affinchè si celebrasse anche nella
Chiesa maggiore un anniversario pel defunto vescovo Prenestino (1). Nel 1279 ai 22 marzo da
Roma lo stesso Isembardo mandava a Piacenza
venti lire Turonesi da formare un perpetuo reddito a beneficio de' parrochi della città e altre
dieci da dispensarsi in elemosina ai poveri di
Montalbo, e tutto scriveva di volere *pro anima
bone memorie domini Iacobi Penestrini episcopi
patrui nostri*, cioè a sollievo del vescovo di Preneste (2). E il giorno dopo faceva testamento; e
fra molte cose lasciate, coi beni che teneva a
Bagnolo istituì in sua patria due prebende, l'una
nella cattedrale e l'altra in S. Maria de' Rigoli,
coll'onere ciascuna prebenda di una messa quoti-
diana a suffragio dello zio cardinale, de' genitori
e di sè stesso. Ricordando con lode gli ordinamenti
dati al consorzio de' parrochi dal defunto suo zio
intorno alle elemosine e preghiere da farsi in un
giorno di ogni mese in S. Donnino, legava lire
cinquanta Piacentine, da erogarsi in un reddito
perpetuo, che servisse per quelle buone opere,
coll'obbligo che l'arciprete e i parrochi nella
messa del giorno designato pregassero pel cardinale Giacomo e per lui stesso. A tutti i monasteri
dell'ordine Cistercense, tanto d'uomini che di

(1) *Rog. Ioannis quondam Donati* 1276 *ind. IV nonis Maii*,
presso l'archivio della Cattedrale di Piacenza.

(2) *Rog. Ioannis de Varsio* 1279 *die* 17 *novembris*, presso
l'archivio della Congregazione de' Parrochi in S. Donnino
di Piacenza.

donne posti nel Piacentino fece qualche lascito; e
anche questa disposizione era senza dubbio fatta
a suggerimento o almeno a riguardo del vescovo
Prenestino che appartenne a quella fiorente religione. Lasciava sei volumi di una bibbia con glos-
sa all'abbadia di Beauvais tenuta dai Cistercensi,
obbligando i monaci a celebrare messe nel dì anniversario della morte del cardinale e della sua (1).
Dopo che il pontificio notario aveva così disposto
mandò alla cattedrale Piacentina il pastorale di suo
zio con una pisside d'argento sopra cui era scolpita
l'immagine d'un vescovo (2): oggetti preziosi che
ora più non sono in quella Chiesa, nè si ha memoria dove andassero a finire. Passati pochi giorni dal fatto testamento, cioè a' 4 aprile 1279 I-
sembardo se ne moriva, e perciò andavano in esecuzione i tanti legati ricordevoli del cardinale
Giacomo.

Il vescovo di Preneste lasciò alcuni scritti;
l'Eggs ne diede l'elenco, dicendo che a' suoi giorni conservavansi inediti fra i codici della biblioteca Vaticana e di quella de' Cistercensi. Trattò egli
intorno alla Sacra Economia, intorno cioè all'amministrazione delle cose di Chiesa. Restarono di
lui alcuni discorsi sopra le solennità e i giorni
festivi dell'anno *Sermones de tempore;* il racconto
delle sue legazioni, *Legationum suarum gesta;*
molte lettere, *Epistolae plures;* e infine delle orazioni tenute al popolo Romano, *Orationes ad popu-*

(1) *Rog. Aldrici de Prata* 1279 *die* 25 *Martii,* presso l'archivio della Cattedrale di Piacenza.
(2) Campi, *Historia* cit. Par. III, p. 6.

lum Romànum (1). Fuorchè il sullodato storico, nessuno de' tanti scrittori che parlarono del Pecoraria accennò que'varii lavori, che gioverebbe togliere dall'oblio in cui giacciono da tanti secoli. Chi sa quante notizie, e sinora nascoste e assai utili alla storia religiosa e civile del secolo XIII, contengono. Volesse il cielo che qualche erudito li mettesse alla luce del giorno. È vero che dè' fatti delle diverse sue legazioni si conoscono molte cose notate dagli annalisti ecclesiastici, dalle raccolte dei monumenti de' Papi del suo tempo, dai diplomi di Federico, dalle cronache de' coevi e dalle storie particolari de' luoghi dove fu mandato ambasciatore; ma cogli scritti, e di colui che principalmente lavorava in que' negozii, si potrebbe fare una storia più completa e riempiere molte lacune, che tuttora rimangono nelle memorie di que' tempi. Le epistole rivelerebbero meglio l'animo e il carattere dell'illustre personaggio, gli affari e gli amori che più l'occupavano; e le orazioni al popolo Romano rischiarirebbero lo stato dell'eterna città in mezzo a que' lunghi contrasti fra l'Impero e il Sacerdozio.

Da quanto abbiamo raccolto sino a questo punto, chiaramente apparisce che il piacentino Giacomo Pecoraria era dotato di molte e grandi virtù. Innanzi tutto risplendè in lui la pietà e la perfezione cristiana, l'amore delle quali lo tolse dal secolo. Ei non mancò mai di darne prova e da monaco e da cardinale, a segno che Federico suo

(1) *Purpura docta*, p. 159.

TONONI.   20

nemico l'accusava per questo di superstizione. E
questo odore di virtù che potremo chiamare anche di santità, seppe benissimo trasfondere in coloro che l'avvicinarono. Il tempo ha fatto dimenticare i discepoli cresciuti sotto la sua prudente
e saggia direzione, allorchè abbate reggeva il monastero de' Santi Vincenzo ed Atanasio; ma i due
cappellani Prandoni Alberto e Tedaldo Visconti
dal buon esempio del vescovo di Preneste, loro
superiore, attinsero moltissimo, essendosi ambedue,
di poi meritato il titolo di beati. Del Visconti
sappiamo che entrò nella casa del cardinale mosso appunto dalla santità riscontrata nel suo concittadino maggiore di quella che diceva la pubblica fama, e alla scuola dell'eminente maestro
egli potè formarsi quel corredo di nobili qualità
che lo resero tanto prudente e stimato da tutti
allorchè divenne Papa. Il Prandoni, cui la sorte
favorì di entrare assai prima di Tedaldo nella famiglia del vescovo Prenestino, v'imparò la sapienza di governare il gregge di Cristo a lui affidato
segnatamente colla edificazione; sapienza che lo
fece tanto caro nelle diocesi di Piacenza e di Ferrara, dove fu vescovo quasi per trent'anni. La
prudenza poi e il valore del Pecoraria negli affari
erano sì grandi che sotto il lungo pontificato del
nono Gregorio, a preferenza degli altri membri
del sacro Collegio, fu scelto per ambascerie deli-
cate e difficili, e occupato nell'esame delle quistioni più importanti. L'essere stato messo due
volte a tenere in Roma le veci del Papa, in occasioni tutt'altro che favorevoli alla Sede Aposto-

lica, manifesta il conto che dalla Chiesa si faceva della sua straordinaria capacità, di poter cioè recare aiuto nel tempo che maggiormente sentivasene bisogno. Nutriva in petto lo zelo più ardente per la fede; e a sostegno di essa non indietreggiava all' affacciarsi de' nuovi e molteplici pericoli, e coraggioso e intrepido, quando la voce del supremo pastore lo chiamava, non temeva di sacrificare la vita per concorrere all' estirpazione dell' eresia. Le lettere di Federico II ci dicono chiaramente quali intenzioni avessero gli imperiali contro il legato dal Papa spedito nelle terre degli Albigesi, e la storia ci narra che il Pecoraria si arrischiò medesimamente ad andare colà in soccorso della fede. La sua fortezza d' animo fra gli orrori e le crudeltà della guerra mossa alla Chiesa e alla Lombardia dal prepotente Hohenstaufen e dal numeroso partito imperiale, non scema sotto il peso delle sconfitte, delle persecuzioni e della cattività, anzi diventa maggiore: e mentre alcuni dignitarii ecclesiastici restano illusi o sedotti dalla riescita e dalla vittoria dell' Impero, egli sta fermo e costante al suo posto per difendere e sostenere il diritto vilipeso e violato, e per riprovare l' ingiustizia a costo anche della vita. Alcuni scrittori antichi fra quali il Paris (1), dissero di lui che era nemico personale di Federico II, e alcuni storici moderni fra cui il De Cherrier (2), ripeterono l' accusa. Studiando noi i fatti delle due parti

(1) *Historia maior* ad ann. 1241, p. 573.
(2) *Storia della lotta fra i Papi e gli Imperatori della casa di Svevia,* vol. II, p. 197.

contendenti, Chiesa e Impero, nel cardinale Giacomo non troviamo che un condottiero, il quale,
consapevole delle forze e dell'astuzia che usa il
nemico, tiene continuamente sull'avviso e sulla
difesa i suoi, e li precede coll'esempio, affinchè
non restino del tutto vinti e distrutti. Questo
posto in cui s'era messo non per sua elezione
ma per obbedienza al Papa e per amore della
Chiesa dovea necessariamente attirare sopra di lui
più che sopra qualunque altro gli odii e le calunnie e le maldicenze degli imperiali, sebbene egli
si protestasse in molte occasioni di volere rispet-
tati i diritti di Cesare. Le basse passioni non potevano albergare in un animo superiore, come era
il suo. Qual motivo umano poteva avere questo
monaco umilissimo d'odiare un principe tanto
potente? La sua contrarietà partiva da alti principii, egli combatteva per sostenere le ragioni
della Chiesa e dell'Italia e non sapeva riconciliarsi col Hohenstaufen, conosciuto abbastanza per
nemico dell'una e dell'altra, e del quale aveva
compreso interamente la profonda malizia e gli
ultimi intenti. Il cardinale tuttavia era disposto
ad accoglierlo amico, subito che si fosse cangiato
e mostrato favorevole al Papa e alle nostre repubbliche. Questo ci rivelano apertamente le parole di sopra riferite, con cui il Prenestino rispose all'imperatore, che liberandolo dal carcere gli
chiedeva la sua amicizia; e i fatti tutti della vita
che abbiamo scritto ci attestano la stessa cosa.
L'affetto e la divozione che sentiva verso la Sede
Apostolica si può dire crescevano in ragione diretta

dei bisogni della medesima, e al vederla sprovve-
duta dei grandi aiuti del mondo si animava a
tenersele più strettamente congiunto. Fa maravigliare cotanta perseveranza. Adulto e vecchio,
schivo com' era degli onori, dal soccorso che prestava ai Papi che cosa poteva promettersi? Niente
per sè che non ne cercava, e molto meno per altri, avendo rinunciato ai legami della famiglia.
La tenacità di volere l' ampliamento dell' Impero
a qualunque costo, in Federico e nei grandi che
lo seguivano ci riesce chiaro, perocchè quegli e
questi ne godevano, e dopo la loro morte avevano de' figli che raccoglievano i fatti acquisti, l'e-
redità dei padri; ma questo cardinale parimente
che i Papi Gregorio IX, e Innocenzo IV, sotto i
quali entrò nel governo della Chiesa, col resistere
tanto perseverantemente, allo Svevo non cercavano
il loro vantaggio, sibbene la vittoria e il trionfo
finale della istituzione, di un principio; non guardavano al tempo presente in mezzo a cui dovean
soccombere, e infatti soccombettero, sibbene al-
l' avvenire; non s' affidavano unicamente alle forze dei contemporanei, ma anche ai conati de'posteri che educati dal loro esempio avrebbero ripi-
gliato la lotta. Magnifici e sublimi disegni, i quali
rivelano in coloro che concepivanli e in parte e-
seguivanli mente vasta e nobile carattere, di cui
si può a ragione vantare la schiatta umana. Non
comune fu il merito del Prenestino nelle lettere,
della qual cosa lodavalo, come già si raccontò,
Gregorio IX, scrivendo a re Andrea d' Ungheria;
e principalmente era ammirata la sua eloquenza

nel predicare le verità della fede e nel persuadere i popoli alla pace e alla concordia in tempi
di tanti dissensi; onde in molte legazioni riportò
segnalati trionfi, e va annoverato fra i celebri
pacieri della prima metà del secolo decimo terzo.

Lo storico Pier Maria Campi voleva che nel
1640 i Piacentini segnassero ai posteri le gesta
e le virtù del Pecoraria, facendo riporre vicino
al piccolo avello che del celebre uomo chiude
una piccola parte delle spoglie mortali nel duomo
di Piacenza una epigrafe, che ancora non fu posta e che merita d'essere ripubblicata. La componeva il sullodato storico; la medesima è come un
compendio di quanto abbiamo sin qui narrato; ed
è la seguente:

D. O. M.

F. Iacobo Pecorariae Placentino
S. R. E. Card. Amplissimo
Episcopoq. Praenestino
Qui, Friderico II. Ecclesia persequente,
Italiamque simul foedum in modum lacerante,
Longobardica, Ungarica, Etrusca,
Gallica et Hispanica Legationibus
Gregorii IX. iussu egregie perfunctus;
Urbis demum Vicarius
Ab Innocentio IV. Pont. constitutus,
summa cum sanctitatis laude
ibidem cessit e vita
An. MCCXLIV.
Claravallemq. in Galliis delatus,
et prope S. Malachiam sepultus,
novissimam eo in loco tubam expectat:

Capitulum Placen. ob capitis eius fragmentum
et digiti articulum hic reconditum,
Civi suo de terrena patria optime merito
et pro aeterna adipiscenda nullos non
labores, vincula, dirosq. carceres
diutissime perpesso,
Hoc pietatis, et grati animi extare voluit
monumentum. An. D. MDCXL (1).

CONCLUSIONE

Federico II sopravvisse al cardinale Giacomo
Pecoraria, ma menò giorni tutt'altro che felici e
gloriosi; e le armi della Chiesa, che col tempo
non falliscono contro gli ostinati, furono a lui e
alla sua discendenza fatali; e le ingiustizie e crudeltà usate coi prigionieri della Meloria ebbero il
meritato castigo. Papa Innocenzo IV non si tenne
sicuro neppure in Genova, e dopo essere caduto
gravemente ammalato per due volte, risanato di
poi, andò in Francia, e giunse in Lione ai 2 dicembre dell'anno 1244. Quivi celebrata la solennità del Natale, nel giorno di S. Giovanni Evan-
gelista pubblicò che l'anno venturo nel dì 24
giugno si adunerebbe generale concilio, e citava
a comparirvi in persona o a mandarvi legittimi
procuratori il discendente del Barbarossa. Giunto
il tempo prefisso si tenne la generale assemblea;
e lo Svevo mandò suoi nunzii, l'arcivescovo di
Palermo e Taddeo di Sessa ma con poteri affatto

(1) *Historia Ecclesiastica di Piacenza*, Par. II, p. 180.

limitati, e a dire che sarebbe poi venuto egli
stesso. I Padri lo aspettarono indarno, finchè poi
ai 17 luglio 1245 pronunciarono contro di lui la
sentenza di deposizione: che erano liberi i sudditi
dal giuramento di fedeltà a Federico, scomunicati
que'che l'avrebbero favorito, e gli elettori dell'Impero incaricati a scegliere un altro per sovrano.
In quell'atto solenne, spedito come enciclica per
tutto il mondo cristiano, sono accennati i molteplici spergiuri di Cesare, il suo disprezzo all'autorità delle somme chiavi, le usurpazioni di terre
e di diritti, le delapidazioni delle Chiese e dei
monasteri, il sacrilegio d'aver fatto prendere i
cardinali « Ottone e di felice memoria Giacomo
Pecoraria legati della Sede Apostolica, nobili e
principali membri della Romana Chiesa, spogliati
di tutti i loro beni e per diversi luoghi ignomi-
niosamente condotti più volte e sempre in carcere: » la cattura di tant'altri prelati e laici i
quali tutti venivano al concilio sotto Gregorio IX,
e l'averne molti fatti perire. È notata la sua turpe
amicizia coi Saraceni, l'assassinio da lui comandato del duca di Baviera devoto alla Chiesa e la
parentela stretta con Vatace nemico di Dio e della
Chiesa (1).

(1) Bzovius, *Annales Ecclesiastici*, ad ann. 1245, n. IV; Per-
petravit... sacrilegium, capi faciens Cardinales S. R. E. et
aliarum Ecclesiarum Praelatos et clericos religiosos et seculares venientes ad Concilium... Venerabilem fratrem Ottonem
Portuensem tunc S. Nicolai in carcere Tulliano Diacon. et
bonae mem. Iacobum Praenestin. Episcopum Apostolicae Sedis
Legatos, nobilia et magna Romanae Ecclesiae membra personaliter capi fecit, et bonis omnibus spoliatos, et per diver-

Allorchè lo Svevo intese tutto questo fu colto
da furore, e ordinò che gli si portasse la corona, e avutala innanzi se la pose sul capo (1),
quasi per accertarsi se il Papa col concilio gliela
avesse tolta anche materialmente. Da quel momento apparve più chiaro, secondo l'Huillard-Bréholles, che la guerra dell'Impero contro la Chiesa
tendeva non solo a privare la Sede Apostolica
dell'autorità civile e dei dominii temporali, ma
a rapirle ancora il governo delle anime e a sostituire Cesare al Papa (2). Quanto bene era stato
inteso dal Pecoraria, che non se ne voleva fidare.
I popoli però manifestarono subito la loro avversione al predominio della forza sugli spiriti; e da
essi accoglievasi con rispetto la parola del concilio, ancorchè s'andasse incontro a gravi pericoli e disgrazie. Per sottrarsi agli effetti che
derivavano da cotale stato di cose l'imperatore
era mosso a fingere nuovamente col Papa di

sa loca non semel ignominiose deductos carceribus mancipari.
L'Ughelli (*Italia Sacra*, t. I, p. 108) e Ciaconio (*Vitae
Pontificum et Cardinalium*, t. II, p. 87), dicono che Gregorio X fece speciale ricordo del Prenestino nell'Enciclica contro Federico; ma commettono un grosso errore, attribuendo
a Gregorio X l'atto suallegato d'Innocenzo IV. Tedaldo Visconti che, fatto Papa nel settembre del 1271, prese il
nome di Gregorio X, non aveva ragioni di emanare atti contro il nipote del Barbarossa, morto assai prima, cioè nel
1250, come si dirà più innanzi.

(1) M. Paris, *Historia maior*, p. 575.

(2) *Historia cit. Introduction, part. historique*, Chap. VIII,
Essai d'etablissement d'une papauté laique; e *Vie et correspondance de Pierre de la Vigne, troisieme partie, Tentative schismatique de Frederic II.*

voler pace, e servivasi della mediazione del re Lodovico. Innocenzo IV il conosceva troppo bene, e ricusò di voler più trattare di riconciliazione; nè s'ingannava a regolarsi in siffatta guisa, perocchè le devastazioni, gli incendii, le usurpazioni e le crudeltà degli imperiali continue nella valle del Po, del Ticino e dell'Adda (1) dicevano se quel sovrano voleva pace o guerra colla parte guelfa. Nello scrivere al re de' Franchi in febbraio del 1246 Federico sentiva ancora amarezza contro il cardinale Giacomo, dicendo: « Gregorio ci mandò il vescovo Prenestino che non volevano i nostri nunzii . . . il qual vescovo tentò di staccare dalla nostra devozione Modena e Piacenza, di cui era originario, e in cui a nostro danno tolse ogni apparecchio di difesa che potè per impedirci il passo riunendo sino un esercito di Lombardi » (2). E proprio in que' giorni, manifestava al mondo di voler esso riformare la Chiesa dicendo che si dovea ricondurla alla povertà e semplicità dei tempi primitivi.

La solenne condanna del Papa, sebbene scompagnata da forza materiale bastante per essere

(1) *Monumenta ad provincias* etc., Anonymus, *Chronicon Placentinum*, p. 172-174.

(2) Huillard-Bréholles, Historia cit. t. VI, p. 390. Misit nobis obvium episcopum Penestrinum nunciorum nostrorum contradictione contempta, qui non ipsum velut inimicum nostrum... requisierunt... qui prenominatus episcopus a devotione nostra Mutinam tentavit avertere et Placentiam, in qua velut originarius eius, munitiones quas poterat evidenter avertit contra nos, ne transire possimus, quamquam hec frustra tentavit Lombardorum exercitum congregando.

tosto e pienamente eseguita, incominciava frattanto a produrre i suoi effetti; incoraggiava i
popoli oppressi a divenirne essi stessi gli esecu-
tori. In Parma, quantunque già da molti anni
vi prevalesse il partito dei ghibellini, e nel regno delle Sicilie si concertavano i grandi per
finirla col principe, che secondo il diritto pubblico in vigore, non aveva più alcuna ragione di
regnare, e violava impunemente tutti i loro privilegi e diritti. Ma volle la fortuna che venisse
all'orecchio di Federico la trama; ed egli allora
prese tutte le precauzioni per sventarla, ed esercitò ogni crudeltà contro i congiurati che potè
avere nelle mani e sino contro le loro famiglie.
Diede alle fiamme intere città, e i superstiti alla
strage dannò all'esilio; molti fece cucire con
bestie in sacchi di cuoio e gettare in mare, o
vivi abbruciare o morir di fame nelle prigioni.
Se la pigliava sino con donne e fanciulli innocenti, che non avevano altra colpa che d'appartenere a famiglie dai cui padri era stato offeso
o lo sospettava. Afflitte vergini, bagnate ancora
del sangue de' loro uccisi parenti, per consolarle
costringeva a soddisfare la sua brutale libidine (1).
Da un mostro di tal sorta non avea ragione Innocenzo IV ne' colloquii di Cluny con re Lodovico di non ripromettersi alcun rinsavimento, di
aiutare quanto poteva Enrico cognominato Raspo,

(1) Muratori, *Rer. ital. Script.* t. III, Card. de Aragonia
Vita Gregorii IX, p. 584; e t. V, App. ad Guelf. Malaterram
p. 605; e Huillard-Bréholles, *Historia* cit. *Introduction*, pag.
CXCVII CXCVIII.

langravio di Turingia, a pigliarsi l'Impero, e di mandare legati per sollevare la Puglia e la Sicilia?

Non domo il figlio di Costanza dalla resistenza papale e risoluto nella state del 1247 a recarsi con innumerevole esercito a Lione per catturare Innocenzo e i cardinali, erasi già portato a Torino; ma, sapendo di poi che il sovrano dei Franchi disponevasi a riceverlo con pari forze, risolvette di retrocedere. Forse anche la notizia che Parma aiutata dagli esuli erasegli ribellata ed aveva espulsi gli imperiali, lo mosse a cangiare divisamento. In quella città erano entrati Rizzardo conte di S. Bonifazio, il legato Gregorio Montelongo, Filippo Vicedomini piacentino che fu fatto podestà, uomo ben esperimentato nelle più difficili imprese, Bernardo Rossi congiunto del Papa e Opizzone Malaspina che erasi messo dalla parte della Chiesa; e seco avevano condotto molta soldatesca di Milano e di Piacenza. Venne ben presto nei dintorni di Parma Federico con grosso esercito e col suo alleato il tiranno Ezelino da Romano, e credevasi sicuro di tosto espugnarla; ma la gente entratavi dentro, composta di coraggiosi e valenti nell'armi, non perdè tempo e si fortificò assai bene per difendersi dal nemico, e non temeva di aver a combattere per lungo tempo. Umiliato l'imperatore di non potersene impossessare subito, fabbricò in distanza di quattro tiri d'arco un'altra città piuttosto militare, che chiamò Vittoria, volendo imitare la parte della Chiesa, che ai tempi di Alessandro III fabbricò Alessandria contro il Barbarossa, e presagire dal nome impo-

stole che non si sarebbe tolto dall' assedio finchè
non avesse vinto Parma, sebbene poi avvenisse
il contrario. I soldati guelfi facevansi forti anche
nella Tagliata vicino a Guastalla, guidati dal cardinale Ottaviano, dove si congiunsero loro il marchese d'Este, Alberico da Romano e Bianchino
da Camino.

L'imperatore stette nella nuova città dal giugno 1247 sino oltre la metà di febbraio dell'anno seguente, e recò a Parma il maggior guasto;
quivi dava continuamente saggio di crudeltà col
far morire barbaramente ogni giorno dei prigionieri, nè mancavagli esca ai suoi dissoluti piaceri,
perocchè in Vittoria teneva seco un branco di
concubine. Venne finalmente anche il giorno per
lui. Ai 18 febbraio 1248, usciti delle mura i Parmigiani nobili e popolari ben armati e preparati
alla pugna colle milizie ausiliarie, e sin le donne;
tutti fidenti nella Vergine assalirono Vittoria, vi
appiccarono il fuoco e la vinsero. Federico ebbe
appena tempo a fuggire e lasciò nelle loro mani
lo scettro, la corona, i sigilli e tutto il tesoro e
le sue concubine; e fu preso il carroccio de' Cremonesi, e molti soldati imperiali restarono uccisi
ed altri prigionieri, e interamente distrutta l'im-
provvisata città; e in mezzo alla battaglia morì
pure Taddeo di Sessa giudice della gran curia (1).
Il cronista anonimo Piacentino e di parte imperiale conchiude dopo il racconto di quella rotta: Così l'onnipotente padre Iddio aiutò i Par-

(1) M. Paris, *Historia maior*, ad ann. 1248, p. 746-747.

318

migiani (1). E fra Salimbene, cronista guelfo ma anche affezionato a Federico, ne termina la narrazione co' seguenti riflessi. In quel tempo che i Parmigiani misero in fuga Federico si compì la Scrittura che ne' Proverbii dice: *Come passa la tempesta, non resterà l'empio.* Perchè? *Perchè l'empio a causa della sua malizia è cacciato.* Perchè dal Papa Innocenzo IV, nel concilio di Lione fu deposto dall'Impero (2). E i vincitori cantavano:

Confusus est impius, - Deus eum sprevit,
  Honoris de titulo - ipsum et delevit,
  Quia nimis fecibus - in suis quievit,
  Nec umquam in melius - mutari decrevit.
Impius a facie - fugit subsequentis,
  Relictis amasiis - subsequendo lentis,
  De quo plus turbatus est - status suae mentis,
  Quam de gente perdita - vel auri talentis.

È un brano d'uno dei tre canti trionfali italo-guelfi intorno la presa e la distruzione della città di Vittoria fatte dai Parmigiani e loro ausiliarii; canti scritti da un contemporaneo, dove ritraesi quali fossero i giudizii de' popoli su quel grande

(1) *Monumenta ad provincias,* Anonymus, *Chronicon Placentinum,* p. 172-174. Et sic Deus pater omnipotens parmenses adiuvavit.

(2) *Monumenta* cit. F. Salimbene *Chronica.* p. 75-78 e 80-82. Tempore, quo fugatus est a parmensibus Fridericus, impleta est Scriptura, quae dicit, Prov. X: Quasi tempestas transiens non erit impius. Quare? *Quia in malitia sua expelliter impius.* Quia in Concilio Lugdunensi depositus fuit ab Imperio ab Innocentio Papa quarto.

avvenimento (1). Noi diremo: toccava ben anco a
Federico quello che aveva fatto soffrire agli altri
nelle acque di Meloria: nella vicinanza di quel-
l'isola erasi arricchito delle spoglie della Chiesa;
in Vittoria perdè le proprie; colà è ebro della
vittoria, qui grandemente confuso ed umiliato
della disfatta. Sino i contemporanei videro in
questo successo un castigo di quel primo can-
tando:

O Pisani perfidi, - socii Pilati,
   Vos fecistis iterum - Crucifixum pati;
   Sed surrexit Dominus - nostrae libertati,
   Jam suae apparuit - Parmae civitati;
Dum opem et operam - hosti praebuistis
   Ut praelatos caperet, - vos eos cepistis,
   Quibus nec discipulis - suis pepercistis;
   Quia fui minimus - de captivis istis (2).

Come l'Hohenstaufen vincitore s'era riso dei
vinti con bisticci e versi satirici, così i Parmigiani vincitori si risero di lui vinto:

Per te rex almae cessit Victoriae Parmae .
   Antiphrasi dicta, cessit Victoria victa
   Carocii flet damno sui miseranda Cremona
   Imperii Federice sui fugis absque corona (3).

(1) Li trovò nel copialettere di Alberto di Beham legato
pontificio, l'Höfler che li pubblicò in Germania, e il Pezzana
li fece ristampare nel tomo IV della *Storia di Parma Appendice* n. IX, p. 18-23. Uscirono in fine nei *Monumenta
historica ad provincias* etc. *Chronica Parmensia*, p. 445-463
più corretti e con note.

(2) Luog. cit. p. 22.

(3) Collenuccio, Roseo e Costo. *Compendio della Storia di
Napoli*, p. 108.

Ab hoste Victoria - dicta et constructa,
Per Dei victoriam - fundItus distructa,
Docet ut sit anima quaelibet instructa
Quod nulla resistere - potest Deo lucta .(1).

Innocenzo all' annunzio della nuova esultò dicendo : *Ad laudem Christi, Victoria, victa fuisti* (2). E dopo breve tempo da quella rotta s' aggiunse a Cesare altra umiliazione, vide arrivare di Germania sconfitto dai conti di Svevia e fuggitivo il figlio Corrado e nella desolazione più grande (3). La maledizione dei Papi sul capo di Federico incominciava a produrre i suoi terribili effetti, i quali finirebbero coll' estinzione della discendenza di quel principe sempre in lotta colla Chiesa.

La diffidenza e il sospetto a cagione di tali disastri invase l' animo di Federico già disposto ad esserne dominato; ei temeva degli stessi suoi più fidi amici, credendo da qualsiasi parte si rivolgesse di trovare congiure orditegli dal Papa. Fu allora che cadde in disgrazia dell' imperatore il Capuano Pier della Vigna, quegli che aveva dettate tante lettere di odio verso il Pecoraria, e che maggiormente cooperava a rialzare l' Impero a

(1) Pezzana luog. cit. p. 20.
(2) M. Paris, *Ilistoria maior*, p. 146.
(3) M. Paris, *Historia maior*, ad ann. 1248, p. 750. Conradum impetuose repellentes cum universo exercitu Fredericali et suo, fugam trionphaliter inire coegerunt. Et sic confusus recedens filius ad patrem sine Spiritus Sancti consolatione, equinis non parcens lateribus, ocius convolavit. E A. Stademis, *Annales*, ad ann. 1248, quasi exul et profugus de Svevia in Bavaria moraretur.

scapito dei Papi e della Chiesa. Levato subito dalle
alte cariche da lui occupate, ne' primi giorni di
febbraio 1249, a Cremona fu arrestato, carico di
catene ed esposto ai ludibrii della plebe dalla quale
era malveduto, venne condotto a Borgo S. Donnino. Di qua andando dietro all' imperatore, anch'egli, come i cardinali legati presi dal navi-
glio Genovese circa otto anni prima, in uno stato
il più umiliante; per la via di Pontremoli giunse
a S. Miniato; dove col consiglio de' grandi si
profferì la sua condanna che fu tosto eseguita
col cavare oppure abbruciare a lui gli occhi
per mezzo d' un ferro rovente. E di poi l'Augusto, che tanto se n' era servito, destinava di darlo
in mano ai Pisani, che nutrivano verso il cortigiano
odio implacabile. Privo della virtù che ebbero i
prigionieri della Chiesa, l' infelice acciecato non
seppe come quelli con rassegnazione e pace tol-
lerare il lungo martirio, a cui lo dannava il principe da lui prima tanto idolatrato; piuttosto che
finire nelle mani de' suoi nemici appena arrivato
a Pisa, condotto in una chiesa, chiesto se eravi
alcun impedimento tra lui e il muro e sentito
di no, usando di tutta la forza che gli restava si
scagliò colla testa contro il muro e si uccise. La sua
morte avvenne verso la fine di aprile, allorchè Federico andava da Fucecchio a Pisa (1).

I giorni correvano tristi anche per lo stesso
imperatore, e ai 26 maggio i Bolognesi fra Fos-

(1) Huillard-Bréholles, *Vie et Correspondance de Pierre
de la Vigne,* p. 84.

322

salta e il Panaro fecero prigioniero Enzio figlio (1)
a lui tanto caro; sul qual fatto fra Salimbene
dice che fu cosa conveniente e giusta, perchè
Enzio aveva catturati in mare i prelati, che andavano al concilio ordinato da Gregorio IX (2).
Per quanto il padre scrivesse, minacciasse e facesse offerte per riscattare il figlio infelice, i Bolognesi non vollero mai liberarlo, nè al prigioniero
valsero le forme del corpo e le qualità della mente,
la giustizia ebbe il suo corso; ed Enzio finì, come
già fu accennato. I contemporanei e gli storici posteriori universalmente riconobbero nella lunga
prigionia e nella fine di questo bastardo il meritato castigo e della strage della Meloria e delle
devastazioni continue e degli incendii e delle
mille crudeltà esercitate per tanti anni nelle
terre della Lega Lombarda. Federico circa quel
tempo perdeva nella Puglia un altro figlio (3),
forse è il quarto de' suoi figli naturali, chiamato
Riccardo conte di Chieti, che l' Huillard-Bréholles dice scomparso dalla storia dopo la morte
del padre.

Al disgraziato imperatore la fortuna voltava
ormai totalmente le spalle; e alle avversità domestiche e pubbliche s' aggiunse a tormentarlo
anche un interno malore di corpo. Recandosi e-
gli da Foggia a Lucera nel novembre 1250, per
attacco d'intestini non potè continuare oltre il

(1) Savioli, *Annali Bolognesi,* vol. III, Par. II, p. 221.
(2) *Monumenta ad provincias* etc. Fr. Salimbene, *Chronica,* pag. 164.
(3) M. Paris, *Historia maior,* ad ann. 1249, p. 767.

viaggio, e si fermò a Fiorentino, castello della
Capitanata, sito di cattivo augurio a lui che era
superstizioso; avendo creduto sul responso d'un
astrologo che gli sarebbe fatale il luogo nominato dal fiore. Quivi, mancandogli pochi dì a compiere i cinquantasei anni di età e avendone regnato trenta, il giorno di S. Lucia ai 13 dicembre del 1250, dopo aver mangiato delle pera
cotte con zucchero, cessò di vivere: taluno disse
soffocato dal figlio Manfredi, bastardo avuto da
Bianca Lancia di Piemonte, il quale figlio aspi-
rando al dominio del Reame, voleva torsi dinanzi
il genitore per mandare ad effetto il suo ambizioso disegno. Gli storici favorevoli all'Impero
Matteo Paris, Alberto Stadense, il Collenuccio, il
figlio Manfredi nella lettera d'annunzio della disgrazia ai re e ai grandi dell'Impero, e molti altri
raccontano che Bernardo arcivescovo di Palermo
assolvesse l'imperatore negli ultimi momenti di
vita dalle censure e da' suoi peccati e che lo stesso
principe riconciliato e contrito coll'abito de'Cistercensi morisse nel seno della Chiesa col disporre
molte cose nel suo testamento per riparare ai danni
che le aveva arrecato. Gli storici favorevoli ai
Papi, Nicola De Curbio, il monaco Padovano,
S. Antonino, i due Malaspina, il Villani, il Costo
ed altri dicono il contrario. Certo v'era dell'interesse negli uni e negli altri a sostenere la propria sentenza: e noi diremo col padre della storia d'Italia Lodovico Muratori che non si sa a
chi credere in mezzo a storici e tempi, che niuna misura ebbero negli odii e nelle passioni, nè

324

si studiavano di depurare la verità dalle dicerie del volgo » (1).

Il celebre Huillard-Brèholles, delle cui opere, ricche di erudizione e di pensiero, ci siamo tanto serviti nel fare questa storia, attribuisce a Federico e a Pier della Vigna un disegno pienamente architettato di riformare la Chiesa, ossia di farne una nuova e di voler esserne essi stessi i Pontefici (2). Lo negano l'italiano de Blasiis e i tedeschi Waitz e Gregorovius; l'Audisio invece sostiene che il sistema politico e religioso di quel monarca tanto coadiuvato nel governo dal Capuano confidente ebbe tre gradi o svolgimenti: 1.º l'assorbimento della sovranità temporale dei Papi; 2.º primato esorbitante sulle cose sacre; 3.º Chiesa scismatica (3). La guerra progressiva dell'ultimo Svevo imperatore contro l'opera di Cristo, in que' tre gradi così ben definita ci sembra risultar chiara anche da quanto abbiamo noi raccolto intorno al Pecoraria, dalla parte de' Papi uno de'principali combattenti. Federico e Pier della Vigna, dotati di molto talento e circondati di grande potenza, fecero il tentativo della colossale distruzione e della superba impresa; ma tornarono vani i loro sforzi, e la vecchia Chiesa fu più forte di essi col rimanere quale l'aveva istituita il suo

(1) *Annali d' Italia*, all' anno 1250.

(2) *Historia* cit. *Introduction, Essai d' etablissement d' une papauté laique; Vie et Correspondance de Pierre de la Vigne* trois part. *Tentative schismatique de Frederic II. — Rôle de Pierre dans le muovement religieux*.

(3) *Annali Cattolici* vol. III, *Sistema politico e religioso di Federico II*, p. 586.

divino fondatore e nè l' uno nè l' altro potè af-
ferrare il pastorale ed assidersi nel santuario. Il
cardinale Giacomo, che resistette per molti anni
ad ambedue, svelandone le insidie e impedendo
che compissero i loro disegni, e aiutando finchè
visse da valoroso e incessantemente Onorio III
Gregorio IX e Innocenzo IV, cooperò assai a
questa finale vittoria della Cristianità.

Vi sono molte accuse sparse da Federico contro i Papi e i cardinali, le quali se fossero vere
ridonderebbero a disonore eziandio del vescovo
di Palestrina, perocchè riguardano ad affari e
risoluzioni, in cui questi entrava più degli altri.
Interessa raccogliere le principali per farne l' e-
same se reggano, e tanto più che ciò serve ad
intendere via meglio l' età di che scriviamo, e
per conseguenza il valore delle azioni di que' uomini che in mezzo ad essa principalmente figurano. L' Augusto diceva che dai capi della Chiesa
per sostenere i Lombardi si esaurivano le forze
da adoprare contro gli infedeli. Verissimo che la
Lega Lombarda e la Chiesa, combattenti Federico, usavano grandi mezzi, che avrebbero potuto
giovare alla Cristianità in Oriente per crescere
il numero de' Crociati e vincere i Maomettani.
Ma una volta che l' imperatore si fosse reso assoluto padrone dell' Italia superiore, come lo era
del regno di Sicilia, chi da lui sarebbesi promesso soccorsi efficaci per Terra Santa, sapendosi i
favori accordati ai Saraceni, i quali dal medesimo
principe ebbero la città di Lucera e vi opprime-
vano i cristiani, sapendosi che Federico impiegava

Mussulmani nella giustizia e che la sua guardia si componeva di Arabi, a cui affidava sino la custodia delle diverse mogli avute in tempi diversi? Quelli che dirigevano i guelfi come mai potevano interessarsi per colui che se la intendeva così intimamente coi nemici del nome cristiano? I Papi non vollero mai cedergli il pieno dominio dell'Italia intera, nè sostenerlo in questa ambiziosa impresa; perchè essi, col conservare la loro potenza politica e quella delle diverse repubbliche, esisteva sempre una forza da contrapporre alla tirannia degli imperatori di Alemagna sopra la penisola. I Papi col tenersi il temporale dominio erano in istato di cooperare meglio dall'Occidente alle spedizioni di Levante, e sebbene regolandosi in siffatta guisa temporariamente ne venisse danno alla causa dei Luoghi Santi, dopo ne veniva un bene più grande; perocchè i vescovi di Roma come principi si facevano i primi sostenitori delle armate da mandarsi contro gli infedeli: opera alla quale assai più difficilmente avrebbero potuto prestare il loro braccio una volta che fossero dipendenti dall'imperatore e di lui sudditi. Perciò l'accusa diviene una lode ai Papi e a chi li sostenne in faccende di tal sorta, come fu il Pecoraria nelle sue legazioni in Lombardia e in altre contrade.

Una seconda accusa lanciava Cesare contro la Sede Apostolica, cioè che i Papi mandavano legati in lontani paesi per togliere la peste delle eresie, mentre si lasciava crescere in Italia e massime in Lombardia e in Toscana. Il vero motivo di questa accusa era che Federico non avrebbe voluto l'andata del cardinale Giacomo nelle terre degli Albigesi. Ma vi rispondeva vittoriosamente Innocenzo IV: « Non c'è giusto motivo di riprenderci che provvediamo contro gli eretici lontani, trascurando i vicini cioè quelli di Lombardia e di Toscana; imperocchè, come si sa quasi da tutti, la Chiesa Romana in ogni luogo del mondo, innanzi alla discordia insorta fra essa e il principe, costantemente inseguiva l'eretica malvagità, e più fortemente ne' luoghi vicini, in quanto che a motivo della vicinanza quivi più agevolmente e pienamente poteva esercitare la forza della sua autorità. Ma, da poi che il principe incominciò ad opprimere la stessa Chiesa, e così ne restrinse in ogni parte le forze e ad essa chiuse le strade, non potè, com'era necessario, combattere quella malvagità e procurare l'accrescimento della fede cattolica e della libertà ecclesiastica e il sollievo de' fedeli » (1). L'ardente desiderio di Federico che la Santa Sede combattesse gli eretici Lombardi e Toscani, cioè la setta de' Catari o di altri di simile genìa, contro i quali egli da Roma ai 22 novembre 1220, in marzo 1224, da Melfi in settembre 1231, da Ravenna in febbraio e marzo 1232, e da altri luoghi ai 15 giugno 1233, ai 14 e 26 maggio 1238 e ai 22 febbraio 1239 aveva ripubblicato molte severe leggi antiche e fatto delle nuove, era più politico che religioso.

(1) Huillard-Bréholles, *Historia* cit. t. VI, p. 115, *Epistola Innocentii* IV, Anaguiae 26 augusti 1243.

Avversavali in pubblico, come giustamente riflette
l' Huillard-Bréholles, perchè colle loro dottrine diveniva impossibile ogni governo regolare e distruggevasi il rispetto all'autorità suprema e al diritto divino de' principi e alle istituzioni sociali.
Quando però c'era del suo interesse manteneva
amicizia e trattava famigliarmente anche co' Mussulmani e cogli eretici, e favoriva frati scismatici.
Erano infatti suoi alleati Pandolfo Fosanella in
Toscana, Ecelino da Romano nella Marca Veronese e Oberto Pelavicini della Lunigiana affigliati
alla setta de' Catari (1) e il minorita frate Elia
dal Pontefice scomunicato. Forse col volere egli
dalla Chiesa misure di rigore verso molti, piuttosto ingannati ed illusi che rei, intendeva seminare la discordia nel campo de' guelfi; nell'arte del-
l'astuzia, simulazione e doppiezza era maestro, e
di lui fu detto che nel secolo XIII avrebbe potuto scrivere *Il Principe* di Nicolò Macchiavelli (2).
Certamente poi, questo monarca non aveva tanta
ragione di mostrare tale zelo, abbondando i fatti
e le prove, sul conto suo in quanto a religione,
che mettono in evidenza essere lui stato intimamente e nella vita privata e famigliare un razio-
nalista o come si direbbe adesso un libero pensa-
tore (3). Il Gregorovius dice che non comprese
gli intenti delle sètte insorte al suo tempo (4),

(1) *Historia diplomatica Friderici secundi, Introduction,*
p. CDLXXXI e CDXCIV.
(2) Ivi, p. CXCVI.
(3) Huillard-Bréholles, *Vie et Correspondance de Pierre de
la Vigne,* p. 190-193.
(4) *Storia della città di Roma,* vol. V, p. 229.

a noi sembra invece che capì benissimo dove a-
vrebberlo condotto, a scalzargli il trono; e per
questo fu con esse sovente inesorabile.

Fra Salimbene colla sua solita schiettezza così
lo ritrae: « Federico volle soppiantare la Chiesa,
affinchè tanto il Papa come i cardinali e gli altri
prelati divenissero poveri e andassero a piedi; e
questo nol faceva per zelo del Signore, ma perchè non era buon cattolico e perchè molto avaro
e voglioso delle ricchezze e dei tesori della Chiesa per sè e pe' suoi figli, e perchè voleva abbassare la loro potenza, affinchè non gli facessero contro in alcuna cosa (1). Quasi sempre bramò avere discordia colla Chiesa e in molte guise la com-
battè e dalla medesima era stato nutrito, difeso
ed esaltato. Non aveva alcuna fede in Dio (2).
Al vedere la terra d'oltre mare, che fu la terra
di promissione, tante volte da Dio commendata
col chiamarla terra dove scorreva latte e miele,
e migliore di tutte le altre, gli dispiacque, e disse che il Dio de' Giudei non aveva veduta la sua
terra, cioè la Terra di Lavoro, la Calabria e la Sicilia e la Puglia, altrimenti non avrebbe tanto
commendato la terra che promise e diede ai Giudei (3). Racchiudeva in un otre un uomo sin che
vi morisse, volendo con questo dimostrare che
l'anima perisce totalmente. Imperocchè egli era
un epicureo; e quindi che che poteva trovare nella

(1) *Monumenta ad provincias* etc. Fr. Salimbene, *Chronica*
pag. 163.
(2) Ivi, p. 166.
(3) Ivi p. 168.

divina Scrittura per sè e co' suoi sapienti a mostrare che non vi fosse altra vita dopo la morte,
tutto ricercava... Federico e i suoi sapienti cre-
dettero che non esistesse altra vita fuori della
presente per darsi più liberamente alle loro voluttà e miserie » (1). E un altro cronista d' allora
ha notato sotto l' anno 1239. « È fama che Federico abbia detto ad uno de' suoi, nel vedere un
sacerdote che portava il corpo del Signore ad un
infermo: e fino a quando durerà questa truffa ? » (2).

Gli scrittori del Janus dicono: Federico II pro-
mulgava le suddette leggi contro gli eretici che
condannavanli alla confisca ed al rogo, e priva-
vanli d' ogni diritto di difesa, e sottoponevano a
severe pene perfino i loro difensori ed amici, quando gli premea di raddolcire ed acquistarsi il buon
volere dei Papi a lui minacciosi e nemici (3).
Così si faceva la storia da una mano di preti Ger-
manici, che non volevano obbedire alle definizio-
ni del Concilio Vaticano, per denigrare i Papi, e
che la infallibilità di questo nell' insegnamento
della morale e del dogma a tutta la Chiesa non
avrebbero riconosciuto. Quelle leggi che essi tanto
maledicono sono più l' opera della politica che
della religione, sono più d' un principe amante
della sua autorità e conservazione che d' uno amico della Sede Apostolica. In altro luogo del nostro scritto avvertimmo che Federico lamentavasi
della mitezza verso gli eretici usata dai superiori

(1) *Monumenta* ecc. ivi p. 169.
(2) M. Albericus, *Chronicon*, p. 568.
(3) *Il Papa ed il Concilio*, p. 210-211,

ecclesiastici. Egli stesso manifestava la sua teori-
ca su questo diritto penale attribuendolo tutto a
sè, nella lettera a Gregorio IX del dì 3 dicembre
1252: « La Chiesa che è la congregazione de' fedeli come si addolora internamente di certi vizii
occulti nei falsi fratelli, si lacera esternamente
con aperte ferite agli assalti delle pubbliche ribel-
lioni. A questi due mali la provvidenza celeste
applicò non due medicine ma una soltanto sotto
duplice forma: l' unguento del ministero sacerdotale, affinchè si curino spiritualmente i vizii interni de' falsi fratelli come infettanti la parte più
nobile l' anima; la potenza della spada imperiale,
affinchè colla punta del ferro materiale purghi le
gonfie piaghe, e atterrati i pubblici nemici tagli
ciò che è guasto o secco • (1). E si noti che
non invocava il legame del suo Impero col Sacerdozio, se non quando ne abbisognava per abbattere gli eretici, che attentavano pure ai suoi sovrani diritti.

Ma la principale accusa che facevasi da Federico contro de' Papi, e da cui nasceva e durava

(1) Huillard-Bréholles, *Historia* cit. t. IV, p. 409. Affligitur... ecclesia que' congregatio fidelium dicitur in falsis fratribus velut in quibusdam vitiis occultis intrinsecus publica-
rum rebellionum incursibus apertis vulneribus laceratur. His
duobus non duas, sed unam duplicem provisio celestis appo-
suit medicinam: unguentum sacerdotalis officii per quod fal-
sorum fratrum intrinseca vitia utpote inficentia nobilem a-
nimam spiritualiter curarentur, gladii imperialis potentiam,
qui vulnera tumida purget acumine, et prostratis publicis hostibus quod est infectum aut aridum acie mucronis imperii
materialis abscidat.

la gran lotta fra ghibellini e guelfi era che i successori di Pietro avevano usurpato un potere appartenente al successore di Cesare e in danno
degli altri sovrani, causa di abusi e di danni alla
stessa Chiesa. Senza negare che dal maggior potere acquistato ed esercitato coll' andare dei secoli
dagli ecclesiastici superiori ed inferiori, vennero
disordini e colpe deplorevoli, lamentate fortemente dagli uomini santi, e ne esistevano anche
nella prima metà del secolo XIII, si può affer-
mare che la sostanza di quella accusa era l' estesa
autorità del Sacerdozio che generava invidia in
chi rappresentava l' Impero, e questo voleva do-
minar quello. I Papi avevano essi l' obbligo di
cedere all' ambizione della laica potestà? e quindi
male si regolavano quanti aiutavanli a resistere?
Se fuvvi principe, di cui doveano diffidare i governanti la Chiesa e i consiglieri della medesima,
era certamente il figlio di Costanza, che di astuzia, d' irreligione e di ferocia aveva dato tante
prove: e perciò il volere i Papi e i cardinali serbare interamente l' autorità non solo religiosa ma
anche politica fu misura di sublime previdenza.
Se la Sede Apostolica non avesse messo un freno
alle voglie degli Svevi, anche l' Europa sarebbe
ricaduta nel dispotismo come l' Oriente. Il secondo Federico aveva tutta l' inclinazione e le qualità e faceva ogni sforzo per divenire interamente
un sovrano all' asiatica; ma Onorio III, Gregorio IX e Innocenzo IV, riprovandone solennemente gli arbitrii, le crudeltà, i vizii, le usurpazioni,
i sacrilegii e l' empietà, e combattendolo eziandio

colle armi, gl' impedirono di compiere l' ardito disegno. In così fatto ostacolo il De Cherrier ed altri storici deplorano la causa della divisione d' Italia, quasi che fosse bella cosa e da desiderarsi il cadere tutto un popolo nelle mani di un tiranno, o non meritasse la lode de' posteri chi allontanò la grande rovina.

Intorno al sovrano sì facile ad accusare coloro che gli contrastavano l' assoluto dominio sull' Italia e la Chiesa, ci piace riferire il giudizio dello storico che ne raccolse con maggior cura tutti gli atti: « Federico fu crudele, lussurioso, perfido, e attinse dalla violenza e dall' astuzia i più efficaci espedienti del suo governo. Non si può negare che abbia fatto progredire l' incivilimento; ma non ottenne la gloria degli animi generosi, l' unica gloria che duri immortale, quella che nobilita e rende pura la natura umana. Teniamoci lontani dall' ottimismo fatale, di soverchio indulgente ai progressi conseguiti anche dalla violenza e dall' ingiustizia. Continuiamo a credere che nella vita collettiva dei popoli parimente che nell' esistenza degli individui quel che merita è l' onestà e la giustizia » (1). Queste due virtù, aggiungiamo noi, di cui mancava Federico e che egli voleva offuscare nel suo avversario il cardinale Giacomo Pecoraria, formano la sua condanna, perchè massime come principe era tenuto a praticarle, ed invece ne abbracciò i vizii opposti.

Alla maledizione dei Papi su Federico conseguirono non solo i disastri già enumerati; una

(1) Huillard-Bréholles, *Historia* cit. *Introduction* alla fine.

serie non interrotta colpì tutta la discendenza di
questo sovrano. Passava di pochi anni il secolo XIII,
e la casa degli Hohenstaufen ne' suoi rami legittimi ed illegittimi scompariva totalmente. Di Enrico ribelle al padre si disse già la morte. miseranda. Un altro Enrico o Rigo figlio legittimo di
Federico, nato da Isabella d' Inghilterra, cessò di
vivere (dicembre 1253) a Melfi; raccontasi che
l' innocente giovanetto raggiunto appena i quindici anni fosse avvelenato dal fratello Corrado, nato
da Isabella di Brienne, il quale nel più bel fiore
degli anni fece la stessa morte cagionatagli da
Manfredi (21 maggio 1254). Questi a stento de-
venuto re di Sicilia in battaglia contro Carlo
d' Angiò di Provenza cadeva vicino a Benevento
(17 febbrajo 1266) nell' età di trenta quattro
anni. La sua famiglia composta della moglie Elena
e di quattro figli Beatrice, Arrigo, Federico ed
Anselmo fu trasportata da una carcere all' altra,
e la regina Elena vi morì. I tre maschi vissero
miseramente, e di Arrigo che fu l' ultimo a morire non si fa più memoria dopo l' anno 1309.
Corradino figlio di Corrado dall' Alemagna, corso
in Italia per pigliare il regno di Sicilia, dopo
aver saputa la morte di Manfredi, diede battaglia
a Tagliacozzo, e nella fuga fatto prigioniero, ebbe
in fine tronca la testa in Napoli sulla piazza del
Mercato (29 ottobre 1268). Eravi un figlio bastardo di Federico II, chiamato col nome del padre Federico d' Antiochia conte di Alba, e dopo
l' incoronazione di Manfredi (1258) più non se
ne parla. Di Enzio si raccontò sopra la fine in-

felice. La sorte toccata alle donne di questa casa
così famosa fu meno dura e travagliata; ma anch'esse provarono le conseguenze di tanti disastri. Tra le figlie naturali di Federico ci piace
ricordare Biancoflore (Blankeflors) che rinunciò
al mondo e morì in giugno dell'anno 1278 in
Francia. « Nel silenzio del suo convento di Montargis, la Biancoflore potè meditare sopra le grandezze e le miserie di sua famiglia e pregare per
le anime de' suoi parenti che la precedettero nel
sepolcro » (1).

A quel modo che i falsi principii e la condotta
perversa di Federico produssero le necessarie conseguenze e il meritato castigo; così la fermezza
di carattere e l'esempio del Pecoraria nel sostenere le lotte, in cui furono impegnati i Ponteli-
ci, ottennero il trionfo. Al servigio del cardinale
si offriva, l'abbiam detto, nel 1236 in Piacenza
un giovane canonico suo compatriota: e questi
era ben accolto, e tosto diveniva presso il vescovo
Prenestino maestro e cappellano, cioè uno de'se-
gretarii e confidenti, e vi stava sino che visse l'illustre suo padrone. In tale guisa Tedaldo Visconti,
il futuro Gregorio X, sotto un uomo di tanto valore e previdenza ammaestravasi negli affari di
maggiore importanza per la Chiesa, comprendeva
la grande questione della sua età fra la casa Sve-

(1) Huillard-Bréholles, *Historia* cit. *Introduction*, p. CCXI.
Au fond de sa retraite de Montargis, Blanchefleur put me-
diter sur les grandeurs et les misères de sa race et prier
peur les âmes des tous ses parents qui la précédérent dans
la tombe.

va e la Sede Romana; e lo stesso, salito alla cattedra di Pietro, la finirà del tutto col muovere
gli elettori dell'Impero a scegliere loro sovrano
Rodolfo di Absburgo nel 1273 in Francoforte. Allora, quando cessò la linea mascolina legittima
di Federico II, un discepolo del Pecoraria eletto
al supremo pontificato il primo settembre 1271,
mette sul trono di Germania e de' Romani uno,
il quale avrà ben più lunga discendenza degli
Hohenstaufen. Gregorio X compone in bella ar
monia le fazioni de' guelfi e de' ghibellini, riu-
nisce le forze della Chiesa e della società e le
rivolge all'Oriente, perchè lo precedettero anime
grandi Onorio III, il nono Gregorio e Innocenzo
IV, aiutati da quello che un tempo fu a lui signore. Questi Papi che ebbero cooperatore il Pecoraria, con perseveranza resistendo alla prepotenza
e alla tirannia, tolsero i maggiori ostacoli al ritorno di una età di pace e di quiete fra i popoli
cristiani, appianarono la via al Visconti, ancorchè
governasse solo quattro anni la Chiesa, a rendere colla sua vasta mente tanto lodato presso tutti il suo Pontificato. Che il vescovo di Preneste
e Tedaldo Visconti nelle loro gesta si leghino in
siffatta maniera è cosa tanto sentita dai Piacentini
che, volendo essi lasciare un ricordo duraturo
delle feste celebrate nell'anno 1876 ad onore del
Visconti posero una lapide appresso le reliquie
che serbano del Pecoraria, facendovi sopra incide-
re fra le altre parole anche queste: *apud cineres
Iacobi Pecorarii Card. qui tanto civi viam ad
Apostolicae sedis culmen aperuit.* A motivo della

stretta correlazione che, vi è fra la storia dell'u-
no e dell'altro, quella del primo, qui narrata
nel modo migliore che da noi si poteva, ci parve
una introduzione a quella del secondo; la quale
se il Signore ci darà vita e forze bastanti, spe-
riamo anch'essa di compiere e pubblicare.

DOCUMENTI

AVVERTENZA

L' autore nella pubblicazione dei documenti serba l' ortografia usata nelle fonti dove li ha attinti; come si è attenuto nelle citazioni già addotte.

I.

Sunto di lettera dell' eletto Prenestino al re Bela che mantenga la pace giurata.

(Augustinus Theiner, *Monumenta historica Hungariam sacram il-lustrantia* t. I, p. 121, CCIII.)

27 novembre 1233.

Venerabili patri in Christo ac domino Jacobo miseratione divina Prenestino electo, apostolice sedis Legato, Innocentius dei gracia Episcopus Sirmiensis et Magister Albertus physicus, capellanus ve-ster, reverentiam, tam debitam quam devotam. Dominationi vestre volumus fieri manifestum, quod litteras quas domino Bele illustri regi per nos destinastis, eidem exhibuimus: cuius forma talis erat. Carissimo in Christo et magnifico viro domino B. regi, domini A. regis Ungarie primogenito, I. miseratione divina Prenestinus ele-ctus, apostolice sedis legatus, salutem et bonorum omnium incre-mentum. Cum vestram lustramus prudenciam, illustrem vestri me-moriam non querimus illustrare: placere tamen credimus, si placita inter nos et patrem vestrum habita, vestro ingenio mediante, quo iurastis, vestram rogamus amicitiam observare. Hinc est, quod dilectionem vestram obsecramus pariter et monemus, quatinus su-per salibus tam presentis anni quam futurorum, quo ad celsitudinem vestram spectet, ecclesiis satisfaciatis, aut cum effectu satisfieri iubeatis. Saracenos etiam vel quoslibet infideles, quantum ad vos pertinet, nec preficiatis publicis officiis, nec ab aliis prefici per-mittatis: sed et que ad dominum regem patrem vestrum spectare noscuntur in compositionem deductá, ipsum sicut promisistis in-ducere ac monere curetis, ut absque illatione et difficultate obser-vet. Enim vero qui ad presens vobiscum loqui personaliter non valemus, pauca de pluribus per dilectos in Christo patrem episco-pum Sirmiensem et socium et capellanum nostrum magistrum Albertum vestre magnificentie intimamus super hiis per eosdem responsionem vestre magnitudinis expectantes: quos propterea ad vestram presentiam destinamus, ut ad observanciam tam pre-missorum, quam aliorum omnium, que in compositionem que habuimus cum patre vestro, venerunt, vos vice nostra moneant et inducant, quatenus personam vestram contingere dinoscuntur. Quip-pe vestram nolumus latere prudenciam, quod cum pauca vel nulla de compositione post tot iuramenta conspiciamus servata, illorum contumaciam et contemptam, qui propria citra hoc servare non studuerint iuramenta, diu non poterimus sub dissimulatione transire. Quibus exhibitis, ipsam viva voce monuimus de omnibus, que in

premissis litteris continentur. Monuimus etiam nobilem virum dominum Povs ipsius regis Tawarnicorum magistrum, Iulam Vanum,
Mathiam comitem, ut secundam quod ipsi iurarunt, ounnia in
compositionem deducta personas eorum tangencia inviolabiliter
observarent; in spectantibus vero ad regem, ipsum regem monendo,
inducendo ac consulendo eidem darent opera cum effectu ut idem
Rex effectui mancipet et observet. In cuius rei testimonium presentis litteris nostrorum sigillorum munimine duxerimus roboran-
das. Datum Bathie anno gracie millesimo ducentesimo trigesimo
tercio, quinto Kalendis decembris.

Lib. censuum Cam. Apost. fol. 358.

II.

· Lettera di Gregorio IX a Federico arcivescovo di Ravenna e ai
suoi suffraganei, in cui il Papa approvando la condotta del cardinale Giacomo vescovo Prenestino li esorta ad adoprarsi per
indurre l'Imperatore alla pace.

· (L. Savioli, *Annali Bolognesi*, vol. III, part. II, N° DCXIV, p. 166
168, Reg. di Gregorio IX, lib. V, ann. X, e p. 194.)

22 agosto 1236 (1).

Archiepiscopo Rauennaten. et suffragencis suis. Quam intentionem in negotiis Charissimi in Christo filii nostri F. Romanorum
Imp. semper Augusti Hyerusalem et Sicilie Regis illustris et specialiter in negotio Lombardie gesserimus et geramus et nouit ple-
nius qui finxit corda hominum singillatim licet forsan alii qui corde peruersi ab inuentore malorum omnium instigati contrarium
assenuerunt. Sane dudum eiusdem Imp. nobis litteris presentatis
in quibus de Principum solempni consilio super eodem negotio
Lombardie iuxta formam compromissi quam ab eo receperamus in
Tuscia precise in manibus Ecclesie se ponebat ita tamen quod negotium ipsum ad honorem suum et Imperii commodum usque ad proximum tum preterite natiuitatis dominice terminum compleretur quia
in litteris ipsis talis erat adiecta conditio per quam compromissum
penitus tollebatur et non uidebatur intra prefixum terminum tantum
negotium posse terminari. Nos eundem Imperatorem ut super ipse
negotio se iuxta premissam formam precise et sine conditione aliqua in manibus Ecclesie poneret per dilectum filium Magistrum

(1) L' Huillard-Bréholles (*Historia diplomatica Friderici secundi*,
t. IV, p. 903-904) e il Potthast (*Regesta Romanorum Pontificum*,
p. 869) segnano il 19 agosto invece del 22.

Hospitalis Sancte Marie Theutonicorum admoneri quod ob id a
predicto Imp. ad nostram presentiam destinatus quia Lombardi
diutius expectati ad nos super hoc infra datum terminum non mi-
serunt dicto negotio imperfecto recessit. Camque infra paucos dies
post recessum ipsi Ambasciatores Lombardorum ad Sed. Apos.
accedentes se legitimo fuisse impedimento detentos constanter as-
sererent et se ad compromittendum in nos precise paratos offer-
rent nos cupientes iusto officii nostri debitum pacis commodum
procurare predictum compromissum recepimus et prefatum Mag. ad
nos duximus reuocandum qui ab Imp. uocatus ad eius presentiam
est reuersus. Unde cum olim ad instantiam ipsius Imp. de consilio
fratrum nostrorum trium Patriarcharum et Prelatorum omnium qui
tunc erunt apud Sedem Apost. constituti negotium terre Sancte
duximus assumendum prouidentes ut orbis terre discordes ad Regnum vel concordiam cogerentur et quod erant ad hoc aliqui ex
magnis terre Principibus iam compulsi, quia imo Rex Nauarre et
multi nobiles et potentes crucis signaculum per dei gratiam rece-
perunt ipsum imp. tam per litteras quam per Uen. fratres nostros
Treuirensem et Moguntinum Archiepiscopos Ratisponensem et Ilde-
semensem Episcopos ac eumdem Magistrum monere fecimus dili-
genter ut ne dicte terre negotium quod ad utilitatem Ecclesie Imperii et totius populi Christiani fuerat ordinatum quod absit impediri contingeret dictum Mag. cum pleno mandato de compromit-
tendo super premissis precise in manibus nostris ad nos sine more
dispendio destinaret sciturus quod si contra Lombardos maxime
cum se precise in manibus Ecclesie posuisset hoc potissimum tempore procedere moliretur tantum exempli perniciem aliis tribuendo
per quam presumi possit a pluribus quod ceteros Ecclesia fefel-
lisset id pati equanimiter eamdem Ecclesiam non diceret presertim
cum super negotio in quo de tanta gloria Redemptoris agitur ac-
ceptio personarum haberi non debet nec aliquid perpeti nos de-
ceret per quod processus eiusdem negotii posset aliquatenus impediri. Ceterum Imperialis celsitudinis responsione pendente nuper
audito quod uersus Lombardiam dirigeret gressus suos antequam
ad nos de Legato petendo ipsius libere peruenissent ad liberationem terre sancte totis affectibus aspirantes de fratrum nostrum
consilio Uen. fratrum nostrum Episcopum Prenestinum uirum utique approbatum qui a longis retro temporibus que sunt carnis
et seculi a se penitus abdicatis non remissus haberi studuit in
timore divini nominis et amore et qui omnium personarum acceptione remota pacem desiderat et concordiam promovere ad partes illas quasi pacis angelum prouidimus destinandum ea sibi
promouenda specialiter committentes que ad honorem dei et Ecclesie ac libertatis Ecclesiastice faciunt incrementa illa quoque

per que status Imperii et precipue Lombardie Marchie Turuisine
et Romundiole possit auctore Domino salubriter reformari nec non
et abolere maculas heretice prauitatis ac negotium terre sancte
quod sibi tanto specialiter procurandum commisimus quanto ad
promotionem illius nos teneri pre cunctis uiuentibus. arbitramur.
Quia uero adhuc non desunt qui inter sacrum et prophanum minime discernentes nituntur zizaniam seminare et ut possint irroga-
re iniurias pacem turbant fraternitatem uestram de qua indu-
bitam fiduciam obtinemus monendam duximus et hortandam per
Apostolica uobis scripta mandantes quatenus sicut habetis curam
gratiam sedis Apostolice et nostrum in unum nobis congregatis
secundum datam nobis a deo prudentiam ex hiis que promisimus
et aliis prout expedire uideretis prudenter nos inuicem informantes
nostri animi puritatem ad excusationem nostram et Ecclesie iam
dilecto Imp. cum in Curia sua fueritis omnes unanimes pari uote
et uoce concordi fideliter exponatis nec moueatur Imperialis serenitas nec turbetur si inter Ciues Placentinos pax extitit reformata.
Quia cum idem Legatus pro reformatione pacis inter cetera fuerit
destinatus si eo quis est pax nostra misericorditer inspirante pax
discordantibus reddebatur ipse uocatus ab eis interponere partes
suas ad bonum pacis iuxta officii sui debitum denegasset fuisset
iniunctum sibi officium non absque presenti macula et inobe-
dientie nota transgressus quia potius uideretur pacem que ipse
non procurante fiebat in anima sua periculum impedisse et ta.
men quicquid in reformatione pacis huiusmodi factum fuit totum factum est Imp. et Imperii iure saluo. Ecce enim in ore
uestro dedimus uerba nostra ut hiis qui latenter uel publice ten-
tauerint Ecclesie puritati detrahere uos sicut filii qui Matris uestre iniuriam tenemini propulsare prout expedire uidebitis honori
Ecclesie tam uerbo quam opere uiriliter opponentes sic discrete
et circumspecte procedatis in omnibus cuncta de ipsius Legati
consilio disponendo Imperiali excellentie fiducialiter suggerentes
ut ab ipso Legato rancorem omnem suspicionis, auertens eum
tamquam honorabilem Apostolice Sedis membrum studeat prout
decet Imperialem magnitudinem honorare quod diligentie uestre
studium titulis uestre deuotionis accrescat et nos circumspectionis
uestre prudentiam possimus in domino merito comendare. Dat.
Reate XIV. Kal. Sept. Pontificatus nostri anno decimo.

III.

, Lettera di Papa Gregorio IX a Federico II, nella quale è difeso il Pecoraria.

(Huillard-Bréholles, *Historia diplomatica Friderici secundi*, t. IV, p. 914-917; Raynaldus, *Annales Eccl.* ad ann. 1236, n. VII-XI, XVII, XXV.).

22 ottobre 1236.

Gregorius, etc., Friderico, etc. Si memoriam beneficiorum Conditoris eterni que per ministerium sponse sue in sublimes personas et humiles largiter emanarunt, humane ingratitudinis oblivio deleret, si Dominus noster Jesus Christus, judex vivorum et mortuorum, judicaturus apertis libris conscientie, revelatis tenebrarum operibus, universos, ut Dominus timeretur, origo virtutum fides inconcussa persisteret, opera statera justitie ponderaret, verba sub veritatis signaculo clauderentur, et os contra Deum non poneretur in celum, unde tonitrua prodeunt et fulgura contra persecutores suos sepe mittit Deus et Dominus ultionum. Sane ex pluribus litteris ad nos et fratres nostros nuper ab imperiali eccellentia destinatis plura colligimus que si stylus mitigasset humilior et amaritudinem pagine dulcorasset affectus reverentie filialis, virtus discretionis sub manna dulcedinis irascibilem spiritum temperasset, et imago Dei que resultat in speculo rationis ac similitudo ejus que per affectum bonum et zelum rectitudinis in potentiis anime naturalibus invenitur, non fuissent sic scribendo forsitan deformate. Sed inter cetera epistole tue testimonium quod processum venerabilis fratris nostri Prenestini episcopi, Apostolice Sedis Legati, detestabilem et enormem asserit, nosque tutius culpe eidem objecte principio vel saltem participio non carere conscribit, justitie norma non sequitur et justificata in suis operibus veritas detestatur. Cum enim ad exemplum mediatoris Dei et hominum, qui ut pacem inter Deum et hominem reformaret non est formam suscipere dedignatus humanam, ut scissuras sciamatis ad integritatem reducere unitatis Sedes Apostolica teneatur, nostrum quo Deo et homini astringimur servitutis officium in Lombardia pro sedanda imperii et Lombardorum discordia compulit destinare legatum, qui et dissidentes ad imperiale mandatum reconciliatos reduceret et inter populos discordantes pacis federa reformaret, nec illud nostrum tam sanctum, tam salubre potuit impedire, sed potius debuit adjuvare propositum quod te in Lombardiam pro extirpanda heretica pravitate, subsidio Terre Sancte et recuparatione jurium Ecclesie ac imperii uecnon pro reformatione pacis proclamabas esse venturum. Nam si te ad id imperii reformatio invitavit, nos causa imperii cujus deformatio in dispendium Ecclesie Romane redundat, ecclesiarum utilitas que longum sub bellorum fluctibus dissidium patitur et animarum periculum pro quibus possessori celi et terre ad ratiocinium obligamur, ad procuranda bona concordie debuerunt fortius excitasse. Unde nihil de tuo jure usurpasse, de tuo nihil, licet contrarium asseras, occupasse officio credimur, si nos de quorum consilio te ad id in principio, medio et fine procedere sicut pluries promisisti decuerat, prompti nostrum summo creditori exolvere debitum invenimur. Quare premissa, more artificis cujus considerationi se primitus offerunt que ultimo in operatione concurrunt, diligentius attendentes, illum ut per eum nostrum imploremus ministerium elegimus in hac parte ministrum, qui et tibi et quibuscumque discordantibus minori posset haberi ratione suspectus, quo ejus mens terrenis desideriis absoluta suis actibus fermenti minus ingereret odii vel amoris, qui seipsum et sua relinquens in divini amoris altitudinem evolasset. Quis illius sinceritati rugam suspicionis objicere, quis illius puritatem nevam duplicitatis opposito poterit effuscare, quem suscepta professionis beate religio carni et mundo abstulit, quem Deo fructus laudabilium operum et vite sanctitas commendavit? Nec enim locus originis recte contra eum in suspicionis argumentum inducitur, cum non bonitas hominis deformetur a loco, sed potius loci malitia per hominem reformetur. Probat hoc quod nec pietati Christi quidquam mundus subtraxit impius, nec celum fecit sanctum demonem nec hominem paradisus. Genus etiam ad tuam intentionem non sufficere, immo non proficere creditur, quia frustra in illo parentele vitia condemnantur, qui per conversationis sancte munditiam a patria et parentibus quasi in virum mutatus alium factus est penitus peregrinus. Quid plura! frustra quid ad probationem alicujus inducitur quod illud nec frequenter nec inseparabiliter comitatur. Suffragatur autem ad hoc testimonium dilecti filii magistri hospitalis Sancte Marie Theutonicorum, et ei quod alia vice ipsum cum dilecto filio nostro O. Sancti Nicolai in carcere Tulliano diacono cardinali transmissum tibi suspectum fuisse asseris, refragatur, cum ipsum nihil fecisse unde celsitudini imperiali suspectus merito deberet haberi coram nobis publica voce dixerit, et eum circa observationem justitie plurimum commendarit. Erubescere igitur poterit novus legicus de nobis mali alicujus initium vel participium paralogisme concludere, cujus falsitatem etiam imperiti de longe speculantes possunt luce clarius improbare, cum publice bonum et manifesta bonis species fuerit quod legatus ad reformandam pacem inter te ac Lombardos a nobis destinatus accessit; cui nihil posse credimus imputari si eo presente sedata sint intestina bella Placentie, si

alique civitates Lombardie cladibus preliorum oppresse ad pacis
fuerint dulcedinem invitate. Quinimmo tibi ad infamiam reputatur
quod, Ecclesia seu prefato mediante legato, pacem imperii dedigneris vel non patiaris potius reformari. Sed est fortasse quid dicat quod, dum contra fas et licitum episcopum prefatum tuis non
habes votis omnino propitium cum imperialibus estimes desideriis
inimicum ut utraque unum efficiat declinare perspexeris, eo fortius
ipsum celsitudinis tue profectibus contrarium suspiceris; de quo
si placet obtrectationis cessent obloquia, cujuslibet prudentis et
boni principis moribus inimica, qui sic jus suum discrete prosequitur quod in nullius, presertim timentis Deum et episcopi, detrectationem armatur. Verum ne aliqua de sede Apostolica vere vel
apparenter excellentie tue querela consurgat, tibi contra predictum
legatum que nondum probatio seu confessio objecti criminis et
ignoti convincit expertri volentt, sumus justitiam exhibere parati.
Ceterum ne super imperialis celsitudinis de coercenda, ut tuis
verbis utamur, contumacia Lombardorum responsionem videamur
per oblivionem vel negligentiam distulisse, dictus magister tibi
satisfacere potuit; de cujus consilio dilectum filium G. subdiaconum et capellanum nostrum ad tractandum de pace duximus destinandum. Quare responsio tibi grata non poterat fieri per quem
tractatum concordie contigebat penitus impediri. Nec etiam nobis
de objecta eis contumacia constitit, ad quos pro facto imperii mandatum apostolicum cui superba cervice restiterint nullatenus emanavit; quin imo compromissum in manus nostras venerabili fratre
nostro patriarcha Antiocheno procurante teque petente firmantes,
etsi infra tempus nuntiis tuis pro tua voluntate prefixum, ad nostram presentiam venire nequiverint, maculam tamen erga te, si dici
potest, commisse contumacie per sequentis obedientiam compromissi a se videntur penitus abstersisse. Igitur si nostre te feceris
doctrine discipulum, si apostolici processus circa honorem tuum sepe
sepius habiti imitareris exemplum, justa monita nostra super commissis in regno corrigendis excessibus plaries ab annis preteritis
replicata et toties passa repulsionis injuriam, ad debitum exauditionis admitteres, injusta quoque que nunquam tibi credimus
ex certa scientia direxisse, procul ab imperialis limine concessionis
arceres. Sed ecce super facto ecclesiarum regni quod tibi in litteris
nostris primo directis sub genere indefinite proponitur, quod ad
hoc non tenearis quasi dubia respondere, a te reali responsione
preterita vocali commentario incongrue respondetur, tum quia
frustra requiritur ut singularia speciei vel specialia fidem faciant
generi, cum genus et species manifestam ex se prebent notitiam veritati, et cum individuorum scientia quasi ex infinitate confunditur,
ad doctrinam universalium supervacue singularia colliguntur; tum

quia que in primis litteris sub indefinita in se tamen aliorum definita notitia fuere proposita, ex superabundanti in litteris nostris ad te secundo currentibus per multa fuerant particularis declarata, sicut in epistola tua responsiva conjicitur que in seipsa quibusdam particularibus verbaliter respondendo quod in premissis falsum implicet improbatur, cujus pollicitis de satisfactione prestanda quibusdam ecclesiis et personis, sicut aie non in principio, sic in fine non credimus, qui simili promissione delusos multoties nos dolemus. Indigne ergo super oppressionibus predictarum ecclesiarum et hominum regni in quo nullus manum vel pedem absque tuo movet imperio, affermativam nostre propositionis negativa ignorantie imperialis interimis, quibus consensum vel originem prestitisse, cum nuntiis et literis apostolicis ac clamoribus passorum injurias eas tuis auribus pluries inculcatas non solum scire, sed etiam plene potueris emendare, minime dubitaris. Quod ex illo tuarum litterarum tenore manifeste colligitur, qui pro jurium conservatione tuorum te nonnulla immutasse circa ecclesias et tibi super non restituenda eis possessione ablata nostrum in facto civitatis Castelle suffragari magisterium, suffragatur (sic), cum in causa tua superioris debueris experiisse et expectasse judicium, nisi forte vulgus respondeat quod juxta placitum terminos regum transagrederis, dum contra jus aggrederis efficia sacerdotum. Qualiter autem contra conscientiam nostram, ut asseris, denegata tibi possessionis civitatis predicte intentioni tue opituletur restitutio non videmus, cum cives Castellani qui se tibi violato sacramento fidei ignorante Ecclesia prodiderunt, excellentiae tue nullum jus per hoc in se ipsis acquirere, nullum nobis circa possessionem, cum jurisdictionem civitatis et civium quasi possideret Ecclesia, prodendo potuerunt prejudicium generare; male namque agitur cum dominis prediorum, si tanto precario possidentibus non requiritur possessionis initium, leges possessionum evertere et extraneis jura conferre valeant possessorum. Et ideo si prudenter adverteres quod lignum vite est in paradisi medio positum, sic in centro tuorum finium prudenter persisteres, quod nequaquam incaute ad judicanda secreta conscientie nostre cujus judex in celo est conscius in excelsis, proprie ruinam conscientie metuens evolasses, cum regum colla et principium submitti videas genibus sacerdotum, et christiani imperatores subdere debeant executiones suas non solum Romano pontifici, quin etiam aliis presulibus non preferre, necnon Dominus Sedem Apostolicam, cujus judicio orbem terrarum subjicit in occultis et manifestis, a nemine judicandam soli suo judicio reservavit. At fortassis ignoras quod Oza morte percutitur eo quod arcam Domini inclinatam manu temeraria sustinere conabatur, et tribus

Chaath que vasa tabernaculi propriis involuta portabat humeris, paribus addicitur detrimentis, si tabernaculum solius Aaron dispositioni commissum ingredi vel vasa sanctuarii priusquam involuta fuerint ulla curiositate audent intueri? Quare si te ad notoria facta tua speculanda reduceres, non solum de nostra, immo judicare de conscientia etiam cujuslibet tui subditi dubitares. Ergo quia de conscientia agitur ut contra conscientiam secundum conscientiam procedatur, cum nostre fuisset conscientie liquidum quod de reddendis possessionibus Ecclesie Romane ad te pervenientibus pluries prestiteras juramentum, non videbatur esse boni filii a patre petere quod nec salva conscientia poteras detinere, eo quod nec Ecclesia vitium spoliantis incurrerit cui commoda sui juris constitutionis beneficiam integra reservavit. Nec est verisimile in hac parte nos fratrum nostrorum consilium despexisse, cum super hoc nuntii tui inceptum prosequi voluissent judicium; et ideo nondum erat in fiis eorum consilium requirendum. Esto preterea quod ecclesiis cum principibus permutare, sicut in tuis [litteris] excusationem allegas utroque-jure conceditur. Inique tamen ad damnosam et non voluntariam hujusmodi celebrationem contractum, presertim sine superioris assensu et contra juramentum de non alienandis ecclesiasticis possessionibus quas pro animarum salute relictas sic alienantes et recipientes sacrilegii crimen incurrunt, prestitui compelluntur, quia quod in ecclesiarum favorem jure permittitur fieri, non debet ad lesionem earum per injuriam retorqueri. Esto quod aliqua beneficia vacantia conferas, ut curam tamen animarum illis annexam committere valeas jus spirituale, quod non cadit in laicum non permittit, et in locum viventium quos a gradu suo nec propria culpa nec sui judicis sententia dejicit, alios substitui jus datum celitus interdicit. Esto quod in collatione beneficiorum morientibus succedas ut dicis episcopis, majorem in hoc non adipisceris potestatem, nec nos ob id qui eis viventibus conferre beneficia non collata potuimus, jam te locum tenente ne dicamus usurpante pontificis, apostolice amittimus plenitudinem potestatis. Venerabilis insuper pater noster Cephaludensis episcopus archidiaconus Salernitanus et Sorane civitatis ecclesie, dum eos ad examen nostre considerationis adducimus, quare isti perpetui exilii et ille perpetue patiantur ruine dispendia ignoramus, nisi quod dum contra pacem inter te ac Ecclesiam reformatam spiritualia sicut secularia judicas, dum eos qui suo domino stant aut cadunt non convictos nec confessos pena judicium preveniens condemnat, divini judicii thronum aggrederis et leges quibus digne submittitur principatus a lare patrio exulare compellis. De illo qui se Geracensem dicit episcopum tacemus ad presens, quem electio canonica pretermissa vel per impressionem habita ecclesie

Geracensi matrimonialiter alligare non potuit, cujus consecratio forma ecclesiastica sicut dicitur destituta nec sibi executionem officii contulit nec ipsum illius ecclesie vel alterius episcopum esse fecit. Vincula vero nepotis regis Tuneti si ea recta acie considerationis inspiceres, in quantum juris et divini nominis contumeliam compeditum alligent plene scires; quia indegne seductus asseritur, qui ad notitiam vere fidei aliquo inducente vel Deo potius inspirante vocatur; quin potius quantum probationes quod preter offensam regis ejusdem et non circumventus ad nos accederet recepturus baptismatis sacramentum expostulas, aperte colligitur et idem. Clara multorum voce utinam non dicatur quod apostolos et discipulos veritatis non sine magistri injuria manifesta innnis seductores, qui inimicos crucis Christi ad agnitionem lucis eterne monitis invitarunt salutaribus et invitant. Et ex eo tacite asseris non debere Deo contra hominem obediri, quod dictum nepotem credis debuisse prefati regis licentiam prestolari, cum tibi non liceat ignorare quod tantus est favor baptismatis ut etiam servos, sicut a jugo criminis, sic invitis dominis infidelibus et eos converti nolentibus a catena eximat servitutis. Utinam lex Domini convertens animas sic omnes fideles seduceret quod eos de fornace ferrea Pharaonis eductos ad vere fidei notitiam evocaret! Utinam omnes fideles sic suos superiores offenderent quod ad auditorium celeste vocati preconi parerent dominico, et in se tam salutari contumacia suorum offensam principum provocarent! Tolosano comiti etsi lata in eum excommunicationis sententia nequiverit privilegium immunitatis afferre vel juri tuo prejudicium generare, debuit tamen ei favorem communionis imperialis auferre, quam sibi nequitias preter anime tue periculum que tibi omni thesauro debet esse carior, indulgere, ut hoc saltem rubore perfusus ad sinum matris rediret Ecclesie et tibi sine salutis tue dispendio posset debitum servitium exhibere. Ceterum ne nostro quod verum est patefaciente responso dicta exaggerare cogamur et gesta, calamo nostro brevitatem indicimus, et ne super eo quod de lege regia et episcopis scripseras honorem tuum obice veritatis exasperet, prohibemus. Sed vade ad tuorum memoriam predecessorum et inspice, transi ad felicis recordationis Constantini, Caroli magni, Arcadii ed Valentiniani imperatorum exempla, et ea diligentius speculare ubi infallibilis solutio[nis] conclusio sine instantia super premissis accipitur, ubi reprobanda false opinionis assumptio confutatur. Illud autem minime preterimus toti mundo publice manifestum quod predictus Constantinus qui singularem super universa mundi climata monarchiam obtinebat, una cum toto senatu et populo non solum Urbis, sed in toto Romano imperio constituto, unanimi omnium accedente consensu, dignum esse decernens ut

sicut principis Apostolorum vicarius in toto orbe sacerdotii et
animarum regebat imperium, sic in universo mundo rerum obti-
neret et corporum principatum, et existimans illum terrena debere
sub habena justitiae regere cui Dominum noverat in terris cele-
stium regimen commisisse, Romano pontifici signa et sceptra impe-
rialia, Urbem cum toto ducatu suo quam sparsis in ea pecuniis nobis turbare moliris, illius sequens exemplum qui absorbens fluvium
non miratur et sperans quod Jordanis influat in es ejus, suo est
voto fraudatus, nec non et imperium cure perpetuo tradidit, et
nefarium reputans ut ubi caput totius cristiane religionis ab imperatore celesti disponitur, ibidem terrenus imperator potestate
aliqua fungeretur; Italiam Apostolice dispositioni relinquens, sibi
novam in Grecia mansionem elegit; de qua postmodum in persona
prefati magnifici Caroli qui jugum a Romana Ecclesia vix ferendum
impositum pia debere docuit devotione portari, Sedes Apostolica
transferens in Germanos, predecessoribus tuis sicut et in tua persona recolis esse factum in consecrationis et inunctionis munere,
nihil de substantia sue jurisdictionis imminuens, imperii tribunal
supposuit et gladii potestatem in subsecuta coronatione concessit,
ex quo juri Apostolice Sedis et non minus fidei ac honori tuo derogare convinceris, dum factorem proprium non agnoscis. Ex eo
autem non modicam notam indevotionis incurris quod nobis et fratribus nostris sacrilegii maculam conaris impingere, quia eos quibus a te ecclesie ac ecclesiastica beneficia conferuntur reputantes
indignos, de tuo videmur judicio disputare; non attendens quod
sacerdotes Christi regum et principum omnium fidelium patres et
magistri censentur. Nonne miserabilis insanie esse cognoscitur, si
filius patrem, discipulus magistrum conetur arguere, a quibus non
solum in terris, sed in celis sese ligari posse institutione divina
docetur? Omnes enim, nisi quorum oculus aliquo erroris pulvere
obturatur, agnoscunt quod cum tu ipse Apostolice examinationi,
sicut testantur premissa, subjacens, multo fortius de illorum possumus indignitate cognoscere qui de manu tua noscuntur digni-
tatem aliquam suscepisse, eo quod quidquid speciei subjicitur, de
illo genus necessario predicatur. Hoc in personis ecclesiasticis
negari non potest quibus nos ex constitutione divina preficimur;
imperialis vero potentia ex sola usurpatione in hujusmodi in injuriam divini nominis aliquoties dominatur, in eo rethorico fucata
colore quod apud reges terrarum et principes de Ecclesia que usque
modo non modicum imperiali pepercit honori, te depositurum que-
relas, quibusdam apud eos jam depositis, comminaris. Premissa
quoque quantumcumque sint gravia, quantumcumque a juris tramite
sint remota, minora tamen in oculis nostris respectu illius injurie
reputantur que Creatori nostro in hoc evidentius irrogatur, quod

turbis undicumque collectis crucifixi fidem et nomen publice predicari ne qua ex hoc tuo contingant regno dispendia non permittens,
recuperationem Terre Sancte et crucis negotium impedis; ad cujus
consummationem contra consilium tuum de bonis tuorum conferri fidelium interdicis. Quocirca celsitudinem tuam rogandam duximus
et monendam quatenus sub potenti manu Dei cui clara sunt abscon-
dita tenebrarum, sic humiliari procures, sic omnes sponse sue injurias studeas emendare quod te taliter exaltasse eum nequaquam
peniteat et sue majestatis oculos a tuis processibus non avertat,
nosque de imperialibus profectibus possimus non immerito in Domino gloriari.

Datum Teate, X. Kalendas novembris pontificatus nostri anno X.

IV.

Statuti dati alla Congregazione dei Parrochi Urbani di Piacenza
dal cardinale Giacomo Pecoraria.

(*Pietro Maria Campi* , *Historia Ecclesiastica* , Par. II. *Registro*
n. LXXX, p. 392-393. In iurib. Eccles. S. Domnini Piac.).

1236 fine.

Frater Jacobus miseratione divina Praenestinus Episcopus Apostolicae Sedis Legatus dilectis in Christo filiis Archipresbytero
Capellanorum, et caeteris fratribus Congregationis ipsorum de
Placentia in perpetuum. Cum pietas sit ad omnia utilis, habens
promissionem vitae, quae nunc est, et futurae; dignum est, et omni
rationi consentaneum, ut dum sumus in via huius peregrinationis
et laboris, nos exerceamus ad pietatem, et nobis commissos exem-
plis, verbis, et constitutionibus ad idem salubriter invitemus. Hinc
est, quod ut pietas, quae dicitur Dei cultus, in Ecclesia gloriosi
martyris S. Dompnini, in qua fere ab infantia nutriti fuimus in
ordine, et officio Clericali; crescat ad honorem Christi in dicta
Ecclesia, et officio ministrorum: praefatam Ecclesiam anno D. 1236.
9. Cal. decembris dedicavimus, licet indigni, cum Venerabili Patre
Aegidio Episcopo Placentino, statuentes, et ordinantes ultra duos
Sacerdotes, et Clericum unum, qui in eodem Ecclesia consueverunt
Domino famulari, tertium Sacerdotem, et certos redditus pro anima nostra, et de praedictis redditibus, et aliis, quos habet Ecclesia
quatuor ministri de caetero sustententur, et quartus sit semper
Archipresbyter Capellanorum, qui ibi sit Dominus et Minister Ecclesiae, et de praedictis redditibus quos dedimus Ecclesiae annua-
tim percipiat pro vestibus centum soldos. Et quotiens fuerit eli-
gendus Archipresbyter, eligatur, sicut eligi consuevit, et ab eis,
qui eum eligere consueverunt; ita quod Clerici S. Dompnini cum
eis eligant, non habentes maiorem vocem, quam alii Capellani,

sed aequalem secundum numerum personarum: ut cum fuerint duo, vel tres, vel plures; tantam habeant vocem, quantam duo vel tres de alijs, vel plures. Et electio fiat in Ecclesia S. Dompnini; et per Episcopum, ut iustum fuerit, confirmetur. Per hoc autem, quod Archipresbyter debeat esse perpetuus in praedicta Ecclesia, sibi nullum ius, vel iurisdictio acquiratur; nec per hoc dici possit tractu temporis, quod Sacerdotes Congregationis non subsint immediate Episcopo Placentino. Et, ut in Consortio vestro crescant opera pietatis circa infirmos praesertim pauperes, et sepulturas decedentium, et exequias defunctorum per Sacerdotes, et alios fideles Congregationis, et Consortij vestri, quod dicitur Capellanorum, in quo dicuntur aliquantulum diminuta: statuimus, et ordinavimus auctoritate, qua fungimur, sequentes Venerabilis memoriae Sigefredi quondam Episcopi Placentini, et multorum aliorum Episcoporum... eidem Ecclesiae, ut tu Archipresbyter, et fratres praedicti conveniatis apud praedictam Ecclesiam omnibus Calendis, vel circa ipsas, ut pro tempore tibi Archipresbyter visum fuerit expedire, et singulis Ecclesiis huius Congregationis dicatur Populo Dominica praecedenti dies, qua convenire debetis. Congregati vero, pro animabus Pontificum Ecclesiae Placentinae, et specialiter pro fratribus huius Congregationis, et generaliter pro animabus omnium fidelium defunctorum, Missas, et Officium pro defunctis canendo plenarie persolvatis. Ad nostram vero supplicationem, quem unum de vestris fratribus recepistis, benigne obtulistis nobis, quod in singulis Missis, quando simul eritis congregati, dicetis pro nobis orationem illam: *Omnipotens* sempiterne Deus, qui facis mirabilia magna solus; praetende super famulum tuum Jacobum; et super cunctas Congregationes illi commissas, spiritum gratiae salutaris; et ut in veritate tibi complaceat, perpetuum ei rorem tua benedictionis infunde. Per Dominum nostrum etc. in unitate eiusdem etc. Et quod post obitum nostrum dicetis pro anima nostra Orationem illam: *Deus*, qui inter Apostolicos Sacerdotes famulum tuum Jacobum Pontificali fecisti dignitate vigere; praesta quaesumus, ut eorum quoque perpetuo aggregetur consortio. Per Dominum etc. Perfinitis vero exeqijs, statim tu Archipresbyter, vel alius de Congregatione, vel aliunde, cui praedixeris, proponat verbum Dei. Quo finito ista constitutio perlegatur, ne quis sub velamine ignoruntiae se valeat excusare. Qua perlecta, si ex vobis (quod absit) aliquis habuerit discordiam; per vos illic ad pacem et concordiam revocetur. Circa vero infirmos fratres Congregationis omnem diligentiam adhibere debetis, visitando eos, et orando pro ipsis, et si indeguerint, necessaria ministrando. Cum vero obierint, si non habuerint, unde sepeliantur; vos memores Tobiae, supplea-

354

tis de vestro in spiritu pietatis. Et, ut possitis ad ista sufficere, et ad pietatem invitare alios per exemplum; pium est, ut
in Missis, que celebrantur in praedictis Calendis, singuli saltem unum denarium offeratis. Unusquisque autem vestrum pro
quolibet fratre defuncto celebret septem Missas, et duo vestrum
quotidie usque ad trigesimus, ubicumque sepultus fuerit, celebrent
more solito vigilias defunctorum. In die vero tricesimo omnes illuc
conveniatis, et ex more celebretis exequias pro defunctis. Audito
autem nostro obitu, apud Ecclesiam B. Dompnini, ac si corpus
nostrum esset ibi sepultum, pro nobis ut pro fratre vestro praedictum Officium, et anniversaria persolvatis. Auctoritate, qua fungimur, praecepimus universis, et singulis huius Congregationis Sa-
cerdotibus, ut singulis mensibus conveniant, sicut praedictum est.
Quicunque vero non convenerit ad dictas Calendas, ut est praedictum, si ex necessitate detentus eodem tempore, quo debuit convenire, se non excusaverit, per nuncium apud praedictam Ecclesiam coram dicto Archipresbytero, et pluribus de fratribus Congregationis; solvat ad opus pietatis infra octo dies, quotiens acciderit, sex denarios Placen. Si vero non iverit, et non excusaverit,
ut diximus, nec dictos sex denarios solverit infra octo dies, quotiens acciderit; ipso facto cadat in sententiam interdicti, quam
propter hoc tulimus, et praesentibus litteris declaramus. Et, si
(quod absit) in profundum malorum veniens, interdictus celebraret;
cum per Archipresbyterum innotuerit Episcopo, ut irregularis, pro
tanta contumacia graviter puniatur. Archipresbyter per se, si poterit, vel per aliquos fratres Congregationis semper pridie Calendas praedictas insinuet Episcopo, si fuerit in civitate, quod se-
quenti die more solito convenire debetis; ut si voluerit, descendat
ad vos causa consolationis, et exhortationis. Nos vero confidentes
de misericordia Jesu Christi, et meritis B. Mariae, et Apostolorum
Petri et Pauli, et omnium Sanctorum; auctoritate legationis, qua
fungimur, concedimus indulgentiam quintesimum dierum omnibus
vere poenitentibus, qui ad praedictas Calendas vel circa convene-
rint, et de suis bonis tunc obtulerint ad tam pia opera pietatis.
In quorum omnium testimonium etc.

V.

Lettera di Federico II contro il Prenestino.

(Huillard-Bréholles, *Historia diplomatica Friderici secundi*, t. V, p. 33-34. Inedit. ex cod. MSS. Biblioth. Caes. Fonds Saint-Germain-Harlay, n. 455, par. I.ᵃ)

Marzo 1237.

(Friderici etc.). Evidentium clara cognitio certum plerumque facit hominibus quadam ratione probabili judicium de occultis nec casus eventibus ascribi patitur quod procuratum consiliis hominum et curiosa substilitas intrinseca colligens manifeste convincit. Illud tamen inficiari nolumus quin absit rerum veritas a conjectis, quin a factis interdum iutentio sit remota. Tamdiu certitudinis locum probabiliter obtinet violentia conjecture, tamdiu conscientie lumen siderationis umbra vel dissimulationis obducit, quamdiu dilucida probatione contrarii veritas clareat in utroque. In verbo verumtamen patris, justissime miratus est filius dum id quod per industriam hominis, si tamen cardinalis est homo, in detrimentum imperii provenisse non conjectura, sed veritas manifeste testatur, serenitatem nostram impinxisse, descripsit Ecclesie puritati. Absit hoc penitus a nostre conscientie gremio quod unius quantumcumque premiuentis per transgressum in sacrosancte matris Ecclesie quam pontificalis vestre beatitudinis regit auctoritas, vicium inducamur. Tacere verumtamen puritas filii de matris sinceritate zelotipi non permisit quin libentissime vidissemus quod saltem ad publicam venustatem non nomina[ti] vestris litteris, nec utinam nominandi, vobis et fratribus contra nos et imperium ingratum fore processum contrarie voluntatis judicio monstraretis; nec ad hoc dilectorum amicorum nostrorum... Hostiensis episcopi et magistri T. titulo Sancte Sabine venerabilium cardinalium ad nostram presentiam trasmissorum legatio contradita ipsis super Lombardorum non super imperiali negotio potestate, fidem nobis facere poterat aut aliis faciebat. Nam licet istorum legatorum sequentium fides et merita [non solum] apud Deum et homines, sed apud nos maxime longe discrepent a priori, eadem tamen erat omnimode legationis istorum forma cum prima. Sicut enim per apostolica scripta recepimus, ille silvester (1) cum plene legationis officio venerat super

(1) In questa parola tenni la lettera minuscola invece della maiuscola usata dall' Huillard-Bréholles senza ragione, come riflette il Balan.

negotio Lombardie, nisi quod ille pontificalibus litteris commendatior nobis istis accesserit, velut in superlativo purissimus et a se prorsus abjiciens seculi vanitates; propter quod etiam si aliorum legatorum occorsum qui tercii veniebant, H. venerabilem magistrum Sancte Marie Theutonicorum in Lombardiam destinare noluimus, vestra paternitas non miretur, velut qui ad quorumlibet legatorum nomen, legationis causa non cognita, ex predictis merito formidamus... Datum Vienne super Danubium.

VI.

{ Lettera di Federico II a Gregorio IX contro il Prenestino che non lo mandi legato in Francia.

(Codex DCCLXXXIV. H. III. 33. Marca antica, e II. 18. fog. 67 presso la Biblioteca dell' Ateneo di Torino. Dell' ammanuense che copiò le lettere di Federico II e di Pier della Vigna contenute nel succitato Codice ci scrive il dotto cav. B. Peyron sembrargli che sia uno vissuto a principio del secolo XV; e ci dice che il medesimo incorse in non pochi errori, ma che per altro il Codice può chiamarsi *bonae notae*, in quanto che per moltissime circostanze è manifesta l'origine ultima da cui furono copiate le lettere. L'Huillard-Bréholles lo crede scrittura fatta verso la fine del secolo XIV, e assai importante, di cui egli non ebbe copia intera pe' suoi lavori. Il nostro amico conte B. Pallastrelli, molto intelligente nel giudicare de' vecchi caratteri, dall'averne esaminato il fac-simile lo ritiene scritto sul terminare del secolo XIII. Questo cenno serve a giustificare il valore da noi attribuito al documento che qui si pubblica per la prima volta. Aggiungiamo alcune note scritte coll'aiuto degli studii fatti dal sullodato Peyron e dai nostri amici il professore don Giuseppe Ghiringhello e il conte B. Pallastrelli, i quali ebbero la bontà di comunicare le loro sensate osservazioni su questa lettera.

1238 fine.

Sanctissimo in Christo patri etc...

Studiosi pastoris exercet officium mater ecclesia dum agnos ab edis separat, et privignos educere satagit de numero filiorum. Quod cum in Provincie partibus solicito ceperit ad hoc multorum fidelium et orbis principium presidiis evocatis, implere quod ceperat forsitan pietate matris impediente non potuit, dum privignantibus aliunde (1) filiis, et ostendentibus extrinsecus post mo-

(1) L'abbreviatura indicante questa parola è assai dubbia; si potrebbe forse leggere *alioquin*, io starei per *attamen* o *autem*.

dum faciem filiorum, claudente gremium matre, ecclesia duxit in-
solitum (?) et impium iudicavit, et sic dum radix non est eradicata
nequitie, nec infirmitatis causa curata, sed superficies tantummodo
vulneris sit obducta, vulnus in antiquum redit malesana cicatrix.
Nunc autem cum consuetudine manuum pie matris, quae filios de-
coxerunt (?) relinquere velit ecclesia et ex preteritis ducta periculis cavere sibi profectius (1) in futurum, vestram non immerito
laudamus industriam et propositum approbamus, ideoque sedis
apostolice literas super hoc nostro culmini destinatas grate recepimus, et eo usque legentem tenorem earum libenter audivimus, quo-
sque (2) ad locum auribus nostris infestum, quo Penestrini nomen
in literis erat, quem ad ministerium tam laudabilis operis ministrum vestrum et nuntium dupustatis (3), legentis eiusdem lingua
pervenit. Per (4) non reformatio unitatis indivisibilis fidei non con-
glutinatio plurium animarum in unam ortodoxam et catholicam
fidem nostram, sed dissidia populis et scandala gentibus predicari
poterant aptius et efficacius procurari, et quod hominem- istum,
cuius austutiam in perversionem nostrorum fidelium sumus experti, licet a vobis, qui conscientiam bonam servatis, in omnibus
commendatum, in potentie nostre sinum admictere debeamus, ob
id saltem vestra paternitas consulere minime debuisset, quod presertim diebus istis, quibus consumationem negotiorum nostrorum
in assumptionem rebellium exspectamus, aliquis nobis, ut negotiis
nostris infestus, ad partes istas nequaquam accederet, qui processus
nostros impedire sattageret, vel non immerito foret nobis de impedimento suspectus. Certe nec minus in hoc honorem ecclesie filiali
sinceritate zelamus, dum episcopo supradicto securitatem promi-
ctere nolumus, quam dum quam plures excellentie nostri devoti
non datam a nobis ex animis (5) crederent, sed ad instantiam
precum vestrarum extortam, qui patientiam nostram in eo, nec
minus vestram tollerantiam abutuntur, credentes gratissime nobis in hac parte servire de tam enormi iniuria per ipsum
nobis et imperio contra deum et iustitiam irrogata libenter assu-
merent partialem et debitam ultionem, dum contra mandatum nostrum, licet contra voluntatem nostram id fient (6) earum nihilo-

(1) Meglio: *perfectius.*
(2) Correggi: *quo usque.*
(3) Per *deputastis.*
(4) Bisogna leggere *porro* ovvero *profecto.*
(5) *Ex animo?*
(6) Corr. *fieret.*

minus haberemus et gratum. Nolentes igitur quod (1) vos sanctissime pater notam cuiuslibet suspicionis incurrere, qui dum in libra cogitationum nostrarum notissimos nobis episcopi memorato circa nos habitos poneretis excessus, vix aut nunquam tantam patientiam crederetis in nobis, quod in offensione sui nostram possetis apud vos etiam innocentiam excusare, paternitatem vestram affectuose rogamus, quod egre ferre nullatenus debeatis, si preces vestras velut honori et profectibus nostris omnino contrarias in parte non duximus admictendas, alias in predicto negotio... (2) nostram ecclesiae consilium et favorem, prout ex commisso nobis regimine celitus tenemus et possumus, offerentes.

VII.

Istruzioni di Federico II al suo nunzio presso il Papa di instare che non sia spedito legato in Francia il Penestrino, a cui nega il salvocondotto.

(Huillard-Bréholles, *Historia diplomatica Friderici secundi*, t. V, p. 269-271 Inedit. ex cod. Phild. Bibl. Cesar. Vindob, n. 805, fol. 126, recto verso).

1238 fine.

Fridericus etc. Recens est rei geste memoria, injurie penetratio penes nos est altiori necessitate fundata qualiter Penestrensem episcopum, se nobis et imperio nostro probantem in omni eventu contrarium, commendante pridem apostolico patre de eo nondum, bonum (sic) tamquam de homine quem offerebat vite celebris, evangelizande pacis avidum et nostri zelatorem honoris, licet nobis allegantibus opinionem contrariam et suspicionem justissimam in eumdem ex instinctu ejusdem experti fuimus in medio nostrorum fidelium corruptelam. Venit enim non evangelizare pacem sed gladium turbationis acuere, fideles nostros a fide pervertere et infidelibus fomitem superstitionis afferre, ad eo ut si ab experientia facti recte speculator inspiciat sequentia, veritatis indaginem demorabunt (sic), et casus fidelium qui per humilem conversationem vitari potuerunt, ipso dante causam eventui, per eum originem habuerunt vel invenerunt. Nuper enim, quod non potuimus absque admiratione perpendere, velut si corde nostro tam brevi et de fa-

(1) *Nolentes igitur penes* forse anche *apud* oppure *quandoque*, col *quod* non c'è senso.

(2) Le due parole nel testo dopo *negotio* sono quasi ininteIligibili alcuni leggono *quod omnino*, altri *quod attinet* o *quoad alia.*

cili prolabi potuerunt dicti hominis factiones, venerabilis in Christo pater summus pontifex nostre securitatis litteras pro eodem e-
piscopo in Provinciam contra hereticos proficiscendo petiit exhiberi.
Sane cum regio pretaxata imperio nostro pertineat et occasio cause
majorem partem talis regni contingat quod nostrum est et imperii
speciale, et junior de veteri faciat ventura timeri, et pronunciatus
evangelizator pacis olim in Italiam destinatus inventus est, forsitan (?) preter spem et suggestionem apostolicam, in medio nostrorum fidelium perfidie ac scandali seminator, pes eius de nostra li-
centia terram ipsarum partium non calcabit. Sunt enim alias circa
sedem apostolicam viri omni exceptione majores, quos et zelus
Domini et legationum experientia ubique terrarum speciales jam
fecerunt qui sciant vel possint causam sibi commissam non inutili
prosequi studio et infideles absque offensa fidelium perscrutari,
quibus presto sumus adesse debitis ut tenemur, auxilio et favore
ad exterminium heretice pravitatis. Subest alia justa de motu nostro simul et ratio manifesta quod si transitum episcopi memorati
permitti liberet, tot sunt longe lateque fideles nostri amatores nominis et honoris, quos illata nobis per eum respexit injuria, qui
nobis tacentibus et remotis in tantum persone nomen abhorrerent
ut auditu nominis ad vindictam patratorum excessuum moverentur,
et cum post causam inchoatam sero posset remedium cogitari,
quamquam id quod displiceret summo pontifici merito nos grava-
ret, quoad personam tamen patientis injuriam tolerabilem ducere-
mus. Quo circa industrie tue mandamus et justis imperantibus vocibus enarrantis (?). Quod apud summum pontificem de ipso episcopo ab injuncta legatione consultius revocando persistas, ita quod
si processit regredi procuretur, nec se in irato temerarium offerat
quem provocavit tociens ad offensam.

VIII.

Lettera di Gregorio IX di raccomandazione pel suo legato Giacomo al re Lodovico di Francia.

(Huillard-Bréholles, *Historia diplomatica Friderici secundi*, t. V,
p. 457-461. Ined. in Archiv. Franc. precipuo, . *Trésor des chartes*,
cart. I. 352, n. 1, ex originali unde pendet plumbea bulla; e
Alexandre Teulet, *Layettes du Trésor des chartes*, t. II, N. 2835,
p. 416-418. Paris 1866, che riempie di questo documento qualche
lacuna della copia dell' Huillard-Bréholles, e ne dà una migliore
lezione. Lo Spondano *Annales Ecclesiastici ad ann.* 1239 ne aveva
messo alla luce un lungo tratto soltanto.)

21 Ottobre 1239.

Gregorius, episcopus, servus servorum Dei, carissimo in Xpiste filio illustri regi Francie, salutem et apostolicam benedictionem — Dei Filius, cuius imperiis totus orbis obsequitur, cuius beneplacitis celestis exercitus agmina famulantur, secundum divisiones linguarum et gentium in signum divine potentie diversa regna constituit, diversa pepulorum regimina in ministerium mandatorum ordinavit; inter que, sicut tribus Juda inter ceteros filios patriarche ad specialis benedictionis dona suscipitur, sic regnum Francie pre ceteris terrarum populis a Domino prerogativis honoris et gratie insignitur. Nam velud prefata tribus regni prefigurativa predicti undique fugabat hostium cuneos, terrebat et conterebat undique ac suis subjugabat pedibus per circuitum inimicos, non aliter idem regnum pro exaltatione catholice fidei, dominica prelia dimicans et in orientis et occidentis partibus pro defensione ecclesiastice libertatis Ecclesie hostes expugnans sub vexillo clare memorie predecessorum tuorum, quandoque Terram Sanctam superna dispositione de manibus paganorum eripuit, quandoque Constantinopolitanum imperium ad obedientiam Ecclesie Romane reducens, dictorum predecessorum studio Ecclesiam ipsam a multis periculis liberavit, pravitatem hereticam, que in partibus Albigensibus fere fidem extirpaverat, Xpistianam, totis veribus expugnare non destitit, donec, ea quasi penitus confutata, fidem ipsam ad pristini status solium revocavit. Sicut prefata tribus velud relique numquam a cultu Dominico declinasse legitur sed ydolatras et ceteros infideles multis expugnasse preliis perhibetur, sic et in eodem regno, quod a devotione Dei et Ecclesie nullo casu avelli potuit, numquam libertas ecclesiastica periit; nullo umquam tempore vigorem proprium Xpistiana, fides ammisit; quin imo pro earum conservatione, reges et homines dicti regni sanguinem proprium fundere et se periculis multis exponere minime dubitarunt. Ad quorum probationem inclite ricordationis Caroli et multorum regum progenitum tuorum gesta colligere possumus. Sed tamen, ne, habito ad infinita descensu, a longe exempla vetera colligamus, recolende memorie L. (Lodovicus) pater tuus non pro ampliatione regni sui sed fidei Domino in dictis partibus Albigensibus cum moltitudine nobilium, militum et aliorum fidelium, eligens preliari, sub sudore militie Dominice exutus corpore celo spiritum reddidit, et, posteris suis similia faciendi, sub quodam tacito testamento preceptum indicens, ad regnum quod Deus preparavit se diligentibus, cum eisdem fidelibus, quos Dominus in trionphali victoria ad coronam vocavit martirii, cursu laudabili properavit. Ex quibus evidenti ratione perpendimus quod regnum predicatum benedicitum a Domino Redemptor noster, quasi specialem divinarum voluntatum executorem eligens et ipsum sibi sicut faretram circa femur accingens, ex ipsa sepius segittas electas extrait, et eas in tuitionem ecclesiastice libertatis et fidei, in contritionem ipsorum et defensionem, justitie in arcu brachii potentis emittit, propter quod predecessores nostri romani pontifices, a progenie in progenies tam laudabilia dictorum progenitorum opera recensentes; ad ipsos continuum in necessitatibus suis habuere recursum, illique credentes quod non petentium sed causa Dei potius agebatur, petitum numquam negavere subsidium, quin potius nonnunquam non postulatum Ecclesie opportunitatibus in manu forti indulsere succursum. Ex quo et nos, scientes quod proprie servat propago vitis originem, quod idem sucus ramos vivificat et radicem, et non credentes omnino ut iisdem progenitoribus quibus parificaria honore dominii, patiaris te contrarium moribus, et inferiorem virtutum actibus inveniri, quin immo sperantes quod gratia bonitatis, que ipsis erat innata in tuam sit derivata personam, ad te multa confidentia ducti recurrimus ut, sicut tenemur serenitati tue plagas longe duriores et diriores quam in crucis patibulo inflicte fuerint Regi omnium seculorum, quas in corpore Xpisti multis blasphemiis et aliis modis quasi obducta cicatrice F. (Fredericus) dictus imperator jam renovat et cruentat, aperire possumus, qui ministerio proditoris velamen apostolatus ut Dominum crucifissoribus tradere posset, habentis uti minime erubescens, se divinis misteriis, que ante sententiam in se latam quasi paganus penitus aborrebat, ut sub pallio pietatis facilius Xpistum in Ecclesia sua de novo crucifigere valeat, in sue proditionis augmentum immiscere presumit, sicque secum omnes quos potest in viam perditionis attrahens ad excusandas excusationes in peccatis litteras quasdam de promptuario fallaciarum suarum emittit; ex quibus, cum earum principium a veritatis via penitus deviet, finis cum medio falsitati omnino concordet, nichil in mentis discrete credulitatem assumitur, siquidem mendaciorum compositor artium suarum ingenio fortius confutetur. Propter quod consultius attendentes quod hec vulnera non debebamus tam pernitioso occultare silentio, ipsum super predictis et multis aliis sceleribus sepe sepius coram venerabilibus prelatis ecclesiarum apostolicis scriptis et sollempnibus nuntiis monitum et ad emendationem longis retroactis temporibus expectatum, spe nobis de ipsius correctione subtracta, de consilio fratrum nostrorum post frivolas responsiones suas excomunicationis vinculo duximus innodandum; quia et si in occupatione bonorum Ecclesie tolerari aliquatenus non deberet, multo fortius super excidio fidei nostra vel cujuscumque circa eam deberet patientia penitus reprobari. Hinc est quod nos Xpisti, qui pro salute hominis descendens e celis ad predicandum evangelium

362

in universum mundum transmisit apostolos, exemplo compulsi, ad te precipuum, te carissimum Ecclesiae filium, te speciale subsidium, te refugium singulare, venerabilem fratrem nostrum (Jacobum) episcopum Penestrinum, virum approbate bonitatis et sanctatis experte, magnum Ecclesie Dei membrum, officio sibi legationis commisso, pro defensione fidei, pro qua laborare tenetur quilibet qui Xpistiana professione censetur, dirigimus et per eum in tante necessitatis articulo tui brachii auxilium invocamus. Cum enim pugnare pro eripienda Terra Sancta de manibus paganorum sit perpetue vite meritorium, multo majoris meriti esse creditur si eorum qui exterminium fidei, in qua salus totius mundi consistit, et Ecclesie machinantur generale excidium, impietas expugnetur. Speramus autem et pro firmo tenemus quod Jhesu Xpisto, qui, pro redemptione tua servi formam accipiens, proprium sanguinem crudeli perforatus lancea fundere et in cruce mortis voluit subire tormentum, qui diebus istis a dicto F. (Friderico), cum asserente in uterum Virginis minime descendisse, crudeliter in se et in membris suis ac multiplicetur impugnatur, curabis tamquam atleta Dominicus, potenter assistere, et honorem Xpisti, cui nulla debes vel potes ratione deesse, et Ecclesie sponse sue, bonum statum fidei et omnium fidelium totis viribus conservare studebis. Igitur prudenter attendens quod ad tempus ad hoc est ab eterno conditore dispositum ut nunc publice notitie suorum revelet animos amicorum, dicti F. (Friderici) qui eumdem episcopum, immo Xpistum et Ecclesiam, suos capitales asserit inimicos, detractionibus et mendatiis tua in nullo moveatur constantia puritatis; quin immo eumdem legatum vel potius Xpistum in ipso cujus legatione fungitur et pro cujus tantum fide laborat, prompta benignitate suscipiens, et ei honore, sicut regiam magnitudinem decet, impenso, frequenter infra tui pectoris archana revolvens, quantus dictis progenitoribus tuis ex obsequio Ecclesie prestito laudis titulus et honoris accrevit, dictorum progenitorum excitatus exemplo, Apostolice Sedi, immo Deo et toti populo Xpistiano, illud in hoc articulo consilium et auxilium studeas impertiri, per quod in celesti palatio perpetue merearis diademate glorie coronari. Datum Anagnie, XII. Kalendas novembris, pontificatus nostri anno tertiedecimo.

IX.

Lettera di Gregorio IX di raccomandazione pel suo legato Giacomo alla regina Bianca.

(M. Alexandre Teulet, *Layettes du Trésor des Chartres*, t. II,
n. 2836, p. 418-419.)

21 Ottobre 1239.

Gregorius episcopus, servus servorum Dei, carissime in Xpisto
filie B. (Blanche) illustri regine Francie, salutem et apostolicam
benedictionem. Considerantes devotionis et puritatis constantiam
quam inclite recordationis progenitores carissimi in Xpisto filii
nostri Francie regis illustris, nati tui, circa Deum, fidem catholicam
et Ecclesiam omni tempore habuisse noscuntur, ad ipsum venerabilem fratrem nostrum (Jacobum) Penestrinum episcopum, virum
approbate bonitatis et sanctitis experte, magnum Ecclesie Dei membrum, officio sibi legationis commisso, pro defensione catholice
fidei destinamus. Plena igitur, ex sinceritate devotionis et fidei
quam tu circa Deum et Ecclesiam omni tempore habuisti, assumpta
fiducia celsitudinem tuam rogamus et hortamur in Domino Jesu
Xpisto quatinus, prudenter attendens quod tempus advenerit in quo
filio glorisse Virginis vicem retribuas pro hiis que tribuit ipse tibi,
eumdem natum tuum quod detractionibus et mendaciis F. (Friderici) dicti imperatoris qui Xpistum, vicarium suum, Ecclesiam et ministros ipsius suos capitales reputat inimicos, confutatis omnino,
praefatum legatum, vel potius Xpistum in ipso cujus legatione fungitur et pro cujus tantum fide laborat, prompta benignitate suscipiat,
et ei honorem, sicut regiam magnitudinem decet, impendens, dictorum progenitorum excitatus exemplo, Apostolice Sedi, immo Deo
et toti populo Xpristiano, efficax in hoc articulo studeat consilium
et auxilium impertiri, juxta prudentiam tibi datam a Domino dili-
genter inducere ac monere procures; ita quod Jhesus Xpistus qui
pro redemptione tua proprium sanguinem fundere et in crucis
patibulo mortis tormentum subire dignatus, tui sinceritatem animi hoc tempore circa se disposuit experiri, tibi, post temporalis
palatii gloriam, eterne vite dignetur ob hoc indulgere coronam.
Datum Anagnie, XII. Kalendas novembris, pontificatus nostri anno
tertio decimo.

X.

Relazione di Papa Gregorio del cangiamento operatosi a favore
della Chiesa nei Romani.

(Huillard-Brèholles, *Historia* cit. t. V, p. 776-779. Edit. apud
Hahn Collec. Monum. t. I. p. 344-347).

Febbraio 1240.

(Gregorius etc.) Attendite ad petram de qua scissi estis et ad
cavernam de qua manu estis superioris artificis extracti. Attendite
ad Christi vicarium patrem vestrum et ad Ecclesie matris auxilium,
que vos spiritu regeneravit et acqua. Percipite filii matris injuriam
et accingamini promptius ad vindictam. Nam degenerans filius
Fredericus quem inter puerilis etatis exordia pupillum alterius sub-
ventione carentem sinus Ecclesie tutricis officio et matris pietate
suscepit, laboribus et expensis iunumeris ad regni Sicilie jura de
querentium manibus preservatum, ad imperii tandem culmen ad-
versario projecto provexit, ingratitudinis heres interpretatione
contraria recompensans, subito mutatus in hostem, ecclesiarum
prelatos et religionis ecclesiastice professores diversis penarum
generibus et vario fine consumens, ecclesias ipsas Christi sanguine
libertati donatas multipliciter subjicere nititur servituti. Ex quibus
et aliis evidentioribus causis et culpis quas jam ad publicam mundi notitiam credimus pervenisse, ipsum anathematis gladio de
fratrum nostrorum consilio percussimus, non indegne sperantes
quod ejus medele subsidium effectum debite correctionis haberet.
Verum idem non sub pastoris virga humiliatus est verbere, quin
potius super omne quod dicitur Deus aut colitur elevatus, Helia
et Henrico quibusdam non prophetis, sed prophanis apostatis, te-
stibus sue perversitatis assumptis, in lucis angelum in monte su-
perbie transformatus, Christi claves et Petri privilegium vilipen-
dens, irreverenter divinis interesse presumit, ministros Ecclesie
sub pena capitis et perpetui edicto exilii ad sue dampnationis cu-
mulum divina prophanare compellens, pro summe sedis orantes
antistite ac orare pro ipso publice contempnentes simile punitur
edicto. Ad hec autem in Christum et ejus sponsum durioribus in-
vectionibus excandescens, patrimonium beati Petri quod inter
cetera imperii jura que seculari principi tamquam defensori sacro-
sancta commisit Ecclesia, ditioni sue in signum universalis dominii
reservavit, juramenti transgressor et beneficiorum oblitus, occupare dolo non minus quam viribus non veretur. Romanos etiam
specialis Ecclesie filios a matris uberibus numeribus et promissio-

nibus reddere satagens alienos, Petri sedem evertere minatur et
fidem ad gentilitatis ritus subrogare priores, et velut in templo
Domini sedens, sacerdotis usurpat officium, absolvere vassallos Ecclesie a vinculo juramenti presumens et locorum interdicta rela-
xans, in nostrum et fratrum nostrorum sanguinem studiis publicis
inhiando, sicut clam scripta ejus transmissa quibusdam que ad
manus nostras post modum pervenerunt in testimonium reservata
et opera publice protestantur; contempti parentis maledictione no-
tandus, non veritus Absolonis suspendium ad patris solium aspi-
rantis, nec mandatum advertens in Deuteronomio traditum quod
nolens obedire sacerdotis imperio ex decreto judicis moriatur.
Licet autem apostolice Sedis auctoritas multorum principum et aliorum fidelium defensione munita satis ad sui presidium et curiosius
potuerit invocare gladium temporalem, eligentes tamen justiciam
nostram potius divino examinari judicio quam vires viribus propulsare, vivifice lignum Crucis et beatorum Petri et Pauli apostolorum principis, ad ejus basilicam fecimus duce Domino quo decuit
honore deferri, quorum meritis innumera multitudine congregata
ibidem, seminantes in lacrymis offensam Ecclesie, massam et spicam
messuimus gaudiorum. Nam justitie lator et cognitor justus Deus
filii patricide nequitiam et matris innocentiam examine justo li-
brans, Romanorum corda ipsius quodammodo versata versutia in
matris convertit affectum, qui ad Christi causam incredibili devotione currentes in votive prosecutionis indicium et irretractabilis
propositi fermitatem, proprios humeros de manu nostra crucis
charactere munierunt, generalem indulgentiam de apostolice sedis ·
gratia suscepturi, ea succedente protinus fervoris instantia quod
non juvenile robur, non fracta senescentium etas, non mollis mulierum conditio crucis assumptionem effunderet; sed qui ab homine
per quem scandalum venit pretio corrupti venerant in ejus favore
clamantes, statim mentibus mutatis et linguis, contra eumdem inter primos reciperent signum crucis properantes ad ipsam, populos
quasi ad epulas invitatos lapsa manus adhuc diebus currentes
singulis effugiat imponentis (1). Cujus autem cordis duritiam viscera
materna non moveant vel oculorum non pungant aciem emissa
profluvia lacrymarum, dum tam subitum potentie divine miraculum
insperata novitate profluxit? Quis vir non accingatur ad fidei munimentum, ubi ad arma crucis occurrit intrepide sexus fragilis
mulierum? Congaudeat igitur, obsecramur in Domino, materne letitie devotio filiorum et contra verum Antechristi prenuntium cru-

(I) Locus mutilus, sive male trascriptus tum in impressu tum in
codicibus.

cis vos munite charactere, catholice fidei armatura, ut matris pu-
dorem quem temerarius violator attempat, defendat reverentia filialis, et subtracta Herodis astutia, filios orbate Rachelis uterus
iterum non deploret quo circa etc., de manu... vos signum crucis
reverenter assumite, contra dicti persecutoris astutiam fidei prose-
cuturi fideliter et potenter.

XI.

Lettera di Gregorio IX ai Veneziani di non abbattersi pel disastro
della Meloria e di pigliar coraggio a difesa maggiore della Chiesa.

(Raynaldus, *Annales Ecclesiastici*, ad ann. 1241, n. **LXIV-LXVI**
ex Reg. Gregorii IX, lib. **XV**, e p. 48.)

18 Maggio 1241.

Nobili viro duci et potestati Venetorum. Existens in mari hujus
mundi Petri navicula contrariis interdum ventis impellitur, et non-
numquam ictibus colliditur procellarum, sed tandem Domino fluctibus imperante, quietem, et turbinum impetus prohibente, suc-
cedit tempestati tranquillitas, et eidem naviculae placati aequoris
sulcanti planitiem unda cedunt: quia inopinatis aliquando impulsa
fluctibus etsi jactetur, non mergitur; et undis repercussa fremen-
tibus si quatitur, non quassatur. Ecclesia quidem supra fidei petram erecta, frequenter ab aemulis Christianae religionis impetitur,
et impugnatur saepe ab ecclesiasticae persecutoribus libertatis:
sed demum Altissimo ad eam clementiae oculos inclinante, suae
que potentiae dexteram extendente tutricem, detractores fidei frae-
no arcentur silentii, et persequentium manus in jura Ecclesiae la-
xatae regressis viribus contrahuntur; sicque post turbationis nu-
bilum serenum pacis subsequitur, et Ecclesiae ipsi, gubernante
Domino, praesentis saeculi mare substernitur, colliso impetu in-
surgentium procellarum.

Si ergo fideles ejusdem Ecclesiae juxta mutabilitatem temporis
sinistris aliquando exasperantibus eventibus, et mulceantur quandoque votivis, non eos successus adversitatis deprimat, nec tamen
occorsus prosperitatis extollat; sed in eo spes tota ponatur omnis-
que fiducia, qui sperantibus in se misericordiae sinum aperit, et
post tribulationis patientiam in adversis, remedium in prosperis
consolationis impendit. Fridericus namque dictus Imperator, Ecclesiae persecutor, directis olim fratribus nostris et ecclesiarum
praelatis, ac principibus orbis litteris, petiit convocari concilium,
ut ibi de meritis cognoscetur ipsius; nosque tandem de fratrum
eorumdem consilio praelatos, et Regum ac principum nuntios ad

Sedem Apostolicam duximus convocandos. Sed idem hoc intellecto, quia terroris sonitus impiorum auribus·semper inest, eo quod laesa conscientia saeva presumit, subsequenter alias litteras contrarias destinavit, et nequiter se humilians examen concilii requirendo interiora sua plena dolo scripturae varietate detexit.

Accedentibus itaque ad sedem eundem praelatis aliquibus, et pluribus eorum propter maris timorem ad propria redeuntibus, ipse audito vicino reliquorum adventu eos, positis insidiis, fecit cum venerabili fratre episcopo Penestrino, ac dilecto filio nostro Ottone Sancti Nicolai in carcere Tulliano diacono Card. legatis sedis Apostolicae detineri; quasi non sufficeret sibi, quod Ecclesiam multipliciter laeserat, nisi et alias eidem inaestimabilem irrogaret offensam. Verum etsi haec turbationem mentibus fidelium inferant, non tamen suorum cordium est immutanda constantia, nec eorum sunt animi sinceri flectendi: sed tanto debent ipsi Ecclesiae contra persecutorem eumdem favorabiliores adesse, quanto eum ex iis graviorem ipsis injuriam in illa sentiunt intulisse. Ideoque universitatem vestram monemus, rogamus, et hortamur attentius, mandantes quatenus in Ecclesiae devotione constantissime persistentes, et confidentes in Domino, et in potentia virtutis ipsius inimicis ejus tamquam Christi fortissimi belatores potenter et viriliter resistatis. Nec repentini casus iniquitas corda vestra stupore consternat, sed ad defensionem ipsius Ecclesiae accendat ea potius zelus Dei. Nos enim super iis taliter providere, Deo auctore, studebimus auxilii sui dexteram nobis adesse sperantes, quod impiorum depressis conatibus honor erit Altissimo, catholicae fidei robur et ecclesiasticae libertatis augumentum provenient, ac vestra et aliorum fidelium subsequetur. Dat. Later. XV. Kal. junii pontif. nostri ann. XV.

XII.

Lettera 1ª di Gregorio IX a conforto del cardinale Prenestino e degli altri suoi compagni di ₁sventura.

(Raynaldus, *Annales Ecclesiastici*, ad ann. 1241, n. LXVIII-LXX ex *Reg. Gregorii IX*, lib. XV, ep. 85).

14 Giugno 1241.

Gregorius, etc. episcopo Penestrino, etc.

Vix diebus istis de vobis aliqua potuisset contigisse prosperitas, quae si fuisset grata singulis vel acceptabilis universis, quin plures varia de ipsa dicerent, et diversa sentirent. Consequens est igitur,

368

ut de adversitate lugubri, quae permissione divina vobis nuper
accidisse dignoscitur, multiformis opinionis et tractatus materia
juxta varietates affectuum apud aliquos habeatur, super quo nec
admiratio vobis incumbere, nec vestra debet turbari sinceritas aut
moveri constantia: cum licet, ut scitis, sic disposita sit humani
natura generis, quod cunctis sermo tribuitur et paucis animi sapientia indulgetur, sit nobis et intelligentium menti perspicuum,
quod vos Dei, et Apostolicae Sedis honorem, ac salutem universalis Ecclesiae, nec non obedientiae meritum, sub qua omnium consistit summa virtutum, habendo prae oculis de veniendo propere
cum adjuncta vobis multitudine devotorum ad sinum matris Ecclesiae, omni diligentia desudastis; quamquam id fuisse postpositum
digne possit, et debeat deplorari, quod G. (Gregorius) de Romania
informatus per litteras nostras de partis adversae potentia tot,
cum potuerit, juxta mandatum nostrum galeas non habuit, quod
Hostium elisis insultibus transitus vester, Christo praevio ab omni
discrimine fieret expeditus.

Cum itaque fratres venerabiles vestrarum lucerna virtutum non
sub modio lateat, sed super candelabrum coram omnibus relucessat,
vos in contemptum, vanitatem et falsas insanias obloquentium de-
ducentes, ac respirantes in illo, qui corde mitis et humilis circa
suos afflictioni deditos affectum gerit continuae pietatis, de nobis
et fratribus nostris illam credulitatem geratis assiduam, quod etsi
a vobis situ loci differamus et vinculis, sic tamen reddimur poenae
participes, quod in suspiria saepe diffundimur, et lacrymis multo-
tiens madidamur: licet in eo nobis sicut et vobis consolatio multa
proveniat, quod de ineffabili clementia Redemptoris fiduciam gerimus, ut qui suo sanguine plantavit Ecclesiam, et eam in altum
per electorum suorum tribulationem sustulit, super ipsam benigni-
tatis suae faciem per mundi latitudinem illustrabit, nobis interim
et eisdem fratribus vos sicut compassionis affectibus, sic et ora-
tionum subsidiis prosequentibus, ut pater misericordiarum, et Deus
totius consolationis vobis pro suo nomine patientibus captivitatis
obbrobrium, gloriosae Virginis et beatorum Apostolorum meritis
se in miserationis affluentia tribuat gratiosum; detque nobis ut
circa tranquillitatem Ecclesiae et orbis pacem, juxta quod pie ac
laudabiliter per vestras litteras suasistis, ita providere possimus,
ut post tristitiae turbinem serenum laetitiae subsequi valeat, et
catholica fides, quae prout ex litteris et relatu fide dignorum ac-
cepimus, per incursum gentis horridae (quibus immanes illae Tar-
tarorum, quorum antea nomen ac furor occidentales latuerat, ir-
ruptiones indicantur) ultra quam credi possit impetitur, ad majestatis supernae gloriam et salutem fidelium inviolabiter conser-

vetur. Caeterum cum vos nobis in Christo charissimos geramus assidue in visceribus caritatis, ac vix diem praeterire possimus quin statum vestrum nobis cum fletibus imaginaria visio repraesentet, in vobis super eo admiratio locum non habeat, quod nec scripta vel nuntium sinceritati vestrae direximus, nec dolor vester fuit in aliquo provisionis nostrae rimedio mitigatus; praesertim cum sicut novit scrutator omnium, id non praetextu occupationis vel negligentiae postpositum fuerit, sed ex eo potissime, quia probabilis nobis timor inerat, quod super hujusmodi visitationis debito nostrum desiderium sortiri nequiter effectum. Datum Later. XVIII. Kal. Julii an. XV.

XIII.

Lettera 2ª di Gregorio IX a conforto del cardinale Prenestino e degli altri suoi compagni di sventura.

(Raynàldus, *Annales Ecclesiastici* ad ann. 1241, n. **LXXI-LXXV.** ex *Reges. Greg. IX*, lib. **XV**, ep. 109).

31 Luglio 1241.

Gregorius etc. Penestrino episcopo etc.

Dolenda novi casus adversitas, infelicibus emergens eventibus nuper filios uteri dolentes involvit, quae suorum consideratione gestorum, et novitatis praesumptae nequitia, generalis Ecclesiae pectus urens, nostris adaucta doloribus tristes ingeminat gemitus, et causas moeroris apponit; ac praeter enormem Apostolicae Sedis offensam, et illam exempli perniciem, quam vulgus oppido venatur in clerum, patris animum filiorum injuria vulnerat, non levem imprimit pressuram malitia, et augit angustia vigilem diligentis affectum. Nam verisimilitudo non tolerat, ut patientibus membris caput non langueat, aut expers doloris existat de palmite percusso colonus. Quis igitur orbati patris capiti dabit aquam et oculis fontem tribuat lacrymarum? Nam Joseph non superest, Simeon tenetur in vinculis, Beniaminus junior est sublatus, filii Sion inclyti ecclesiarum principes reverendi auro primo amicti, cum in manus devolvuntur hostiles, velut vasa testea reputantur.

Quis patris lenire dolorem aut remediis poterit congruis fratrum tristitiam temperare, dum pro mundi pace properantes ad matris cunabula, filios Sathan insidiator expetiit, sic subito rapuit una dies, quos regio mortis Apula suscepit; Aegyptius infestus, carcer Pharaonis includit patres conscriptos, et alienae libertatis auctores aliorum subiiciuntur arbitrio, legibus necessitatis addicti coguntur

TONONI.   24

secolarium parere judicio saeculi judices et apostolorum legitimi successores?

Porro charissimi, quos iterum parturimus, donec Christus formetur in vobis, nos et fratres nostri doloris pane vobiscum, teste conscientia, pascimur; moeroris potamur calice, ac tristes manipulos metimus in vestrarum seminibus lacrymarum. Adest nobis in defectu vestrae libertatis angaria, in penuria fames, in terrore suppliciorum, et exasperatione tormentum; triste quod loquimur, flebile quod sentimus: dies festi convertuntur in luctum: in salicibus suspendimus organa, dum sedetis super flumina Babylonis obedientes Aegyptiis, expositi judicio Pharaonis. Utinam Moysis manus accederet, cujus obsequio suo Israelis arbitrio redderetur ad solita sacrificiorum libamina votivis mentibus offerenda. Caeterum recolere libeat Ecclesiae surgentis exordium, quid pro patriis legibus patrum constantia pertulit; quid apostolicus labor, quid martyrum triumphus exceperit. Nec prudentum foeminarum, quibus natura mollitiei negavit audaciam, transeatis exempla, quae satis roborare genua debilia poterunt, et potabilem reddere calicem passionis ingenio prudenti recognita, et Domini digito in cordis tabulis exarata.

Quocirca sinceritatem vestram rogamus et hortamur in Domino, quatenus Ecclesiae causam, Apostolicae sedis injuriam, quae contra fas, et debitum variis vexatur molestiis et lacessitur offensis, solita devotione pensantes, piae matris, quae vos recepit ad ubera super benigna genua blandiendo, eis quas toleratis, angustiis praeponatis affectum; ut probatio vestrae fidei, quae satis auro pretiosior invenitur, habeat cum tentatione proventum; nec aliquid tyrannus inveniat, quod sinistra interpretatione notabile, aut dignum existimet suis diffamationibus inserendum, certae spei fiduciam habituri, quod pro liberatione, vestra quinimo nostra confusione tollenda, vias quaerimus, remedia cogitamus, impensam sollicitudinem nostris desideriis coaequantes sic, quod nec de negligentia mordendi digne concurrimus, nec de filiorum oblivione notandi, nisi forte visitandi raritas calumniam habeat, quae nobis invitis, de viarum difficultate procedens, votis nostris et vestris obvia, juxta potest excusatione defendi; nec enim a laboribus corpora, nec manus ab auxiliis deducemus, donec in vestris consolemur aspectibus exulantibus filiis patris desideriis restitutis. Utinam et suae legis, et gentis miserator Dominus cujus est gressus dirigere, misericorditer recordetur. Dat. Later. II. Kal. aug. ann. XV.

XIV.

Lettera di un Cardinale a Pier della Vigna con cui l' esorta a chiedere presso il principe la liberazione de' cardinali e degli altri prelati.

(Huillard-Bréholles, *Historia Diplomatica Friderici secundi*, t. VI, p. 61-63. Inedit. ex codicib. bibliot. Cesar. Vindob., Mss. Philo. log. n. 305).

A principio d' Agosto 1242.

Tociens vobis incassum preces effundimus pro karissimis fratribus nostris et aliis qui adhuc in carcere principis detinentur, utinam nunc nobis exauditionis optate janua panderetur. Rogavit enim pluries universitas cardinalium quod matri filii redderentur. Flagitavit etiam quod tractarentur humanius et precipue dominus Penestrinus, vestre ut dicitur custodie deputatus. Nunc autem ut fatur plus arctatur, strictius clauditur, tractatur durius et asperius a solatio collocutionis humane actatur, ita quod nulli ad ipsum pateat ingressus. Nam propriis famulis et sociis destitutus affligitur vehementer et defectum frequenter patitur in victu pariter et vestitu. Porro quis favor ex hoc accedit principi? Quis honor accrescit? An propter hoc fama celebrior de sua clementia spargitur votivis gaudiis celebranda per orbem? Ecce Dei famuli, viri religiosi, ministri Christi et clerici seculares in ejus sortem assumpti nec non prelati ac pontifices sacro dudum crismate delibuti fame cruciante confunduntur, opprobrio nuditatis protracti diutius; a carcerati tedio nimirum affliguntur longioribusque distracti angustiis pene deficiunt; et super virtutem depressi et continuis pulsati doloribus, subsannationibus et opprobriis lacessiti usque ad satietatem visionis et auditus omni carni (sic) et populis universis, jam pro remedio cruciatuum vitam fastidiunt et desiderare mortis compendia compelluntur. Ubi est benignitas et humánitas tanti principis? Ubi est clementia domini et ubi sapientia imperantis sub celo tam hominibus quam jumentis? Numquid virtutes multiplices quas divina gratia concessit in ipso et quibus fulgentius illustravit principem singularem, sub duritie claustro claudentur, sub clave crudelitatis (quod absit) foribus obseratis? Nonne intrabit pietas que clamat ad januam et ut ingrediatur pulsare non cesset, et ut misereatur tantus princeps ululantis miserie miserorum, non desinit supplicare? Vestram itaque prudentiam attentius exoramus quatinus instetis apud principem sollicitudine diligenti ut restituat fratribus suos fratres et alios clericos, et praelatos interim tractari precipiens humaniter et honeste, dominos fratres nostros dignetur protinus liberare, quos faciat sine mora usque ad nos secure conduci. Nam ad provisionem Ecclesie faciendam maturius, ad quod duobus ex nobis existentibus extra Urbem dudum dignatio Cesaris per suos apices obtulit illos duos, nec non et ad pacis tractatum valde utiles esse possunt, si non permittat se tantus princeps ad instar Salvatoris a pietate clementie separari ut juxta Salomonem firmetur clementia thronus ejus. Nichil enim in throno regis honorificentius dominatur, nichil tam ampla magnitudine imperat dignius, nichil splendet subtilius in celsitudine alti cordis; nichil enim in triumphalibus titulis fulget luminosius aureis litteris ascribendum quantum si clementia regnet in pectore principis et solium glorie teneat usquequaque. Hoc autem fieri pro certo censetur quum victoriosus in ceteris a pietate voluntarie vincitur et sceptrum regni palmamque victorie tradit illi. Super afflictos namque pia gestans princeps viscera famosius ubique laudibus illustratur. Duobus quippe syderibus mediantibus celum pingitur, cum duobus magnis luminaribus, pietate et clementia, mundum irradians et clarificans universum. Nimirum hec faciens ex ejus operibus quasi ex mundo et terso speculo resultabit ymago que ceterorum pectora sibi conciliat, letificat et serenat, retribuens omnibus fiduciam bone spei. Sic autem in hiis exercere se vestra curet industria quod juxta votum petentis consequantur effectum carcerati, redemptionis adepti gratia laudent dominum ac Romana Ecclesia suo tempore cum gratiarum actionibus antidota gerens vobis condignam vicissitudinem rependere teneatur.

XV.

Lettera di Federico II a Baldovino II imperatore di Costantinopoli, di vanto per aver esso data la libertà al Prenestino.

(È qui allegato il testo quale lo riferisce l'Huillard-Bréholles *Historica* cit. t. VI, p. 90-92, ad eccezione che dove ei legge: *Deo inspirate clementie*, abbiam scelto un'ultra lezione cioè *adeo insperate clementie*, riportata dal Baronio *Annales Ecclesiastici*, ad ann. 1159 n. 24-27). Questo annalista sbaglia nell'attribuire la su riferita lettera a Federico I sotto l'anno 1159; le cose e le persone di cui si parla in essa son troppo note per riporla in tempi diversi da quelli del secondo Federico.

A principio di Giugno 1243.

Fridericus, etc. imperatori Constantinopolitano. Orbis mutila-

tio propter dissensiones et schismata et totius humani generis tur-
bulentie que propter Ecclesie viduitatem antiqui serpentis effuso
veneno emerserunt et irruerunt, pro electione magni sacerdotis
non solum communibus suffragiis, sed etiam magna cum solertia
facienda et habenda, spiritum et animum nostrum quasi despondere
nos compulerunt, ut per frequentes et prestantes et insignes apo-
crisarios et legatos nostre serenitatis ad cardinales egerimus propterea ut de hujusmodi magni sacerdotis electione diligentissime
cogitarent; et ne justa preberetur occasio aliqua iis qui tantum
bonum impedire vellent, eo quod detineretur a nobis magister Oddo
Sancti Nicolai in carcere Tulliano reverendissimus cardinalis, non
solum ipsum, verum etiam alios Ecclesie prelatos prestantissimos
dimittendos etiam decrevimus. Nunc vero rem novam non solum
hesitatione, verum etiam stupore dignum vobis et reliquis orbis
principibus hec nostra epistola significatura progreditur: quod scilicet reverendissimum Prenestinum episcopum qui adversus impera-
toriam majestatem et nomen ita aperte se objecit et obstitit, quam
primum absolvimus et dimisimus preter omnium hominum opinionem. Stupebunt profecto, ut credimus principes bellicosi, viri fortes;
Cesarum memorie incomparabilibus decorate magnificentiis in libris scripte veterum annalium et chronicorum evolvantur et per-
scrutentur, singulorum principum vita et gesta perquirantur nihil
tale adeo insperate clementie equale nobis quisquam inveniet
diligens indagator. Licet enim legatur fortasse multorum principum nobilis ira, aperta clementia et illustris humanitas, propterea quod dextera victoris victoriis et tropheis ornata hostibus
prostratis pepercerit, et ita eos qui eorum exaltationi se objecerunt
benigne dimiserint et a severo justitie gludio adversus damnatos ab-
stinuerint, nihilominus illorum singuli vel imbecillum aliquem vel
nullius pretii et valoris sontes ipsos cum judicaverint, eos libenter
dimiserunt, vel quia belli imminentis occasione propter eam quam
promiserant sontium dimissionem finem imposuerant. Quod vero
nos adhuc simultate permanente adeo nobile membrum Ecclesie,
tanti consilii virum et perspicue fortitudinis et virtutis, nostris
consiliis gratis adversantem et se objicientem et se objecturum
ut ab omnibus sperabatur, licet nos neque omnino crederemus tale
quid, ut eum scilicet dimitteremus, neque preteritorum rerum memoria neque presentium securitas et cautela nobis suadebat, nihilominus in statera nostrarum cogitationum justitie severitatem clementia fecit declinare et impetum nostre indignationis fregit et vicit,
et misericordia quam de generis humani dissentionibus habemus,
nos cohibuit et detinuit et christiane reipublice publicum commodum
privati nostri commodi causam superavit, cum pro dicti episcopi

374

Prenestini absolutione et liberatione non dubitemus quin Ecclesie
Dei pastoris sui solatio destitute de optimo pastore nobis et imperio
non ingrato diligendo curam gerent. Quod preter omnium opinionem et multorum consilium et mentem, inter omnia que a nobis
maxime desiderantur tamquam pacis et quietis cupidissimis, jucun-
dissimum contingerent. Nec nobis hoc indignum ullo pacto vel inutile credimus si cum nostra matre Ecclesia pacis maxime cupidos
nos esse asserimus et concordie fatemur esse emulatores, cujus
affectatores et principes frequenter simulare solent dum inter se
contendunt. Compatimur nos preterea orbis laboribus et calamitati-
bus quodammodo ruinam minantis propter universorum dissensiones
et dissidia. Compatimur navicule Petri que propter frigefactam
hominum fidem et propter ferventem hereticorum iniquitatem maris et undarum furore et impetu agitata conteritur et submergitur.
Nec miretur vestra celsitudo si me curatorem vedelicet Ecclesie, si
me precipuum filium matris vidue ejusdem matris suspiria ex imo
emissa pectore emollierunt, ut depositis juribus quibus fortasse hu-
mana prudentia mentem adhibuisset, et matri filium et fratrem fratribus, precipue vero pro tanti commodi spe, absolvere et dimit-
tere decreverim. Quis enim in tantorum malorum consideratione,
quis in spe tanti futuri gaudii propter detentionem vel absolutionem
et dimissionem unius cujusvis persone, quamtumvis cospicue, posset cor suum obdurare, precipue vero quia ab omnibus et singulis
cardinalibus qui in urbe Roma et in semplicitate et puritate commorantur, firma et infallibilis spes sit nobis pollicita quod restituto fratre et socio suo collegio, salutaris nobis et universo orbi et
desiderabilis erit de magno sacerdote deligendo deliberatio. Faxit
Deus ut quemadmodum non solum in liberatione predicto magistri
Oddonis, verum etiam aliorum quos serenitas nostra indubitata
compassione absolvit, alacres nos prebuimus, ita etiam nos a nostro desiderio non frustremur, neque fidei publice integritas et
religio quam ex hujusmodi patrum constantia animo concipimus
profanetur ullo pacto.

XVI.

Lettera di Federico II. ad un re non nominato, di vanto per
aver esso data la libertà al Prenestino.

(Huillard-Bréholles, *Historia* cit. t. VI, p. 93-95. Edid. Hahn,
Coll. vet. et recent., t. I, p. 241-243. Sensum mutilum ex praecedenti
documento restituimus.)

Principio di Giugno 1248.

Fridericus, Dei gratia Romanorum imperator semper augustus,
Jurusalem et Sicilie rex, etc. Orbis orbitas et turbatio generalis
per viduitatem Ecclesie superfuso veneno veteris serpentis inducta,
per substitutionem summi pontificis tam salubriter quam celeriter
faciendam diu spiritum anxium reddiderunt, ut ipsam per conti-
nuatos nuntios nostre celsitudinis et solempnes ad fratres multoties destinatos procurare solicite deberemus; et ne justa daretur
occasio tantum bonum volentibus impedire per detentionem magistri Ottonis diaconi cardinalis, tam ipsum quam alios Ecclesie
prelatos duximus liberandos. Nunc autem rem novam et nedum
admiratione justa dignissimam, sed stupore, vobis et ceteris terre
principibus epistola descripta declarat quod nos venerabilem episcopum Prenestinum, imperialis honoris et nominis notissimum
adversarium, preter omnem spem omnium subito decrevimus libe-
rari: mirabuntur ut credimus, principes bellicosi viri fortes; memorie
Cesarum inestimabilibus decorato magnalibus diffuse per libros
veteres aperientur, de folio in folium revol ventur, exquirentur gesta
magnifica singulorum nec in tam desperata Ecclesie miseria com-
parem nobis inveniet perquisitor. Nam etsi legatur forte quam
plurium principum iracundia nobilis, clara clementia et illustris
humilitas quorum prostratis hostibus dextera victoriosa pepercit,
qui lese majestatis sue reos clementer absolverunt, qui continue-
runt severe justitie gladios etiam in dampnatos, quilibet tamen
illorum vel duxit noxium impotentem absolvere, vel finem impo-
suit per veniam quam indulsit. Sed quod nos adhuc durante discordia, tantum membrum Ecclesie, tanti consilii virum et vere
prudentem, nostris processibus obicem, sicut omnibus sperabatur
sed nos [non] omnino credimus, gratis exponere deberemus, nec
preteritorum exempla suggesserant nec cautela presentium suadebat. Sed tamen instantia considerationum variarum flexit rigorem
justitie pietas, iracundie nostre motum generalis dissidii compassio
tenuit et singulare dispendium nostrum totius reipublice christia-
norum utilitas superavit, utpote eum de liberatione episcopi no-
minati indubitata nobis fiducia preberetur quod viduitate dudum
Ecclesie de pastore pacifico nobis et imperio non ingrato debeat
provideri. Nec nos indecens credimus aut nocivum si cum Ecclesia
matre nostra pacis avidos nos esse describimus et zelatores concordie profiteamur, cujus officium dissimulare aliquando consueverunt reges et principes insimul confligentes. Compatimur nempe
laboribus seculi in ruina quodammodo propter generales discordias
constituti; compatimur Petri navicule que per tabescentem homi-

num fidem et fervidam hereticorum nequitiam perturbatione maris et fluctuum laceratur. Igitur regia magnificentia non miretur nec aliorum audientium universitas stupefiat, si Romani principis viscera tot et tanta pericula commoverunt, si patronum universalis Ecclesie, si filium specialem vidue matris suspiria medullitus conturbarunt, ut rationibus relegatis quas forsitan mundi sagacitas attendisset, matri filium et fratrem fratribus presertim pro tanti boni fiducia decreverimus liberandum. Quis enim tantorum consideratione malorum, quis in spe tante letitie per detentionem aut liberationem unius quantumvis persone spectabilis animum obdurasset, presertim cum per omnes et singulos fratres tam in Urbe quam in agris morantes spes nobis stabilis sit oblata quod socio et fratre suo collegio restituto, continuo nobis et orbi deberent de desiderato pontifice salubriter providere? Utinam in eo sicut in liberatione Ottonis Sancti Nicolai in carcere Tulliano venerabilis cardinalis, necnon in aliis quos propterea nostra serenitas compassione probabili liberavit, nec vota nostra frustrentur nec integritas fidei quam de tantorum patrum gravitate concepimus, violetur.

FINE.

INDICE

~~~~~~

LIBRO PRIMO

1160-1231.

LIBRO SECONDO

1231-1232.

LIBRO TERZO

1232-1235.

LIBRO QUARTO

1236-1238.

LIBRO QUINTO

1238-1241.

LIBRO SESTO

1241-1243.

LIBRO SETTIMO

1243-1244.

DOCUMENTI.

ERRATA					CORRIGE
Pag.	7	lin.	15	Henry	Henry
"	14	"	1	in suo nome	in suo nome e di
"	57	"	4	i podestà	il podestà
"	103	"	6	ed esattezza di giudizio	ed esattezza tali di giudizio
"	107	"	24	Bonizo Laudo	Bonizo Lando
"	108	"	24-25	detto Stimo, il maestro Ricatoto	il maestro Aimo, Ricatoto
"	122	"	28	derivano	derivavano
"	193	"	3	Forcnlquier	Forcalquier
"	211	"	6-7	avrebbe reclamato	avrebbero reclamato
"	234	"	16	Cairvau	Clairvaux
"	239	"	19	(1)	(2)
"	244	"	10	di Cristo. Nè l'iniquità	di Cristo, nè l'iniquità
"	255	"	17-18	eletto che che fosse	eletto che fosse
"	280	"	2	verità che dalla storia	verità questa che dalla storia

CPSIA information can be obtained
at www.ICGtesting.com
Printed in the USA
BVHW082033301120
594477BV00007B/819